문인숙, 사람을 품은 사회복지 실천의 발자취

특별기획 **사회복지 인물사**

문인숙, 사람을 품은 사회복지 실천의 발자취

이방현 지음

미래복지경영 코람데오

발
간
사

더 나은 복지국가를 만들어 가는 여정

    사단법인 미래복지경영은 2023년, 한국 사회복지의 길을 개척하신 네 분(김덕준, 김학묵, 백근칠, 하상락)에 대한 인물서를 발간한 바 있습니다. 그리고 2025년 올해, 한국 사회복지교육의 역사에 굵직한 발자취를 남기신 네 분(김만두, 남세진, 문인숙, 신섭중)을 주제로 한 인물서를 새롭게 발간하게 되었습니다.

    단재 신채호 선생께서는 "역사를 잊은 민족에게 미래는 없다"고 하셨습니다. 이 말은 우리 사회복지의 역사에도 동일하게 적용될 수 있습니다. 사회복지 발전의 길 위에서 학자, 교육자, 실천가로서 치열하게 고민하고 헌신한 선배들의 삶을 기억하지 않는다면, 오늘의 발전도 미래의 진보도 기대하기 어려울 것입니다.

    이번에 소개되는 네 분은 한국 사회복지 역사에서 이른바 1.5세대로 평가받는 인물들입니다. 이분들의 삶과 사상을 누구보다 깊이 이해하고 성실히 전할 수 있는 연구자 네 분이 집필자로 선정되어, 1년 이상의 조사와 중간보고회를 거쳐 인물서가 완성되었습니다.

    이 뜻깊은 작업에 연구자이자 집필자로 함께해주신 분들께 감사의 인사를 전합니다. 많지 않은 원고료에도 불구하고 흔쾌히 집필을 맡아주신 덕분에 이 소중한 인물서가 세상에 나오게 되었습니다.

　박병현 부산대학교 명예교수님께서는 신섭중 편,
　이준우 강남대학교 교수님께서는 김만두 편,
　조흥식 서울대학교 명예교수님께서는 남세진 편,
　이방현 한국사회복지역사문화연구소 소장님께서는 문인숙 편을 맡아주셨습니다.

　이 네 편의 인물서가 의미 있게 발간될 수 있도록 힘써 주신 네 분께 깊이 감사드리며, 이 과정에 함께해주신 모든 분들께도 진심으로 감사드립니다.

　많은 이들이 어렵다, 부질없다고 이야기한 이 사업을 2023년에 이어 2025년에도 이어갈 수 있었던 것은 다행스러운 일입니다. 그러나 사회복지 발전에 크게 기여하신 분들이 점차 잊혀져가는 현실을 떠올리면 안타까움 또한 큽니다. 한국 사회복지의 뿌리와 정신, 그리고 선배들의 삶의 궤적을 후배들에게 올곧게 전하고자 하는 이 인물서 발간사업이 앞으로도 지속되기를 소망합니다.

　오늘날 우리나라는 세계적인 복지국가로 나아가고 있습니다. 이 길 위에서 남다른 열정과 헌신으로 사회복지를 발전시키는 데 크게 기여하신 분들의 노력과 정신을 잊지 않고 되새김으로써, 우리 모두가 함께 더 나은 복지국가를 만들어 나가길 바랍니다.

　감사합니다.

2025년 10월
최 성 균
(사)미래복지경영 이사장

추천사

『문인숙, 사람을 품은 사회복지 실천의 발자취』 발간을 맞으며

　사단법인 미래복지경영의 최성균 이사장님께서 기획하신 「사회복지 인물사」 발간 계획에서 문인숙 교수님을 선정해 주신 것은 탁월한 선택이었습니다.

　문인숙 교수님 인물사 의뢰가 왔을 때 이대 출신 교수님들은 크게 고무되었습니다. 2017년 문 교수님을 떠나보내면서 모두에게 남겨진 아쉬움과 그리움이 여전히 컸기 때문이었습니다. 2024년 4월, 이영분 교수님을 필두로 김정진 교수님, 이방현 소장님 그리고 저 이렇게 네 사람이 모여 인물사의 집필 방향과 프레임을 논의하였습니다. 저와 이영분 교수님은 문 교수님을 그리워하는 제자들에게 집필 소식을 알리고, 그들의 마음에 담긴 기억을 회고록 형식으로 남겨 줄 것을 부탁하였습니다. 이렇게 모인 감사와 그리움의 글들은 부록 「문인숙과 제자들, 마음에 담은 편지와 추억」에 실려 있으니, 문 교수님의 품성과 정신이 독자들에게 조금이나마 전해지기를 기대합니다.

　김정진 교수님은 이화여자대학교 사회복지학과 총동창회 회장으로서 이 작업이 몇몇 제자들만의 일이 아닌, 이화 사회복지학과 전체의 관심 속에서 이루어질 수 있도록 긴밀한 연결고리 역할을 해주셨습니다. 이화 사회복지학과 졸업생이자 역사 연구자인 이방현 소장님은 집필을 맡았습니다. 저와 이영분 교수님, 김정진 교수님은 이방현 소장님이 문 교수님의 생애를 추적하며 자료를 발굴·수집하고, 그 행적을 전체 인생의 맥락 속에서 새롭게 조망해 가는 과정에 동참하여 지속적인 관심을 갖고 고증과 해석에 힘을 보탰습니다. 그 시간들은 제자와 선후배가 협심하여 문 교수님을 다시 살아있는 존재로 되살려내는 뜨겁고도 귀한 순간이었습니다.

선후배가 협심하여 출간하는 『문인숙, 사람을 품은 사회복지 실천의 발자취』는 문 교수님이 "실천 – 연구 – 교육"을 통합한 사회복지계의 巨人임을 다시금 확인하게 해주는 책입니다. 문 교수님은 장학생으로 스칼릿대학 유학을 마친 뒤 귀국하여 태화기독교사회복지관에서 실무진으로 출발해 운영이사에 이르기까지 사회복지실천의 현장경험을 쌓으셨습니다. 그 경험을 바탕으로 이화여자대학교 사회사업학과 교수로 재직하시면서, 실천-연구-교육을 아우르는 통합적 학문체계를 시도하신 최초의 학자셨습니다.

교수로서 문 교수님은 지역사회조직의 발전을 강조하며 사회복지관의 기능과 역할을 새롭게 정의하셨고, 이를 통해 복지관이 지역사회 서비스 기관으로 자리 잡도록 기여하셨습니다. 아울러 통합사회사업론의 학문적 정착에 힘쓰셨고, 임상사회사업 이론 정립과 전문성 제고에도 노력을 기울이셨습니다. 1985년에는 김만두 교수님과 함께 실천 교수들이 주축이 된 "임상사회사업연구회"를 발족시키기도 했습니다.

  또한 교과과정 개혁에도 심혈을 기울이셔서 대학마다 제각각이던 사회사업학 교재를 체계화하고 교육 기반을 다지는데 역량을 쏟으셨습니다. 뿐만 아니라 한국사회복지사협회의 제도적 토대 마련에도 주력하셔서 사회복지사 자격증 제도의 도입과 협회 기능의 정착을 이끌어내셨습니다. 나아가 정신건강사회복지 분야를 한국 사회복지계에 정립하신 분도 문 교수님이셨습니다.

  문 교수님은 한국 사회복지가 지역사회 실천 현장의 사람 속에서(실천), 전문성을 장착한 학문으로서 학계에 기여하는데(연구), 인간의 삶의 모든 부문을 포용하는 사회서비스 제공인력을 양성하는데(교육) 가장 적절히 기여할 수 있도록 큰 터전을 잡는데 삶을 바치신 巨人이시고 巨木이셨습니다. 또한 모든 제자, 동료, 학자, 그리고 서비스를 받는 클라이언트들까지 모두 함께 살아가는 공동체임을 일깨워 주셨습니다. 그 공동체 안에서 함께여야 하는 손잡음의 미학을 실천하셨고, 내일을 내다볼 줄 아는 안목을 키워주셨습니다. 그래서 『문인숙, 사람을 품은 사회복지 실천의 발자취』를 함께 만들어가는 내내 모두 많이 그리워했습니다.

  『문인숙, 사람을 품은 사회복지 실천의 발자취』가 출간될 수 있도록 그 기반을 마련해주시고 지속적인 관심과 지원을 아끼지 않으신 이영분 교수님, 김정진 교수님 그리고 국내외 도서관과 대학연구실 등 곳곳, 구석구석을 찾아다니며 방대한 자료와 정보를 모아 문 교수님의 발자취를 추적하시고 명문장으로 집필해주신 이방현 소장님, 세 분의 노고와 열정에 크나큰 감동과 마음 깊은 감사를 올립니다. 다른 인물사와 다르게 제자들의 문 교수님과의 추억을 담아보도록 했습니다. 참여해 주신 동문들께 감사드립니다.

  작년 올해의 무더위를 견디면서 탄생하는 문인숙 회고록이지만, 여전히 빈틈과 놓친 부분이 있을 것입니다. 5년 후든 그 이후든, 자료와 마음이 더 모아지면 문 교수님께서 더욱 기뻐하실 개정판을 내겠다고 다짐하면서 마무리 인사를 드립니다. 다시 한 번 미래복지경영의 최성균 이사장님의 앞선 시각과 탁월하신 선택에 경의와 감사를 드립니다. 모두 감사합니다.

2025년 10월
김 정 자
(前)정무차관

프롤로그

　나는 1993년 이화여자대학교 사회사업학과에 입학하여, 1997년도 사회복지학과 졸업생이 되었다. 1995년 학과명이 사회사업학과에서 사회복지학과로 변경되었으니, 사회사업 학과생으로 2년, 사회복지 학과생으로 2년을 다닌 셈이다. 당시 한국 사회복지계의 안팎에서 사회사업과 사회복지에 대한 뜨거운 논란이 지속되었지만, 나는 큰 영향 없이 이화 동산에서 즐겁게 생활하며 사회복지사로 성장해갔다.

　교수님들과 선배들로부터 이화 사회복지학과는 '실천의 성지', '실천의 요람'이라는 자부심을 물려받았다. '클라이언트가 있는 그곳에서', '지금 이곳에서(here and now)'라는 말은 귀에 못이 박히도록 들으며, 그 깊은 의미를 깨닫기도 전에 몸에 체화되어갔다. 그렇게 나는 어느새 '그래서 어떻게 할 것인가'라는 질문을 스스로에게 던지는 사람이 되어 있었다.

　이화 사회복지학과의 실천에 대한 신뢰는 학과 내부의 자부심에 그치지 않았다. 사회복지 현장에서도 이화 사회복지학과를 실천의 요람으로 바라보았던 것 같다. 실습 수퍼바이저들은 나에게 '이대생이면 당연히

할 줄 알겠죠?'라며 기대를 드러냈고, 때로는 '프로그램 하나 제대로 진행 못 하냐'고 꾸지람을 하기도 했다. 그때는 경험 없는 내가 못하는 것은 당연한데 왜 이렇게 모질게 혼나야 하나 속상한 마음이 들었지만, 돌이켜보면 어리고 경험 없는 나에게 주어졌던 그 모든 소중한 기회가 이화 사회복지학과의 교수님들과 선배들이 만들어 준 실천의 토대였음을 너무나 잘 알고 있다. 나는 이화여자대학교의 학풍과 사회사업학과의 전통 속에서 실천가로 성장한 살아있는 사례이다.

나는 언제나 이화를 사랑하고 사회복지학과에 감사한 마음을 지니고 살고 있다. 정신건강 사회복지사에서 역사 연구자가 된 지금, 언젠가는 이 마음에 품고 있는 사랑과 감사함을 보답하고 싶었다. 그것은 아마도 이화여자대학교 사회복지학과의 역사를 기록으로 남기는 일이 될 것이다. 이는 나의 사회복지사로서의 뿌리와 정체성을 확인하고 싶은 마음에서 비롯된 것이기도 하다. 그러던 중 미래복지경영재단의 최성균 이사장님으로부터 문인숙 선생님에 대한 인물사 집필 제안을 받았을 때 매우 반가운 마음이 들었다.

문인숙 선생님은 나에게 낯설면서도 친숙한 존재이다. 낯선 이유는 내 인생에서 직접 접촉한 적이 단 한 차례, 그것도 입학 면접 자리에서 5분 남짓 마주했을 뿐이기 때문이다. 입학 면접관 세 분 가운데 한 분이었던 선생님은 안경을 머리에 꽂고 다리를 꼰 채 의자에 비스듬히 기대어 나를 가만히 바라보고 있었다. 그 순간이 지금까지도 생생하게 내 기억 속에 남아 있는 까닭은 아직도 알 수 없다.

문인숙 선생님이 친숙한 이유는 수많은 학교 선배들의 추억 속에서 선생님을 접했기 때문이다. 문인숙 선생님은 1994년 2월에 퇴임하였지만, 선배들은 사석에서 선생님을 그리워하며 선생님의 수업이 얼마나 활기찼는지를 이야기했고, 선생님의 집에 초대를 받아 식사대접을 받은 일을 앞다투어 자랑했다. 특히 제자들과 함께 담배를 피우며 열띤 토론을 이어갔다는 이야기는, 내게 문인숙 선생님이 얼마나 개방적이고 자유로운 사람이었는지를 느끼게 했고, 동시에 매우 독특한 인물이라는 생각을 갖게 했다.

 선배들의 추억담을 넘어, 내가 현장 실천가로 활동하면서도 문인숙 선생님은 계속해서 나에게 다가왔다. 나의 첫 실천현장은 태화샘솟는집이었고, 그 설립과정에서 문인숙 선생님은 빼놓을 수 없는 인물이었다. 태화기독교사회복지관 본관 내에 새로운 클럽하우스를 세우는 멤버로 파견되어 직원교육을 받을 때마다, 태화 최초의 한국인 관장인 문인숙 선생님은 반드시 언급되었다. 그래서 나에게 문인숙 선생님은 낯설면서도 친숙한, 자연스럽게 호기심을 불러일으키는 인물이 되어갔다.

 그러나 이화 사회복지학과의 역사를 남기고 싶은 마음과 문인숙 선생님에 대한 호기심이 있었다고 하지만, 선생님의 '인물사'를 집필한다는 것은 전혀 다른 차원의 일이었다. 인물사 집필 제안을 받았을 때 반가운 마음으로 덜컥 수락했지만, 시간이 지날수록 걱정이 그만큼 늘어 갔다. '한 인물의 전 생애를 긴 호흡으로 끌어갈 힘이 나에게 있을까?', '아직도 사회사업과 사회복지를 혼용해서 사용하고 있는 내가 사회복지의 제1세대인 문인숙 선생님을 제대로 들여다볼 수 있을까?', '이렇게도 문인숙 선생님을 사랑하는 수많은 제자들과 동료들이 있는데, 내가 그들 앞에 집필 결과물을 내놓을 수 있을까?' 등의 걱정이 꼬리를 물며 불쑥불쑥 올라왔다.

이와 같은 두려움 속에서 문인숙 선생님의 인물사 집필에 들어갔다. 집필 과정에서 다행히도 문인숙 선생님과 함께 임상사회복지실천연구회에서 주동적인 역할을 하였던 김정자 선배님, 문인숙 선생님의 첫 애제자 이영분 선배님, 그리고 이화여자대학교 사회복지학과 동창회 회장 김정진 선배님의 적극적인 격려와 응원 덕분에 한 걸음 한 걸음 나아갈 수 있었다. 그렇게 1년 6개월의 시간을 보내고 마침내 『문인숙, 사람을 품은 사회복지 실천의 발자취』를 완성할 수 있었다.

　이 책은 문인숙 선생님의 가족사(家族史)로 시작해, 이화 사회사업학과 정년 퇴임에 이르기까지의 여정을 따라간다. I장에서는 일제강점기와 해방, 한국전쟁이라는 격변의 시대 속에서 형성된 가풍(家風)과 개인의 경험을 통해, 문인숙 선생님에게 새겨진 뿌리가 무엇이었는지를 살핀다. 선생님의 가족사와 학창시절을 소개하며, 급변하는 환경 속에서 겪은 경험들이 어떤 흔적을 남겼는지 확인하고자 했다.

　II장은 십자군장학금을 받아 미국 스칼릿대학에 유학하여 집단사회사업을 수학하고 학위를 준비·취득해 가는 과정을 다룬다. 십자군 장학생이란 신분은 무엇을 의미하는지, 스칼릿대학은 어떠한 성격의 학교였으며 그곳에서 문인숙 선생님이 접한 사회사업의 성격은 무엇이었는지를 정리하였다.

　III장은 문인숙 선생님이 사회사업가로서 마주한 실천현장을 다룬다. 태화기독교사회복지관에서의 활동을 중심으로 선생님의 실천을 정리하면서, 윤락여성을 대상으로 한 부산 자매의집, 혼혈아 사업인 에클레아 참여도 살펴봤다. 그 과정에서 문인숙 선생님이 맡았던 역할과 프로그램 내용, 협력의 방식, 현장에서 부딪힌 과제와 배움을 자세히 짚고자 했다.

Ⅳ장은 이화 사회사업학과의 실천 담당 교수로 재직하던 시기를 다룬다. 학문적 실천가로서 실천의 정체성에 대한 고민과 지향, 이를 교육·연구·현장 연계 속에서 실체화하기 위한 뚝심 있는 노력을 추적하였다. 교과와 교재 개발, 이화사회복지관 운영과의 연결, 통합사회사업과 임상사회복지 전문성 강화 등 문인숙 선생님이 일관되게 구축해 간 실천체계의 흐름을 중심으로 정리하였다.

『문인숙, 사람을 품은 사회복지 실천의 발자취』가 문인숙이라는 인물의 다채롭고 역동적인 모습을 모두 담기에는 부족함이 있을 것이다. 이 책은 이화를 사랑하고 사회복지학과에 감사한 마음을 지니고 살아온 내가, 그 사랑과 감사함을 조금이나마 갚고자 하는 마음에서 집필을 시작하였다. 동시에 사회복지 실천의 뿌리를 기록으로 남기면서 나 자신의 정체성을 다시 확인하고 싶었던 개인적 기대도 담겨 있다. 나아가 내가 이화 사회복지학과를 통해 실천가로 성장했듯, 문인숙 선생님의 삶이 어느 사회복지 실천가의 성장에 밑거름이 될 수 있기를 바라는 마음도 있었다.

그런 뜻에서 나는 나의 집필 결과가 문인숙 선생님의 가족에게 누가 되지 않고, 선생님의 사회복지 동료들과 제자들 앞에 부끄럽지 않기만을 바라며 이 책을 조심스럽게 세상에 내놓는다. 아울러 독자들이 『문인숙, 사람을 품은 사회복지 실천의 발자취』를 따뜻한 시선으로 읽어주었으면 한다.

차
—
례

발간사 최성균 (사)미래복지경영 이사장 ···················· 4
추천사 김정자 (前)정무차관 ······························ 6
프롤로그 ··· 10

I. 청년 문인숙, 가족과 시대 속에서 실천의 뿌리를 형성하다 ········ 21

1. 문인숙, 실천 가풍의 생활 토양 위에서 성장 ·················· 22
1) 문인숙의 할아버지 문승훈, 식민지 농촌 지도자가 선택한 경계의 실천 ·· 22
2) 문인숙의 아버지 문창모, 사회복음주의 의술을 행한 기독교 실천가 ······ 30
3) 문인숙의 어머니 이희주, 근대적 양육방식을 교육받은 신여성 ········ 43

2. 문인숙, 식민소녀에서 해방청년으로의 전환 ·················· 47
1) 문인숙, 해주행정공립고등여학교의 문원인숙 ···················· 48
2) 문인숙, 이화여자대학교에서 숨통 트인 해방 청년 ················ 53

II. 십자군장학생 문인숙, 스칼릿대학에서 사회사업을 만나다 ······ 69

1. 문인숙, 십자군장학생으로 낯선 세계와의 조우 ················ 71

2. 문인숙, 기독교 정신으로 무장된
지역사회중심의 사회사업으로 스며듦 ························· 78
1) 스칼릿대학의 정신과 지향점 ································· 79
2) 스칼릿대학의 집단사회사업학과 ······························ 84
3) 문인숙의 스칼릿대학 생활 ··································· 93

III. 사회사업가 문인숙, 태화기독교사회관에서 실천가로 성장하다 ···· 107

1. 문인숙, 태화기독교사회관이 원했던 인물 ································· 109
2. 태화기독교사회관, 미감리교 사회복음을 담고 있는 인보관 ······· 112
   1) 남감리교 여선교회와 태화의 설립 ··· 112
   2) 스칼릿 대학과 태화의 조직적 연계 ·· 114
   3) 사회복음주의 사회사업 강화 ·· 115
   4) 기독교 사회관에서 전문 사회복지관으로 발전 ····························· 116
3. 문인숙, 태화가 육성한 미래의 사회사업 지도자 ························ 131
4. 문인숙, 태화의 영성과 실천을 아우르는 지도자 ························ 148
5. 문인숙, 태화에서 출발한 지역사회 실천가 ······························· 154

IV. 학문적 실천가 문인숙, 이화동산에서 임상사회복지 전문성과 제도화를 이끌다 ·· 171

1. 이화, 실천지향의 사회사업 구상 ·· 173
   1) 이화 사회사업학과 초기 교수진과 캐나다연합교회 여선교회의 영향 ··· 175
   2) 기독교사회사업학과에서 사회사업학과로의 변화 (1947-1970) ············ 184
2. 문인숙, 이화사회복지관에서의 윤리기반 실천과 이론의 통합 ··· 190
   1) 지역봉사와 실습의 장으로 출발한 이화사회관 ···························· 192
   2) 대학부설 사회복지관의 정체성과 운영기반 수립 ························· 194
   3) 실천·연구·교육의 통합으로 책임성 있는 근거기반 서비스 전개 ······· 198

3. 문인숙, 임상사회사업 전문성을 향한 뚝심있는 여정 ——— 210
   1) 교재개발을 통한 통합사회사업 교육의 실체화 ——— 211
   2) 임상사회사업 전문성을 지향한 교육의 토대 마련 ——— 226
   3) 이화동산을 넘어 임상실천현장 전문성을 위한 체제 구축 ——— 246

에필로그 ——— 269

부록 1 문인숙 연구사업, 저서, 논문 일람표 ——— 285

부록 2 문인숙과 제자들, 마음에 담은 편지와 추억 ——— 290

[표]

I.
〈표 I-1〉 이화여자대학교 영어영문학과 교수진(1945-1950) ········· 58

II.
〈표 II-1〉 스칼릿대학 집단사회사업학과 기본과목(1952-1953) ········· 91
〈표 II-2〉 문인숙의 스칼릿대학 수강과목(1952-1953) ········· 94
〈표 II-3〉 문인숙의 집단사회사업 수강과목 ········· 96
〈표 II-4〉 문인숙의 선택과목 ········· 98

IV.
〈표 IV-1〉 문인숙의 사회복지관 프로그램 활성화 및 실습체계 구축 연구 일람표 ········· 199
〈표 IV-2〉 문인숙의 사회복지관 프로그램 활성화 관련 주요 연구 소개 ········· 200
〈표 IV-3〉 『사회복지관논집』 목록 (1977-1980) ········· 202
〈표 IV-4〉 문인숙의 실습 체계구축 관련 주요 연구 소개 ········· 206
〈표 IV-5〉 1978년도 사회사업학과 신규 교과목 ········· 216
〈표 IV-6〉 문인숙의 1970년대 방법론 교재 목록 ········· 219
〈표 IV-7〉 사회사업세미나 교과내용 (1978년도, 1983년도) ········· 230
〈표 IV-8〉 사회사업학과 전공필수과목(1983-1987) ········· 231
〈표 IV-9〉 사회사업학과 교과개편 특성 반영 교과목(1985-1986) ········· 233
〈표 IV-10〉 년도별 사회사업학과 정신건강 관련 과목(1957-1994) ········· 236
〈표 IV-11〉 문인숙의 1980년대 임상사회복지 교재 목록 ········· 242
〈표 IV-12〉 제1차 사회복지사 해외연수 프로그램 ········· 254

[사진]

I.

〈사진 I-1〉 평안북도 선천 위치도 ··· 23
〈사진 I-2〉 수원농림전문학교 전경 ··· 25
〈사진 I-3〉 문인숙 부친, 문창모 ·· 30
〈사진 I-4〉 문인숙 모친, 이희주 ·· 43
〈사진 I-5〉 타악기 놀이하는 이화유치원생 ······························· 45
〈사진 I-6〉 후퍼기념관과 이화유치원생 ··································· 45
〈사진 I-7〉 해주행정고녀 합격자, 문원인숙 ······························ 51
〈사진 I-8〉 이화 항공사진(1939년경) ·· 56
〈사진 I-9〉 이화 교정으로 향하는 학생들(1935-1957) ················ 56
〈사진 I-10〉 이화 본관(파이퍼홀) 전경 ····································· 57
〈사진 I-11〉 이화 교정 속 학생들(1950년대) ····························· 57
〈사진 I-12〉 이화 기숙사 진선미관 전경(1935) ·························· 62
〈사진 I-13〉 이화 진선미관 식당 ·· 62

II.

〈사진 II-1〉 결핵퇴치 크리스마스 씰 설명회 속 문인숙 ············· 76
〈사진 II-2〉 자유아시아방송국 구호모금운동에 참여한 문인숙 ···· 76
〈사진 II-3〉 스칼릿대학 와이트먼 채플 전경 ···························· 93
〈사진 II-4〉 문인숙과 스칼릿대학 유학생 단체사진 ··················· 99
〈사진 II-5〉 문인숙 실습지, 마시센터 전경 ······························ 102
〈사진 II-6〉 마시센터 야외놀이터 ··· 102
〈사진 II-7〉 마시센터 농구교실 ·· 103
〈사진 II-8〉 마시센터 공예클럽 ·· 103
〈사진 II-9〉 마시센터 유치원 ··· 103

III.

⟨사진 III-1⟩ 제4대 태화 관장, 마가렛 빌링슬리 ······················· 117
⟨사진 III-2⟩ 제5대 태화 관장, 베시 올리버 ······························· 120
⟨사진 III-3⟩ 제6대 태화 관장, 페기 빌링스 ······························· 123
⟨사진 III-4⟩ 제7대 태화 관장, 문인숙 ·· 131
⟨사진 III-5⟩ 태화 웨슬레 구락부(1955) ·· 137
⟨사진 III-6⟩ 태화 쌍둥이사업(1956) ··· 137
⟨사진 III-7⟩ 태화 고문위원들과 함께한 문인숙 ······················· 147
⟨사진 III-8⟩ 태화 창립90주년 기념식에 참석한 문인숙 ········ 153

IV.

⟨사진 IV-1⟩ 문인숙과 제자들이 함께한 시간들 ······················· 191
⟨사진 IV-2⟩ 이화사회관 전경(1956-1973) ································· 194
⟨사진 IV-3⟩ 이화 복지관 전경(1974-2000) ································ 197
⟨사진 IV-4⟩ 김옥길 총장·서은숙 이사장과 함께한 현판식(1974) ······ 197
⟨사진 IV-5⟩ 학과장 시절의 문인숙(1983-1988) ························ 229
⟨사진 IV-6⟩ 이화 동료 교수들과 함께한 문인숙 ····················· 241
⟨사진 IV-7⟩ 문인숙이 집필·번역한 저술물 표지 ··················· 245

I.
청년 문인숙, 가족과 시대 속에서 실천의 뿌리를 형성하다

인물사를 집필할 때 무엇보다 중요한 것은 개인의 행적만이 아니라 그가 태어나고 자라난 가정환경과 성장 배경을 함께 살펴보는 것이라고 한다. 한 사람의 선택과 실천은 결코 진공 속에서 이루어지지 않으며, 세대 간 전승된 가치와 시대적 상황 속에서 갖춰진 토양 위에 놓여 있기 때문이다. 따라서 문인숙의 생애를 조명하는 작업 역시 그녀의 가족이 지닌 전통과 그녀를 둘러싼 시대적 맥락을 함께 추적해야 비로소 온전해질 수 있겠다. 이에 본 장은 문인숙이 본격적으로 사회사업의 길에 들어서기 이전, 곧 가족의 전통과 학창 시절의 경험을 중심으로 그녀의 성장 과정을 살펴보려고 하며, 이로써 그녀의 사회사업가적 정체성을 이해하기 위한 뿌리를 탐색할 수 있는 기반이 되기를 기대한다.

1. 문인숙, 실천 가풍의 생활 토양 위에서 성장

1) 문인숙의 할아버지 문승훈, 식민지 농촌 지도자가 선택한 경계의 실천

문인숙의 할아버지 문승훈(文勝勳)은 1887년 10월 10일, 평안북도 선천군 남면 삼성동 803번지에서 출생하였다. 그는 선천 지역 문씨 집성촌의 중소지주 가문에서 태어나 지역사회의 토착 엘리트로 성장하였다. 1905년, 18세 나이에 전택명(田宅明, 1883년 1월 5일생)과 혼인하여 3남 3녀를 두었고, 젊은 시절 농업과 근대 교육에 대한 관심 속에서 진로를 모색했다.

(1) 평북 선천의 지역사적 배경과 사회문화적 성격

문승훈이 태어났던 시기는 국제적으로 강대국들의 제국주의적 야망과 전체주의적 정치체제가 유기적으로 맞물려 식민지 약탈전쟁이 일어나는 혼란의 시기였다. 국내적으로는 조선 말기 봉건적 수탈과 개화운동의 갈등으로 민중생활이 파탄에 빠져들어간 시기이며,

〈사진 I-1〉 평안북도 선천 위치도[1]

제국주의 세력들의 각축전과 이권 침탈 시기로 새로운 사회 질서가 정착되지 못했던 과도기적 시대였다.[2] 이러한 시기에 뜻있는 지식인들은 조국의 자주를 지키고 민족을 수호하기 위해서는 오직 자력에 의한 자강자립이 필요하다고 생각하였다.[3]

문승훈이 성장한 평안도는 과거로부터 '서북(西北)'지방[4]에 속해 중앙으로부터 정치적 차별을 받은 지역이었으며, 지정학적으로 대륙

---

1 필자가 제작한 평안북도 선천 위치 지도.
2 오성주, 「사회복음주의 기독교교육론, 김창준 연구(1890.5.3 – 1959.5.7)」, 『신학과세계』 제61호 (2008):186 – 214.
3 이경림, 『오산학교의 교육이념과 실천 연구 – 정주시대의 남강, 교직원, 학생들의 활동에 대한 분석』 (석사학위논문, 인천교육대학교 교육대학원, 2001), 6.
4 서북지역이란, 조선조부터 일제 강점기까지 경기도 이북의 북도(北道), 곧 평안도, 함경도, 황해도를 가리키는 말로 사용되었고, 서북지방은 다시 관서(關西 : 평안도)와 관북(關北 : 함경도), 해서(海西 : 황해도) 지방 등으로 구분되어 불려지기도 하였다(한국기독교역사연구소 북한교회사집필위원회, 『북한교회사』 (서울: 한국기독교역사연구소, 1996), 19.)

인 만주지방과 러시아의 연해주 지방과 접경하여 직간접적으로 청일전쟁(1894년 7월 25일 – 1895년 4월 17일)과 러일전쟁(1904년 2월 8일 – 1905년 9월 5일)의 무대가 되었던 지역이었다. 결과적으로 평안도 지역민들의 성향은 자주의식과 저항의식 그리고 실용적 민중주의가 많은 것으로 평가되어진다.[5] 정치적 차별과 사회적 냉대를 받은 평안도 사람들은 새로운 세계를 개척하는 방향으로 사회진출을 꾀하려는 경향이 있었다. 그 하나의 방편은 상업을 통해 부를 축적하는 것이었고, 이들은 변화하던 시기에 새로운 중산계층으로 성장하였다.[6] 새로운 중산계층에는 중소지주, 자작농, 상민 등이 포함되었으며, 이들은 반부정부패·반봉건 의식이 강한 근대지향적 성향의 토착 지도층이 되어 매우 높은 교육열을 보였다.[7]

일제강점기 평안도가 식민지 경제의 전략적 거점지로 재편되면서 일제의 경제적 수탈이 심해지면서, 이들의 기질과 사회적 위치는 더

---

[5] 서북 지역에 대한 정치적 차별은 조선 초기부터 제도적으로 구조화되어 있었다. 『경국대전』(성종, 1474), 『속대전』(영조, 1746), 『대전후속록』(중종, 1543) 등은 평안도·함경도·황해도 출신자의 고위직 진출을 제한하였다(이중환, 「팔도총론」, 『택리지』(서울: 아세아문화사, 1975)). 평안도민은 과거에 합격하더라도 중앙 정계 진출이 어려웠으며, 이러한 제약은 자주성, 저항성, 실용적 민중주의라는 지역 특성을 강화하는 데 영향을 주었다. 이 같은 지역적 특성은 외국 선교사들에게도 발견되었다. 숭실학당 설립자인 미국 북장로교 선교사 윌리엄 베어드(William M. Baird)는 북부 지방을 여행한 후 "그 지역 사람들의 독립적이고 강건한 기개(the independent, manly spirit)"에 깊은 인상을 받았다고 회고하면서, 남부보다 북부 사람들이 도량이 크고 주체적이며, 외부 사상에 개방적이라고 평가하였다(William M. Baird, "Northern and Southern Korea," Korean Repository (May 1897): 196.).

[6] 이경림, 『오산학교의 교육이념과 실천 연구』. 15 – 16.

[7] 조선시대 과거 문과 급제자 명단을 기록한 『국조방목(國朝榜目)』에 따르면 전체 합격자 14,000명 가운데 평안도 출신이 약 1,000명 정도였고, 특히 정주의 급제자 수는 서울 다음으로 많아, 유림의 본산지라 일컬어지는 안동보다도 많았다. 그리고 1915년 당시 평안북도에는 1,015개의 서당이 설립되어 있었으며, 학동 수는 30,701명에 달하였다(이광린, 「개화기 관서지방과 개신교」, 『한국의 근대화와 기독교』(서울: 숭실대출판부, 1983), 40 – 41.; 평안북도지편찬위원회, 『평안북도지』(서울: 평안북도지편찬위원회, 1973), 438.).

강한 반발심과 민족 저항의식을 지니는 배경이 되었다. 이는 이후 조직적 저항의 자양분이 되었고, 그 결과 3.1운동 당시 선천을 비롯한 평안도는 강한 저항의 양상을 보였으며, 학생·교사·상인·농민 등 다양한 계층이 만세운동에 참여하였다.[8]

위와 같이 조선 말기 봉건적 수탈과 제국주의 침탈, 서북 지역민으로서의 정치적 차별과 사회적 저항이라는 경계 속에서 성장한 문승훈은 근대교육기관인 농림학교에 진학하였다.

(2) 나라 잃은 교정에서 농림학교 생도 문승훈의 식민경험

〈사진 I-2〉 수원농림전문학교 전경[9]

문승훈은 1910년경 수원군 일형면 서둔리(日荇面 西屯里)에 소재한 농림학교(현 서울대학교 농업생명과학대학의 전신)에 입학하였다.[10] 농림학교

---

8 조공주, 『초기 개신교 수용원인 고찰: 서북지역을 중심으로』(석사학위논문, 장로회신학대학교, 2017).; 김명배, 「휘트모어의 선천 선교사역과 평북지역 기독교 확장에 관한 연구」, 『선교와 신학』 제44집 (2018): 167-195. 이용철, 『평안도지역 3·1운동연구』(박사학위논문, 충북대학교 대학원, 2020).
9 사진엽서(경성조선인쇄주식회사 제작, 출처 미상).
10 문인숙의 아버지 문창모는 본인의 나이 일곱 살이던 1913년에 아버지가 농림학교를 졸업하였다고 진

[11]는 대한제국 고종황제가 1904년 산업 육성과 농업 근대화를 목적으로 세운 '농공상학교'를 전신으로 한 관립 실업교육기관이었다. 당시 조선 인구의 80% 이상이 농업에 종사하던 시대적 상황에서 매우 실용적이고 유망한 진로로 여겨졌다. 농림학교는 본과(本科, 3년제), 연구과(硏究科, 1년제), 속성과(速成科, 단기과정)로 구성되었으며, 본과 생도에게는 3년의 학교생활 동안 수업료 면제와 함께 매월 6환(圜)의 학비가 지급되었다 (제7조, 제8조). 단, 생도들은 졸업 후 일정 기간 학교장이 지정한 직무에 종사할 의무가 부과되었다(제10조)(「농상공부소관농림학교규칙」, 농상공부령 제2호, 1909년 6월 1일). 그만큼 국가가 농림학교 졸업생들이 국가산업에 이바지하기를 기대하는 바가 컸음을 반증하는 것이겠다.

그러나 문승훈이 입학한 해인 1910년, 조선은 한일병합으로 국권을 상실하게 되었고, 농림학교는 조선총독부의 식민지 농업정책을 추진하는 권업모범장 산하 부속기관으로 재편되었다(『권업모범장관제』, 칙령 제370호, 1910년 9월 30일). 자주적 농업 근대화 교육기관에서 일본의 식민정책을 뒷받침하는 기술인력 양성기관으로 전환된 것이다. 더욱이 농림학교가 있던 수원 지역은 일본 농학자들이 일찍이 진출해 있던 지역으

술하였다(문창모, 『천리마 꼬리에 붙은 쉬파리』(서울: 도서출판 삶과꿈, 1996), 20). 당시 농림학교는 3년제였고(대한제국관보 제4393호, 1909년 6월 3일), 이에 비추어 볼 때 문창모의 입학 연도는 1910년으로 추정된다.

11 농림학교는 대한제국 시기 고종의 신교육령에 따라 1904년 한성부 수진동에 농공상학교로 개교하였으며, 1906년에는 농상공부가 관장하는 2년제 '농림학교'로 개편되었다. 이후 정부는 학교를 수원으로 이전(1907년)하고, 수업 기한과 과목을 확대(1909년)하는 등 지속적인 성장을 도모하였다. 문승훈이 입학한 1910년 당시 농림학교 입학 조건은 만 15세 이상 25세 이하의 보통학교 졸업(예정)자였다. 입학 후 본과생들은 기숙사 생활을 하며 3년 동안 수신, 국어, 수학 등 기초과목에서부터 농산제조학, 삼림경제학, 경제 및 법규 등 심화과목까지 총 20개 교과목, 78학점(실습과목 제외)을 이수해야 했다(「농상공부 소관 농림학교 규칙」, 『대한제국관보』 제4393호 [1909년 6월 3일]).

로, 1884년 이후 일본인 지주들과 상인들이 대규모로 이주하여 지역을 장악하고 있었고, 이권 사업을 통해 경제적 기반을 확보하고 있었다.[12] 이러한 상황에서 농림학교 한국 학생들에게 수원이라는 공간은 근대 교육이라는 지식의 장이자 일본 식민 농정(農政)의 현실을 체감하는 생생한 현장이기도 했다. 문승훈 역시 당시 이와 같은 구조적 전환과 일본 농업자본의 침투 속에서, 일본식 농업기술, 수의학, 식물학 등 근대 농업 교육을 이수하였다. 이는 평북 선천출신의 문승훈에게 조선의 농업 엘리트로서의 정체성과 식민 현실이 드러내는 구조적 모순 사이에서 복잡한 내적 갈등을 불러일으켰을 것으로 보인다.

졸업 후 문승훈은 조선총독부 산하 종묘장, 면작지장, 잠업시험소, 동양척식주식회사·농공은행과 같은 식민농경제기관에 취업하지 않고 고향인 선천으로 귀향하였다. 그의 귀향 결정은 졸업 후 농림학교의 복무 지시에 의한 것일 수도 있으나, 어느 정도는 자의적 선택도 있었을 것 같다. 장남 문창모의 회고에 따르면, 그는 귀향 이후 왜무(일본무)와 당꽁아리(토마토) 등의 신작물을 도입하고, 수의학 지식을 바탕으로 직접 약을 구입해 마을 주민들에게 무상으로 나누어주는 등 지역민을 위한 활동을 적극적으로 수행하였다. 이는 당시 일제가 추진하던 근대 농정의 '관리와 통제'라는 측면 이면에, 농민의 삶의 질을 실질적으로 향상시키기고자 했던 문승훈의 노력이었다.

---

12 문한별, 「일제강점기 후반 수원고등농림학교 한글연구회 사건 공판 기록을 통해서 살펴본 한글 문학 텍스트와 검열의 관계」, 『국제어문』 제62권(2014): 349.; 김재국, 박언곤, 「수원근대건축의 발단: 근흥모범장, 농림학교에 관한 연구」, 『대한건축학회 학술발표대회 논문집-계획계』 제18권, 제1호(1998): 311-316.

(3) 조선총독부 농정 하의 금융조합장 문승훈의 대응

문승훈은 귀향 후 지역 내 금융조합 평의원, 선천 '유림향약계' 등의 임원으로 활동했고, 1927년에는 선천금융조합의 조합장으로 선출되어 3년간 재임하는 등 지역사회 지도자로 성장하였다.[13]

조선총독부는 금융조합을 활용해 농민계층을 조직하고 식민지 농업경제를 통제하려고 했다. 이를 위해 1911년 『조선각도의 우량면조사』를 실시하여 지역의 '지도자급 인물'을 선정하였고, 이들은 이후 조합장이 되었다. 조합장은 조합의 의사결정과 사업 집행을 책임지는 인물로, 지역 농정(農政)의 실질적 책임자이자 일제 행정의 말단 관리자로 기능하였다. 이들은 농사개량, 종자보급, 공동방역, 부업장려, 자금융통 등 식민지 농업계몽 프로그램을 수행하면서, 일제의 농정기조에 협조적이어야 했고 동시에 지역실정을 이해하고 이를 반영할 수 있어야 했다. 문승훈이 조합장으로 활동했다는 것은 일제가 그를 지역 내에서 교육·농업 지식·지역 내 신망을 얻은 경제적, 사회적 지도자라고 판단한 것이다.

근래의 연구는 조합이 농민 계층의 생활 안정보다는 일제의 농업 착취 체제를 유지하기 위한 장치로서 기능했으며, 조합장 역시 그 구조 안에서 식민 권력에 협조하는 중간층으로 활동했다는 비판적 평가를 제기하고 있다.[14] 그러나 서북지역 특유의 저항 정신, 아들 문창모의 기억에

---

13 매일신보. "宣川郡農會의 議員選擧." 1926년 7월 4일.; 중외일보. "宣川金組合에서는." 1927년 4월 26일.; 매일신보. "宣川金組." 1927년 4월 28일.; 매일신보. "順序違格으로 議長謝過安協." 1928년 4월 28일.; 매일신보. "宣川金組臨總." 1929년 7월 20일.; 매일신보. "宣川農會定摠." 1930년 3월 15일.; 매일신보. "宣川金組評議會." 1930년 4월 1일.; 매일신보. "宣川金組總會." 1930년 5월 2일.; 매일신보. "宣川郡下面議." 1931년 5월 25일.; 매일신보. "宣川儒林鄕約稧長改選." 1932년 6월 1일.
14 이경란, 「일제하 금융조합의 농촌침투와 산업조합-1910-1920년대를 중심으로-」, 『실학사상연구』 제 19·20집(2001): 521-528.

나타난 농업지식을 이용한 계몽적 실천과 지역사회를 위한 애향심을 고려해 볼 때, 중소 지주층이었던 문승훈의 금융조합장 등의 활동을 단순히 총독부의 하부 기관의 책임자로만 해석하기는 어렵다. 오히려 문승훈의 행적은 근대 교육을 통해 얻은 자신의 농업 지식을 지역민과 나누며 지역의 신망을 얻었던 모습으로도 읽힌다.

일제시기 금융조합은 지역 농민들에게 자금을 지원하고 농사개량사업에 필요한 여러 사업을 수행함으로써 소농민 경제를 '지원하는' 거의 유일한 조직이었다. 더구나 금융조합의 하부조직인 계(契) 제도는 한국 농촌사회에서 오랜 기간 공동체적 의사소통의 장으로 작동해왔다. 이러한 시대적 맥락 속에서 문승훈의 활동은 조합장에 대한 일반적 비판을 넘어서, 식민지 농정 하에서도 지역민과 공동체를 위해 노력을 강구했던 한 지식인의 삶을 보여준다.

더욱이 문승훈은 그의 장남인 문창모를 "일본식 교육을 받으면 나라가 망한다"며 일제 교육체제에 편입시키지 않고 거리와 상관없이 먼 거리에 있는 민족학교에 입학시켰다. 이는 일제 식민지 속에서 농업 지식인으로서 자신이 겪었던 갈등, 고뇌를 경험한 후 내린 선택이었을지도 모르겠다. 이러한 문승훈의 시대와 현실 인식 그리고 선택의 과정이 손녀 문인숙에게 어떠한 가족사적 계보로 이어졌을지 관심을 갖게 된다.

2) 문인숙의 아버지 문창모, 사회복음주의 의술을 행한 기독교 실천가

문인숙의 아버지 문창모(文昌模, 1907.04.23.-2002.03.03.)는 평북 선천읍에서 30리(약 12km) 떨어진 남평 문씨 집성촌에서 3남 3녀 중 장남으로 태어났다. 아버지 문승훈의 높은 교육열과 자녀들을 일제의 교육체제로 편입시키지 않겠다는 의지 덕분에 장로교 계통의 영성학교를[16] 시작으로 삼봉공립보통학교, 오산학교, 배재학당으로 이어지는 선교사 혹은 민족주의자들이 경영하는 학교에서 교육을 받으며 '신앙적 애국심'을 갖게 되었다. 그리고 1926년 배재고등보통학교 기독학생회장으로 '6.10 만세운동'에 참여하고 서대문형무소에 수감된 열혈 조국수호 운동의 청년으로 성장하게 된다. 이후 사회복음을 전파하는 기독교인 의사로 평생을 산 덕분에 한국의 슈바이처로 평가받았다.

〈사진 I-3〉 문인숙 부친, 문창모[15]

문창모의 이와 같은 행보에는 한국이 처한 식민지 상황과 이를 극복

---

15 연세대학교 의과대학 동은의학박물관 제공. 「세브란스 원장 재직시절 모습」(1950년 세브란스 의과대학 졸업앨범).; 본문 중 문창모 저술(『천리마 꼬리에 붙은 쉬파리』, 1996; 『내 잔이 넘치나이다』, 1999)을 참고한 경우, 쪽수는 별도로 기입하지 않았다.

16 문창모가 '신앙적 애국심'을 길렀다고 회고한 장로교계 영성학교는 미북장로교 선교사 휘트모어(N. C. Whittemore)가 교장으로 있던 신성학교일 가능성이 크다. 신성학교는 1906년 4월 18일 미북장로회 선교부와 선천군 교인이 협력하여 설립한 학교로, 문창모의 학창시기 당시 선천에서의 유일한 장로교계 학교였으며, 민족주의 성향이 강하였다. 일제가 서북지역 기독교 세력을 탄압하기 위해 조작한 '105인 사건' 역시 이 학교와 깊은 관련이 있는데, 신성학교 학생 3명의 검거를 시작으로 교원 전원과 다수의 학생, 그리고 평북 교인 약 100명이 경성감옥에 구금되었다(윤경로, 『105인 사건과 신민회연구』, (서울:한성대학교출판부, 2012), 18-36).

하기 위한 기독교 지식인들의 사상 그리고 기독교적 인류애를 실천하는 선교사들과의 접촉 등이 영향을 미쳤다고 하겠다. 본 장에서는 문창모의 '신앙적 애국심'에 영향을 미친 학교 및 단체들의 특성과 그곳에서 만났던 주요 인물들의 면면을 먼저 살펴보았다. 그리고 의사가 된 이후 신앙적 애국심을 어떻게 자신의 삶 속에서 적용하며 살았는지 간략히 확인하고자 한다.

(1) 문창모, 사상과 실천에 영향을 미친 사람들

문창모는 1920년 평안도의 대표적인 민족기독주의 사학인 오산학교[17]에 입학하여 기독교 민족주의자 유영모를 만났다. 오산학교는 남강 이승훈(南岡 李昇薰, 1864 – 1930)[18]이 1907년 12월 24일, 애국계몽운동[19]의 일환으로 '교육구국'이란 당시의 시대정신을 추구하며 설립하였다. 오산학교의 인재상은 우리의 민족을 지키고, 나라의 힘을 키워 궁극적

---

17 오산학교(五山學校)의 기본 정보는 오산중고등학교, 『오산팔십년사』 (서울: 오산중고등학교, 1987); 이경림, 『오산학교의 교육이념과 실천 연구』; 박형진, 「오산학교 민족기독교교육의 묘상」, TORCH TRINITY Journal Vol. 26, No. 1(2023): 7 – 35; 김정오, 『다석 유영모 사상의 성인교육학적 함의에 관한 연구』 (박사학위논문, 숭실대학교 대학원 평생교육학과, 2009); 김기석, 『남강 이승훈』 (서울: 현대교육총서출판사, 1964) 등을 참조하였다.

18 이승훈은 평안북도 정주 출생으로 '개인의 일보다 나라를 위해서 무엇을 할 것인가'를 생각하던 중 도산 안창호의 연설에 깊은 감명을 받고 민족과 자주독립을 위해 교육과 산업 발전이 중요하다고 확신하였다. 1907년 강명의숙을 세워 신교육을 시작하였고, 같은 해 12월 24일 오산학교를 설립하여 인재양성에 매진하였다. 1910년 한석진 목사의 설교 "십자가와 고난"을 듣고서 기독신앙을 받아들여 오산학교를 기독교 학교로 전환하였으며, 기독교 민족주의자로 활동하였다. 그는 비밀결사운동에 참여하고, 3·1운동 당시 민족대표 33인 중 한 명으로 활동했으며, 출옥 후 조선교육협회를 조직하고 1923년 민립대학 설립운동에도 가담하였다(이경림, 『오산학교의 교육이념과 실천 연구』, 9; 박형진, 「오산학교 민족기독교교육의 묘상」, 12 – 14).

19 애국계몽운동은 자주독립, 민주적 근대사회 확립을 목표로 경제자립과 민족교육이 중심이 된 교육구국운동으로 1905년 을사보호조약으로부터 1910년 한일합방이 조인될 때까지 전국적으로 활발히 전개되었다(이경림, 『오산학교의 교육이념과 실천 연구』, 1, 20).

으로 국권 회복에 이바지할 수 있는 인물이었다. 설립자 이승훈은 이러한 목표에 맞춰 애국계몽운동가들을 교사로 혹은 학교 운영의 책임자로 채용하였고, 학생들에게 애국지사 강연을 수시로 제공하였으며, 군사훈련을 방불케 하는 강건한 신체 단련 교육을 진행하였다.

문창모가 1920년 입학하였을 때의 오산학교는 학교 건물이 3.1운동 중에 화재로 전소되었고 소학교는 경비가 부족하여 폐교 직전이었다. 이때 다석 유영모(多夕 柳永模, 1890-1981)가 제7대 교장으로 재직하고 있었다.[20] 유영모는 오산학교를 기독교 신앙과 민족주의적 애국심이 융합된 '기독교 애국주의'를 표방하는 학교로 자리매김하는데 큰 영향력을 미쳤던 인물로 평가되고 있다. 그는 학생들의 신앙적인 규칙 생활을 강조하였고, 몸을 수양하면서 기독 정신을 실천하도록 하였다.[21] 문창모는 오산학교에 다녔을 당시 유영모의 "애국심과 솔선수범하는 행동력에 감동을 받았으며 나 또한 그러한 삶을 살리라고 생각했다."고 전하였다.[22] 이러한 문창모의 진술에서 문창모는 기독교 신앙에 입각한 민족교육을 설파하는 유영모에 대해 호감을 가졌던 것으로 보인다.

문창모가 오산학교에 1년 반 정도 다녔을 무렵, 문창모의 아버지 문승훈이 오산학교에서 수업이 제대로 이루어지지 않고 있음을 알게 되었다. 문승훈은 문창모에게 "서울에 있는 더 크고 좋은 학교를 다녀보라"고 권유하였고, 1921년 9월, 15세 나이로 감리교 선교사가 설립한

20　이경림, 「오산학교의 교육이념과 실천 연구」, 33.
21　이경림, 「오산학교의 교육이념과 실천 연구」, 47-49.
22　문창모, 「내 잔이 넘치나이다」, 421-422.

배재학당 야간부 1학년에 입학하였다. 배재학당은 미북감리교 선교사 아펜젤러(H. G. Appenzeller)가 1885년 8월에 설립한 우리나라 최초의 근대 교육기관이었다. 배재학당은 "크고자 하는 자는 마땅히 남을 섬기라(欲爲大者 當爲人役)"는 학당훈을 갖고, 자유와 해방, 인권과 평등을 추구하는 기독교 정신과 개화사상의 위에 과학과 실용을 강조하는 서구학문을 학생들에게 가르쳤다.[23] 이를 통해 세속적인 명예나 출세에 대한 꿈보다는 민족의 자유와 독립, 민족문화의 발전을 위해 자신을 희생하는 기독교 지도자로서의 꿈을 실천하는 배재인(培材人)의 배출을 목표로 하였다.[24] 결과 배재학당의 학생들은 근대적 개화 지식인으로 그리고 조국의 미래를 위해 움직이는 민족주의자로 성장하게 되었다.

배재학당 시절 문창모는 배재학당 교목(校牧)이었던 김진호와 YMCA 간사 이대위를 만나 기독교 실천에 대한 관심과 행동력을 갖추게 되었다. 애산 김진호(愛山 金鎭浩, 1873-1960)[25]는 몰락 양반 출신으로 상동교회 담임목사 전덕기(全德基, 1876-1914)[26]의 영향을 받아 '기

---

23 김주황, 『김진호의 기록물을 통한 생애 연구』(박사학위논문, 협성대학교 일반대학원, 2021), 79.
24 이덕주, 『배재학당사(통사)』(서울: 학교법인 배재학당, 2013), 393.
25 김진호 목사에 대한 정보는 김주황, 『김진호의 기록물을 통한 생애 연구』(박사학위논문, 협성대학교 일반대학원, 2021),; 임석재, 『김진호 목사의 목회와 영성』(박사학위논문, 감리교신학대학교 대학원, 2022); 한규무, 「상동청년학원 연구(1904~1913)」, 『서강인문논총』 제42집(2015): 419 – 454; 한규무, 「애산 김진호의 민족운동」, 『한국민족운동사연구』 제91권(2017): 43 – 73; "애산 김진호" 홈페이지, http://aesan.or.kr/, (검색일자: 2025년 2월 3일).등을 참조하였다.
26 전덕기는 1896년 감리교 선교사 스크랜튼(M. F. Scranton)에게 세례를 받고 상동교회에서 목회활동을 시작하였다. 같은 해 독립협회에 가입하였는데, 이는 독립협회의 목표인 자주독립·자유민권 사상과 자강개혁운동이 기독교 복음의 정신과 일치한다고 보았기 때문이다. 이로써 그의 신앙은 자연스럽게 민족운동과 연결되었다. 이후 1903년에 웹윗 청년회와 상동청년학원을 세우고, 1904년에는 공옥학교를 설립하여 아동 교육에 힘썼으며, 1907년에는 상동교회를 중심으로 한 비밀결사 민족독립운동단체인 '신민회' 조직에 참여하였다(김주황, 『김진호의 기록물을 통한 생애 연구』 39; 이덕주, 「상동

독교 민족주의자'[27]로 성장하게 된다.[28] 이후 상동교회에서 목회 활동을 하면서 민족정신함양 교육기관인 상동교회 부속 공옥학교[29]와 상동청년학원[30]에서 조선역사, 성경, 한문 등을 가르쳤으며, 학교에서 함께 일하는 신채호, 주시경 등의 '애국지사'들과 교류하였다. 1907년에는 항일 비밀결사 단체인 신민회[31]에서 활동하기도 하였다. 그 과정에서 김진호는 '국가를 떠난 신앙은 죽은 믿음이다'라는 생각을 갖고 생활하였다. 당시 그의 주요 설교 내용은 "주를 믿으면 참으로 믿고 나라

청년 전덕기』(서울: 공옥출판사, 2016), 316-359; 임석재, 『김진호 목사의 목회와 영성』, 47; 한국민족문화대백과사전, "전덕기," https://100.daum.net/encyclopedia/view/14XXE0049340, (검색일자: 2025년 9월 3일)).

27 김진호의 기독교 민족주의는 '첫째, 유교적 배경을 통해 형성된 국가를 위한 충성심의 발로이며, 둘째, 애국계몽운동의 참여를 통한 자주적 역사의식 함양과 독립의식의 강화이고, 셋째, 3·1운동 참여를 통한 정의, 자유, 독립, 평등의 성서적 이념의 기독교 민족주의'이다(임석재, 『김진호 목사의 목회와 영성』) 감리교 역사학자 이덕주 또한 애산 김진호의 목회를 '기독교 신앙과 민족운동의 조화를 추구했다'고 평가하고 있다.

28 이원규, 『한국교회 어디로 가고 있나』 (서울: 대한기독교서회, 2000), 206-207; 임석재, 『김진호 목사의 목회와 영성』, 30-36.

29 공옥학교(攻玉學校)는 1896년에 설립된 기독교계의 사학으로 전덕기·최병헌과 선교사 존스(G. H. Johnes)·벙커(D. H. Bunker) 등의 발기로 서울 상동교회 안에 사숙(私塾) 형태로 설립되었다(한국민족문화대백과사전, "공옥학교," https://encykorea.aks.ac.kr/Article/E0004401, (검색일자: 2025년 9월 3일)).

30 청년학원은 신민회의 교육기관으로, 1904년 상동교회 목사 전덕기가 신교육운동과 교육구국의 일환으로 서울에 설립하였다. 개교 초기에는 기독청년을 대상으로 중학교 수준의 야간교육을 운영하였으나, 점차 모든 청년을 교육하여 애국정신을 고취하는 학교로 변화하였다. 그러나 일본 공사의 방해로 칙령이 발포되면서 상동청년학원은 1914년 폐쇄되었다(한국민족문화대백과사전, "청년학원," https://encykorea.aks.ac.kr/Article/E0056316 (검색일자: 2025년 2월 3일); 김진호, 「127. 八一回顧」, 『병중쇄록』, 발행년도 미상, 재인용, 김주황, 『김진호의 기록물을 통한 생애 연구』 58.).

31 신민회는 한말 애국계몽운동기에 국권 회복을 목적으로 창건된 전국 규모의 비밀결사단체였다. 신민회의 발기 목적은 '국권 회복을 위한 실력 양성'과 '전국에 산재한 애국자들을 규합하여 장차 거사할 때의 중심 동력을 마련하는 것'이었다. 이를 위해 회원 입회 과정에서는 애국심이 강하고 헌신적이며, 자신의 생명과 재산을 신민회의 명령에 따라 조국에 바칠 수 있는 사람인가를 기준으로 엄격한 심사를 거쳐야 했다(윤경로, 『105인 사건과 신민회 연구』 (서울: 한성대학교출판부, 2012), 181-185, 204; 임석재, 『김진호 목사의 목회와 영성』, 19-21, 50).

를 사랑하거든 참으로 사랑하라"였다.³²

김진호는 배재학당 교장이었던 신흥우(申興雨, 1883~1959)³³의 요청으로 두 차례(1916-1919, 1922-1935)에 걸쳐 배재학당 교목으로 근무하게 되며, 두 번째 근무시기에 문창모를 만나 영향을 미치게 된다. 그는 배재학당에서 성경과 조선어, 역사, 한문, 습자(習字) 등을 가르치는 한편 '배재학생기독청년회(배재YMCA)'도 이끌었다. 또한 학생들과 함께 전도 활동을 하면서, 기독교 진리와 애국운동을 교육하고 실천할 수 있도록 지도하였다.³⁴

배재YMCA는 기독교청년회(YMCA) 지회로 조직된 배재학당 내 최초의 학생자치단체였다. 당시 배재YMCA 조직은 의사부, 사교부, 운동부, 음악부, 전도부 등으로 구성되었고, 각 부는 다양한 자치활동을 진행하였다. 배재YMCA 임원과 회원들은 신흥우 교장과 김진호, 그리고 오늘날 교감에 해당하는 학생감독 강매(姜邁, 1878-1941) 등 세 명의 애국적 성향의 고문 교사들의 지도를 받으며 자연스럽게 기독교 신앙과 민족의식을 갖춘 기독학생 애국운동 지도자로 성장하였다.³⁵

문창모는 배재YMCA에서 가장 적극적으로 자치활동을 수행한 전도

---

32 『한글무화과(無花果)설교집 4권』 274 재인용, 김주황, 『김진호의 기록물을 통한 생애 연구』, 39, 45-46.
33 신흥우는 1894년 12세의 나이로 배재학당 입학하여 신학문과 함께 기독교를 접하였다. 재학 중 교사 서재필, 윤치호 등에게서 개화사상과 민족사상을 배웠으며, 1898년에 아펜젤러의 지도로 정동교회 교인이 되었다. 1899년에 배재학당을 졸업한 뒤, 학생회를 조직하고 개화사상과 독립의식의 선양에 힘쓰다 1903년까지 옥고를 치르기도 하였다. 미국 유학 후 1911년 배재학당 학감으로 취임, 1912년 30세의 나이로 학당장에 취임하여 한국인 최초의 기독교 학교 교장이 되었다. 1920년 교장직을 사임하고 같은 해 9월 중앙 YMCA 총무로 취임하면서 기독교청년회 운동을 이끌었다(유동식, 『한국 감리교회의 역사-1884-1992』(서울: 기독교대한감리회, 1994), 496-499).
34 김주황, 『김진호의 기록물을 통한 생애 연구』, 78.
35 『배재학보』 1호 (서울: 배재학보사, 1918.10), 32-34 재인용, 이덕주, 『배재학당사, 통사』, 281.

부 소속이었다. 그는 김진호의 제안으로 주일학교 교사로 봉사하였고, 서대문 밖 무악재 너머 홍제동에서 전도활동을 펼쳤으며, 동해안으로 순회전도 여행을 떠나기도 했다.[36] 약 14-15세 무렵 문창모는 스스로 전도대를 조직해 전국을 순회하며 강연을 이어갔다. 1924년 순회전도대에서 그가 택한 연설 주제는 '인간의 사랑과 그리스도의 사랑(吾人의 愛와 基督의 愛)'이였다. 문창모는 이 연설에서 "우리 민족은 세상에서 사랑을 구할 수 없는 경우에 처하였으며, 우리의 현재 사랑은 허위의 사랑이다"라고 비판하면서 '진리의 사랑'을 역설하였다. 이때 문창모가 말하는 '진리의 사랑'이란 같은 날 함께 한 연사들의 강연내용을 비춰볼 때 '기독교의 정신으로 동포를 구하는 것'을 뜻하는 것이었다.[37]

YMCA 간사 이대위(李大偉, 1896-1982)는 평안북도 용천군 출신의 한국의 대표적인 기독교 사회주의자이다. 이대위는 민족 구원을 위한 새로운 사상적·실천적 방안을 모색하던 중, 사회주의 사상을 가장 진보적으로 이해하고 수용하여 1920년대 '기독교 사회개조론'을 주창하였다. 이대위의 사회개조 사상은 그의 주 활동무대였던 YMCA의 청년학생층과 농촌운동, 기독교 면려회와 기독신우회와 같은 기독교 사회단체에 사상적 영향을 미쳤다.[38]

---

36 문창모, 『천리마 꼬리에 붙은 쉬파리』, 33-35.
37 동아일보, "배재생 전도여행 두 대에 나누어서", 1923년 7월 14일; 조선일보, "순회전도대 배재청년회 주최로 각 다방에 순회", 1924년 7월 19일; 조선일보, "배재생순강대", 1924년 8월 10일.
38 '기독교 사회주의'라는 용어는 1848년 차티스트 운동이 실패로 끝난 직후 기독교 운동의 창시자들이 처음으로 사용하기 시작하였다. 오늘날에는 사회주의적 이상에 기독교의 종교적·윤리적 확신을 결합시키는 운동을 가리킨다(『브리태니커 세계 대백과사전』, 3권 (서울: 브리태니커, 1993), 147-148; 『기독교대백과사전』, 2권 (서울: 기독교문사, 1981), 1148-1149; 신은주, 『1920년대 전반 기독교계열의 민족운동과 이대위의 사회개조론』(석사학위논문, 연세대학교 교육대학원, 2002), 19).

이대위는 105인 사건으로 유명한 신성학교 출신자로 북경대학교 유학을 떠났을 때 YMCA운동과 독립운동에 본격적으로 참여하였다.[39] 1920년 겨울, 재북경 한국인 YMCA인 〈고려기독청년회〉를 창설하였고, 1921년에는 YMCA연합회 학생부 간사로 취임하였다. YMCA연합회 학생부는 각 지역의 학생YMCA를 지도하고 지원하는 부서였는데, 이대위는 간사로서 학생들과 가장 가까이 생활하면서 사상을 전달하고 학생운동을 지도하였다.[40]

당시 YMCA는 매우 사회 참여적이고 사회개혁 성향을 지닌 기독교계 사회단체로써 사회문제와 관련하여 교육·계몽·선교 프로그램을 많이 진행하였고, 사회주의 영향을 받아 YMCA 주요지도자들은 사회복음 운동[41]의 좌파적 성격을 갖고 있었다.[42] 이대위도 『기독신보(基督申報)』와 YMCA의 기관지였던 『청년(靑年)』 등을 통해 자본주의 비판과 사회주의 소개, 기독교와 사회주의의 관계, 사회개혁과 민족운동의 방법, 특히 기독교적 가치관에 입각한 사회개혁론(기독교 사회주의), 그리고

---

39 김일룡, 「이대위(李大偉)의 기독교 사회주의 사상연구」(석사학위논문, 목원대학교 신학대학원, 2001), 9.
40 전택부, 『한국기독교청년운동사』 (서울: 정음사, 1978), 279, 286-287; 채현석, 「이대위의 생애와 활동」, 『한국의 기독교와 사회주의』 (서울: 한국기독교역사연구소, 1992), 254-256; 김일룡, 「이대위의 기독교 사회주의 사상연구」, 10-11; 신은주, 「1920년대 전반 기독교계의 민족운동」, 19.
41 사회복음주의(Social Gospel)는 19세기 후반 미국 사회 내 노동운동과 사회문제에 대한 관심이 고조되면서, 개인 구원 중심의 신학을 넘어 사회구조의 개혁과 사회 전체의 구원을 지향한 기독교 운동이다. 라우션부시(Walter Rauschenbusch)의 사상으로 대표되며, 미국 선교사들을 통해 일제강점기 한국에도 전래되었다. 초기 미감리교 선교사들 역시 이러한 사회복음의 관점에서 교육, 의료, 복지사업을 중심으로 사역을 전개하였으며, YMCA는 대표적인 실천기관으로 자리 잡았다. 신흥우와 조병옥 등은 사회복음에 입각해 교회의 사회개혁 참여를 강조했고(조병옥, 『나의 회고록』 (서울: 도서출판 선진, 2003), 95-96 재인용, 황미숙, 「내한 미국감리교회 선교사들의 사회복지사업(1885-1960)』 (서울:동인, 2020), 92). 특히 이대위는 노동자 권익 보장, 공동농장 설치, 농민 조직화 등을 제시하며 사회복음을 사회경제적 개혁의 방향으로 확장시켰다(신은주, 「1920년대 전반 기독교계의 민족운동」).
42 김흥수 엮음, 『일제하 한국기독교와 사회주의』 (서울: 한국기독교역사연구소, 1992), 71 재인용, 신은주, 「1920년대 전반 기독교계의 민족운동」, 10.

한국교회 개혁론 등을 발표하여 학생, 청년층에게 영향을 주었다.[43]

이대위와 문창모의 만남은 문창모가 배재고보의 배재YMCA 회장으로 활동했을 때였다. 배재YMCA의 회장을 역임했다는 것은 곧 문창모가 지도자의 역량을 가진 자였다는 것 외에도 YMCA가 추구하는 기독정신을 내재화한 투철한 기독교인이었음을 드러내는 부분이다. 문창모는 'YMCA의 이대위 간사가 운영하는 토론클럽에 참여하여 민족사상과 독립운동에 관한 체계적이고 구체적인 교육과 훈련을 받았다'고 회고하였다.[44] 이때 문창모가 받았을 훈련의 내용과 지향점은 이대위의 '기독교 사회개조론'이었을 것이다. 이대위는 한국교회가 개인의 평안만을 구하고 사회개혁에는 무관심하다고 비판하면서 사회복음을 지향할 것을 촉구하였다. 그가 생각하는 기독교계의 지향점은 개인개조에 머무르는 것이 아니라 사회개조로 나아가는 데 있다고 보았다. 그리고 민족과 민중의 삶과 함께 하는 교회가 되기 위해서는 민족의 현실을 인식하고 적극적인 민족운동과 사회개혁 운동을 전개할 것을 주장하였다.[45] 이를 위해 교회는 시대의 요청에 부응해 개인의 신앙을 심화시키는 동시에 이를 사회로 확장하여 부조리한 세계를 점진적으로 변혁해 나가야 함을 역설하였다.[46] 문창모가 받은 교육과 훈련은 바로

---

43 신은주, 「1920년대 전반 기독교계열의 민족운동」, 10-11.
44 문창모, 『내 잔이 넘치나이다』, 31-35.
45 이대위, 「인류사회를 개조하는 근본적 방침」, 『청년』 (1924년 2월): 21-22 재인용, 이만열, 『한국기독교와 민족의식』 (서울: 지식산업사, 1991), 372.
46 이대위, 「사회주의와 기독교 사상」, 『청년』 (1923년 5월): 10-11; 이대위, 「나의 이상하는 바 민족적교회」, 『청년』 (1923년 6월): 11-13; 이대위, 「사회주의와 기독교의 귀착점은 엇더한가?」, 『청년』 (1923년 10월): 9; 이대위, 「나의 고찰한 바 사회개조 운동의 정서」, 『청년』 (1923년 12월): 7-9; 이대위, 「인류사회를 개조하는 근본적 방침」, 『청년』 (1924년 2월): 21-22; 이대위, 「민중화할 금일과 합작운동의 실현」, 『청년』 (1924년 5월): 5 재인용, 신은주, 「1920년대 전반 기독교계열의 민족운동」, 32-37, 40-43.

이러한 사상이었다.

문창모는 1926년 6.10 만세운동에 참여하여 서대문형무소에서 옥고를 치룬다.[47] 이는 김진호와 이대위의 기독교 신앙과 민족자결주의 혹은 사회주의가 병합된 사상을 삶에 받아들인 결과였다. 문창모는 의사가 된 이후 정치적 독립운동을 펼치지는 않았지만, 이상의 주요한 기독교계 운동가들과의 만남은 사회복음주의 의술을 행하는 기독교 실천가의 행보를 걷게 하였다.

(2) 문창모, 사회복음주의 실천가

문창모의 사회복음 실천은 의료분야, 사회복지분야, 농업분야 등 다방면에서 발견되며, 그 시작은 의료분야였다. 1931년 세브란스 의학전문학교를 졸업하고 해주에서 의사 생활을 하고 있을 때 어떠한 연유인지는 몰라도 선교부로부터 해주 구세병원에서 근무해달라는 요청을 받게 되었다. 당시 근대 의료진의 수가 턱없이 부족한 시기였기 때문에 급여 등의 근무조건이 무척 좋았음에도 그 모든 것을 접고 구세병원 근무를 시작했다고 한다. 그리고 1935년 황해도지사로부터의 용호도 공의 발령을 받기 전까지 해주 구세병원에서 1년, 평양연합기독병원에서 3년 의술을 펼쳤다.[48] 이때 문창모는 미국, 캐나다 등지에서 온

---

47 「培材學校 및 不穩學生 釋放 前後의 動靜에 關한 件 1」, 「檢察事務에 關한 記錄 3」(京西高秘 제2669호, 1926년 7월 5일); 「基督敎朝鮮監理會聯合年會 및 臨時總會 開催에 關한 件」, 「思想에 關한 情報 14」(京高秘 제835호, 1941년 3월 24일); 동아일보. "全部 起訴猶豫, 열세명이 전부 기소유예로." 1926년 7월 1일.

48 해주 구세병원(Haeju Salvation Hospital, Norton Memorial Hospital)은 1920년대 중반 황해도 해주에 설립된 감리교 계열의 기독교 선교병원으로, 결핵 치료와 공공보건 활동의 중심지였다. 특히 1926년부터 셔우드 홀(Sherwood Hall)이 병원장으로 부임하면서 한국 최초의 결핵 전문 요양소로 발전하였

여러 선교사들과 함께 근무하였고, 그들의 사회복음주의 의료 사역을 통해 '인간애, 희생, 봉사정신'을 배웠다고 회고하였다.[49]

해주 구세병원, 평양연합기독병원 등과 같은 선교부 운영 의료기관들은 모두 가난하고 의료혜택에서 소외된 이들에게 무료 혹은 실비로 의술을 제공하는 곳이었다. 이러한 선교의료기관에서 요청을 받았을 때, 자신의 안위나 부귀영화를 고려하지 않고 주저 없이 응답하여 의료 사각지대의 환자들에게 다가가 자신의 지식과 기술을 펼쳤다. 이는 사회복음주의에 입각한 문창모의 의료실천의 한 단면이었다. 그러한 이러한 헌신적 태도는 가족으로부터 자연스럽게 이어받은 전통과도 연결된다. 곧 아버지 문승훈이 자신의 근대 농업지식과 기술을 지역민을 위해 아낌없이 사용했던 모습과 같은 맥락에 놓여 있었다.

의료분야에서 문창모의 사회복음 실천은 개인 의사 활동에 멈추지 않고 국가와 지역사회의 요구에 답하는 사회 의료 형태로 발전하였다. 하나의 대표적 예로 결핵퇴치에 헌신했던 문창모가 있다. 해방과 한국전쟁 이후 결핵이 폭발적으로 증가하여 130만 명에 달하는 환자가 있었다. 이는 국가 차원에서 시급히 대처해야 하는 심각한 상황이었으나 전쟁복구 사업으로 여력이 부족했다. 문창모는 1949년 세브란스병원 원장으로 있으면서 해주 구세병원 결핵요양소에서의 경험[50]을 기반

다. 한편 평양연합기독병원은 1904년 북장로교, 감리교, 캐나다 장로교 등 복수의 개신교 교단이 협력하여 설립한 종합병원으로, 의료선교와 의학교육·간호교육이 통합된 대표적 선교 의료기관이었다. 두 병원은 문창모, 셔우드 홀 등 기독교계 의료인들이 임상과 공공보건 실천을 수행하는 현장이었다(필자설명).
49 문창모, 『천리마 꼬리에 붙은 쉬파리』, 94
50 셔우드 홀(Sherwood Hall, 1893-1991)은 캐나다 출신 의료 선교사 윌리엄 제임스 홀과 로제타 셔우드 홀의 아들로 한국에서 태어나 평생을 한국의 의료선교와 복지 향상에 헌신하였다. 그는 1926년

으로 1940년 중단되었던 크리스마스 씰을 한국적십자회에서 재발행할 수 있도록 했다. 그리고 대한결핵협회 초대 총무로 활동하면서 1953년부터는 동 협회에서 매년 정례적으로 발행하는 체제를 구축하였다.[51] 판매 수입금은 결핵환자 치료, 결핵치료소 설치, 결핵 계몽잡지인 『보건세계』와 학술서적 발간, 의사 재교육 등에 사용하였다.[52] 이 운동을 통해 대중이 결핵의 위험성과 예방의 중요성을 인식하게 되었다. 이러한 문창모의 활동은 개인구원을 넘어 사회구원을 추구하는 사회복음 실천가의 행동으로 구현된 것이다.

문창모는 1938년 31세의 나이로 기독교대한감리회 총리원에 소속되어 이후 42년간 평신도 사역자로서 사회사업과 교육사업에 참여하였다. 문창모의 사업 참여 동기는 "예수를 믿는 사람으로서 힘이 닿는 대로 남을 도울 수 있으면 돕고, 바른 편에 서서 일을 하고 싶다는 생각을 했고 사회사업에 많은 관심을 가지고 있다"는 것이었다. 그는 한국전쟁 고아들을 위한 사업 참여, 원주번영회 창설, 원주YMCA 초대 회장 역임 등의 이력을 가지고 있다. 사회복지법인 여주 여광원, 원주 맹

해주 구세병원 원장으로 부임해 결핵 퇴치와 공공보건 계몽 활동에 힘썼으며, 1932년 한국 최초의 크리스마스 씰을 발행하여 국민 보건 의식 제고에 기여하였다. 그러나 1940년 일제의 검열로 강제 추방되면서 씰 발행도 중단되었다. 한편 문창모는 1931년 세브란스 의학전문학교를 졸업하고 이듬해 해주 구세병원에 취직해 셔우드 홀과 함께 근무했으며, 1932년 크리스마스 씰 발행위원 7인 중 한 명으로 참여하였다(김은미, 「셔우드 홀과 한국 크리스마스 씰 운동의 시작」, 『의학사연구』 17, no. 2 (2008): 119–121; 자유일보. "국민주권과 생명지킴이, 닥터 문창모." 2023년 10월 12일.; 연세대학교 의과대학, "문창모(文昌模, 1907–2002)," https://cancer.severance.healthcare/yuhs/history/greatman.do?articleNo=496, (검색일자: 2025년 2월 10일).).

51 동아일보. "해주 음악회 성황리 종막." 1932년 7월 24일; 동아일보. "크리스마쓰씰선전 평양각교방문." 1932년 12월 17일; 동아일보. "크리스마스 씰과 그 유래 국제적인 항결핵기금모집운동." 1957년 12월 5일.
52 대한결핵협회, 『한국결핵사』 (서울: 상문상사, 1998), 370–371 재인용, 이방원, 「제6장. 건강 증진과 질병 치료를 위한 나눔」, 『1945–60년 한국 나눔의 역사』 (서울: 사랑의 열매, 2023), 288.

아학교, 가나안농군학교 가나안장학재단 등에서 이사장을 역임하기도 했다. 그리고 제14대 국회의 보건복지 분과위원회에서 활동하기에 이른다.[53] 이러한 문창모에 대해 지인들은 '가난한 이웃, 불우한 형제들을 말로만 사랑하지 않고 몸소 그 사랑을 실천하는 모범적 사회사업가', '돈벌이 개업보다도 민족애와 인류애로 빈자의 등불이 되고 사회의 소금 역할을 한 원주시민의 구세주' 등으로 평가하였다.[54]

문창모의 기독교 신앙은 사회복음주의 성격을 지녔다. 그의 기독교 실천은 기독교 민족주의, 기독교 사회주의 그리고 미국 감리교 선교부의 사회복음이 농축된 신앙적 애국심의 발로였다. 사회복음의 차원에서 소외된 곳에서의 의료를 우선시 하였고, 이는 곧 조국을 지키고 민족을 사랑하며 나아가 하나님의 영광을 드러내는 것이라 믿었던 것이다. 즉, 일제강점기에 성장기를 거친 문창모에게 기독교 신앙과 조국애, 민족애는 분리된 것이 아니고 항상 함께 동행하는 정신이었다.

문인숙은 이와 같은 아버지를 좋아하고 존경했다. 아버지와 함께 놀고 농담도 자주하는 친구와 같은 분이었다고 기억한다. 어린이였던 본인에게도 한 인격체로 대우받는 인간임을 느끼게 해줬고, 그것이 자신의 자존심을 키우는데 크게 기여했다고 생각한다. 그리고 아버지의 인생 철학인 "사람은 누구나 1%의 성공 가능성은 있는 것이니까 그것을 믿고 도와주어야 한다"를 마음 깊이 받아들이고 살았다고 회고한다.[55]

---

53 문창모, 『천리마 꼬리에 붙은 쉬파리』, 94; 214-219; 274-303; 335-338
54 문창모, 『천리마 꼬리에 붙은 쉬파리』, 425-426; 456-458
55 문창모, 『천리마 꼬리에 붙은 쉬파리』, 461-465

3) 문인숙의 어머니 이희주, 근대적 양육방식을 교육받은 신여성

문인숙의 어머니 이희주(李喜珠, 1909.04.15.-1983.01.10.)는 해주의 자수성가한 부잣집에서 2녀 중 장녀로 태어났다. 해주읍 미감리교회가 경영하는 의정여학교(懿貞女學校)[57]를 다니면서 신앙심을 갖게 되었고, 일찍이 경성으로 올라와 남감리교의 배화여자고등보통학교,[58] 이화학당의 유치원보육학교[59]를 다니면서 성실한 신앙인이 되었다고 한다.

〈사진 I-4〉 문인숙 모친, 이희주[57]

---

56 한국YWCA연합회 제공. 이희주. 「YWCA와 나. 기도 속에 원주Y 창설, 성장 지켜봐」, 『한국YWCA』 제14권 제9호 (1978년 10월): 30-32 수록 사진.

57 문창모의 자서전에는 이희주가 황해도 해주에서 미감리교가 경영하는 '의창여자보통학교'에 다녔다고 기록되어 있으나, 실제로 그녀의 학창 시절 해주에서 미감리교가 운영하는 여학교는 1909년 로제타 셔우드 홀(Rosetta Sherwood Hall)이 설립한 '의정여학교'가 유일했다. 따라서 문창모의 기록에는 학교명과 관련한 착오가 보인다(한국민족문화대백과사전, "해주시" https://encykorea.aks.ac.kr/Article/E0062760. 검색일자: 2025년 2월 3일).

58 배화여자고등보통학교는 미남감리교 최초의 여선교사 캠벨(Mrs. Eaton Josephin Peel Cambell)이 1898년 고간동(현 내자동)에 '캐롤라이나 학당'이란 학교명으로 창설한 학교이다. 이후 학교명은 배화학당(1910), 배화여자고등보통학교(1925), 배화여자고등학교와 배화여자소학교(1938)로 변천했고 1951년 배화여자중학교와 배화여자고등학교로 개편한 뒤 현재에 이르고 있다(배화여자고등학교, "학교 연혁," https://paiwha.sen.hs.kr/160048/subMenu.do, 검색일자: 2025년 2월 15일).

59 문창모 전기에서는 이희주가 이화학당 보육과에 다녔다고 기록되어 있으나, 그녀의 입학 시기로 추정되는 1928년 당시의 정식 학과명칭은 '이화학당 유치원보육학교'였다. 이 과정은 1914년 미감리교 여선교사 브라운리(Charlotte Georgia Brownlee)가 한국인 유치원 교사 양성의 필요성을 느끼고 설치한 '이화학당 유치원사범과'를 기원으로 한다. 2년제 직업교육 중심으로 운영되었으며, 졸업과 동시에 유치원 교사 자격이 부여되었다. 입학 요건은 여자고등보통학교 또는 고등여학교 졸업 이상의 학력을 가진 만 17세 이상의 여성이었고, 교과과정은 교양과목 없이 직업교육 중심으로 편성되었다. 이후 본 과정은 1951년 이화여자대학교 사범대학으로 발전하였다(이화100년사편찬위원회, 『이화100년사자료집』 (서울: 이화여자대학교, 1994), 17-18; 이화여자대학교 사범대학, 『사대뉴스』 제50호 특집 (1985년 6월 25일): 2; 김정인, 「식민지기 여성 고등교육의 지향점으로서 교사 양성: 이화여자전문학교를 중심으로」, 『강원사학』 제37집 (2021): 204.).

분단 이후, 남편 문창모를 따라 원주에 정착한 뒤로는 가난한 이, 불우한 이를 돕는 일을 '나의 일'이라고 생각하며 원주YWCA 초대회장[60]과 원주 제일교회 최초의 여장로이면서 구호위원장 등을 역임했고, 적십자봉사단, 원주부인회 등 여러 부녀활동에도 적극적으로 참여하였다.[61] 이희주의 이와 같은 활동에는 기독교 신앙이 배경이 되었음은 물론이다. 이희주는 항상 후배들에게 '학교 다닐 때 예수 잘 믿고, 졸업 후에도 예수그리스도를 계속 자기 생활의 중심으로 믿고 받아들이면서 늘 책을 읽으시오'를 부탁하였다고 하며, 일생을 엽서 전도를 게을리하지 않았다고 한다.[62]

이희주의 이화학당 유치원 보육학교 입학년도는 1928년도로 추정된다. 당시 사회적으로 여성의 직업진출과 경제적 자립에 대한 관심이 높아지고 있었고, 이를 고등교육을 통해 실현할 수 있다는 공감대가 형성되고 있었다.[63] 이러한 분위기 속에서 이화학당이 제공한 고등교육은 사회적으로 높게 평가되었고, 학생과 졸업생들은 스스로 근대 지식인이라는 자부심을 갖게 되었다.

이화학당이 '기독교적 고등교육'을 위해 설치한 유치원 보육학교의

---

60 원주YWCA는 1967년 5월 6일 이희주, 이화재, 손덕수, 이정수, 김병옥 씨 등에 의해 창립되었고, 이희주는 1-5대 회장을 역임하였다. 기독교운동, 여성복지 향상, 여성직업개발, 청소년 육성사업, 환경운동, 바른삶 실천운동, 사회복지사업, 어린이집 운영 등 시대에 맞는 프로그램을 개발하여 사회변화와 개인의 성장을 도모하였다(원주YWCA, "연혁," http://www.wjywca.or.kr/sub1_4.php, 검색일자: 2025년 3월 10일). 그녀의 YWCA 활동은 이희주, 「YWCA와 나」를 통해 확인할 수 있다.
61 문창모, 『내 잔이 넘치나이다』, 423-424.
62 이희주, 「YWCA와 나」, 30-32.
63 동아일보, "여자대학의 필요" 1923년 2월 25일; Christian Literature Society, The Korean Mission Field Vol. X, no. 7 (July 1910), 178-181 재인용, 이화100년사편찬위원회, 『이화 100년사자료집』, 262.; Christian Literature Society, The Korean Mission Field Vol. X, no. 10 (October 1914): 307-309 재인용, 이화100년사편찬위원회, 『이화 100년사자료집』, 264.

교과 내용은 수신(修身), 성경, 교육학, 심리학, 보육학, 유희, 도화, 수공, 동화 등이었고, 2년간 64학점을 취득하여야 했다. 특히 정동에 있는 이화유치원에서 실시된 실습의 비중이 가장 컸는데,[64] 이러한 과정은 현재의 유치원교사 양성과목과 크게 다르지 않을 정도로 체계적이었다고 한다.

〈사진 I-5〉 타악기 놀이하는 이화유치원생   〈사진 I-6〉 후퍼기념관과 이화유치원생[65]

이희주가 처음부터 여성의 사회적 지위 향상이나 유치원 교사가 되는 것을 목표로 이화학당에 입학한 것은 아니었다. 그러나 이화학당의 가르침은 그녀의 삶, 특히 양육관과 양육방식에 큰 영향을 미쳤던 것으로 보인다. 문인숙의 회고에 따르면 어머니 이희주는 자녀 양육에 진심인 인물로, 자녀들이 평소 '호랑이'라고 부를 만큼 엄격했다. 동시에 자신의 대학 전공을 자녀 교육에 적용하려고 노력하면서, 자녀 앞에서는 절대 큰 소리를 내지 않았고, 부부간의 다툼도 드러내지 않았다는 것이다. 이는 자녀의 인격과 정서를 존중하는 태도로, 이화에서 배웠던 아

---

64 「梨專梨保 設立 一般認可關係書類綴」(1945년 以前分); 「梨專 梨保學校一覽」(1937), 26-27 재인용. 이화100년사편찬위원회, 『이화 100년사자료집』, 345.; 이화여자대학교 사범대학, 『사대뉴스』, 3.
65 위 사진 2장 모두 이화여자대학교 이화역사관 제공. 이화여대의 근대적 유아교육과 공간을 통해 문인숙의 모친 이희주가 경험한 교육환경을 짐작할 수 있다.

동의 지적·인성 발달을 위한 심리, 동화, 다양한 예체능적 활동의 경험이 반영된 것이라 할 수 있다. 이희주가 실제로 학교에서 어떠한 생활을 했고, 문인숙에게 전달되었던 교육은 무엇이었는지를 1936년도 이화보육학교 졸업생 윤순애의 기억을 통해 가늠해볼 수 있다.

"… 매일 아침 8시 30분에 채플이 시작되면서부터 오후 4-5시까지 수업이 계속되었고 수업이 끝나고 피아노 연습을 하면 귀가 시간은 7-8시였다. … (김애마 선생님 덕분에) 유아교육을 확고하게 이해하게 되었다.… 유치원 교사 자격, 자질에 대하여 강조하시며 어느 학교 교사보다도 더 우수하여야 한다고 하신 말씀, 유치원 원아가 1명이 되어도 좋으나 유아교육을 부모에게 바르게 이해하도록 하라고 하신 말씀 등을 지금도 기억하면서 현장에서 실천하려고 노력하고 있다. 또 자연학 시간에는 미수 튜락설 선생님께서 기숙사에 합숙을 시켜가며 밤새 별자리 공부를 시킨 일, 미스 브라운리 선생님의 유희, 율동 게임 지도 등은 지금도 그 기초를 활용할 수 있을만큼 기억에 남아있다. …"[66]

문창모의 자서전 곳곳에서 부인 이희주에 대한 애정과 추억이 묻어나며, 다음과 같은 이희주의 회고를 볼 때 두 부부의 관계는 기독교 신앙을 바탕으로 대등하고 협조적이며 신뢰가 두터웠음을 알 수 있다. 이러한 부모의 관계 속에서 문인숙은 화목하고 따스한 가정 분위기에서 성장하였던 것으로 보인다.

---

[66] 이화여자대학교 사범대학, 「사대뉴스」, 29.

" … 평소에 우리 남편은 장로여서 Y활동에 이해가 깊었다. 그러므로 원주 기독병원 원장 재직 시에는 늘 병원을 빌려 Y모임을 가지기도 하는 등 전폭적인 협조를 아끼지 않은 덕분에 저녁 늦게도 회의를 할 수가 있었고 Y에 매달릴 수가 있었다 … "[67]

문인숙은 부모가 Y활동을 통해 보여준 독실한 기독교인의 삶과 사회개혁적인 태도를 어린 시절부터 내재화하면서 성장하였다. 또한 어머니 이희주가 삶으로 증명한 여성의 가능성, 즉 자녀의 출산과 양육 후 늦은 나이에 YWCA를 창설해 성공적으로 운영한 주도성과 실천력은 장녀 문인숙에게 많은 화두를 던졌을 것이라고 보며, 이것이 문인숙을 이해하는 또 다른 축이 될 것이다.

2. 문인숙, 식민소녀에서 해방청년으로의 전환

문인숙은 1929년 1월 4일, 황해도 해주에서 문창모와 이희주의 1남 2녀 중 장녀로 태어났다. 그녀는 화목하고 자녀의 인격이 존중되는 집에서 만족스러운 유년기를 보냈다고 회고한다. 부모 덕분에 자존감이 높아졌고, 남녀평등 사상이 의식 속 깊게 뿌리내리게 되었다고 믿고 있다. 특히 자상하면서 자녀와 많은 대화를 나누는 친구와 같은 존재였던 아버지 문창모 덕분에 자신이 소중한 존재임을 느끼게 된 것을 감사하게 생각하였다. 어린 시절의 문인숙은 동네 왕초였다. 어머니

---

[67] 이희주, 「YWCA와 나」, 30-32.

이희주가 귀찮아할 정도로 친구들이 집으로 많이 모여들었다고 하니 친화력도 좋으며 리더십도 있었나 보다.[68]

본 절에서는 가정과 동네에서 활달하고 당차며 기분이 좋은 어린 문인숙이 성장하면서, 식민지 조선에서 그리고 해방이 된 대한민국에서 무엇을 경험하고 어떤 요구를 받았는지 살펴보려고 한다.

1) 문인숙, 해주행정공립고등여학교의 문원인숙

문인숙은 해주에서 유일한 조선인 여학교였던 해주행정공립고등여학교(海州幸町公立高等女學校, 이후 행정고녀)의 10회 졸업생이다. 행정고녀 졸업생들은 당시 자신들의 모교가 이웃의 일본인 학교 해주욱정(旭町)공립고등여학교를 모든 면에서 앞섰고, 일제강점기 동안 서울의 경기여고, 평양의 서문여고와 함께 3대 명문여고였다며 긍지를 갖고 있다. 이들은 분단 이후 남한에서 동창회를 만들고 함께 사회봉사를 하는 등 관계를 이어가고 있는데, 문인숙도 이 동창회의 회원이었다.[69]

행정고녀는 조선총독부로부터 '해주공립여자고등보통학교'로 인가를 받고 1932년 4월 1일, 황해도 해주군 해주읍 북행정(北幸町)에 설립되었다. 이때 행정고녀는 수업연한 4개년, 학년당 한 학급(50명 정원)으로 허가받았다(「여자고등보통학교설립의건」, 조선총독부고시 제

---

68 문창모, 『천리마 꼬리에 붙은 쉬파리』, 461-465
69 매일경제. "실향(失鄕) 설움 이웃돕기로 달래, 해주(海州)행정고녀, 48년 17기(期)가 막내." 1991년 1월 31일; 오도민신문. "해주여고총동창회, 황해도민회에 발전기금 희사." 2023년 5월 31일.

1517호, 1932년 3월 25일).[70] 이는 해주 교육계의 경사였다. 행정고녀가 설립되기 전 여학생이 고등교육을 받을 수 있는 학교는 공사립을 모두 합쳐도 전국에 총 16곳에 불과하였고, 지방의 여성 교육환경은 더욱 열악하였다.[71] 이러한 상황에서 행정고녀의 설치는 1930년대에 접어들면서 높아진 여성중등교육에 대한 사회 인식과 총독부 학무국 주도의 여성교육 개선방책 논의,[72] 그리고 황해도 내에서 있었던 여자고등보통학교 설치 촉구 등의 합작품이었다.[73]

행정고녀는 1938년 「(제3차)조선교육령」에 의해 학교명칭이 '해주행정공립고등여학교'로 변경되었다(「조선교육령개정의건」, 조선총독부 고시 제300호, 1938년 4월 1일).[74] 행정고녀 입학자격은 '수업연한 6년의 심상소학교(尋常小學校)를 졸업한 자 또는 연령 12세 이상으로 국어·산술·국사(일본역사)·지리·이과에 대하여 수업연한 6년의 심상소학교 졸업의 정도에 의하여 고등여학교에서 실시하는 시험에 합격한 자'였다(「고등여학교규정」(조선총독부령 제26호, 1938년 3월 15일. 제56조).[75] 이러한 조건은 문인숙의 입학 때도 동일하였다.

---

70 「해주공립여자고등보통학교」, 『조선총독부관보』 제1515호 (1932년 3월 29일).
71 1931년 12월 현재, 전국에 여자고등보통학교는 공립 6곳, 사립 10곳이었으며, 사립의 경우 10곳 중 6곳이 경성에 집중되어 있었다(조선총독부, 『조선총독부통계연보』(1931년도판)
72 매일신보. "全朝鮮女子中等學校 校長會議를 開催. 今月末學務局主催로." 1930년 9월 14일.; 조선신문. "女子高等學校設置の計畫, 調査會で可決す." 1930년 11월 20일.; 부산일보. "점점 단서를 잡아가는 여자중등교 개선." 1930년 12월 4일.; 매일신보. "女子中等教員大會, 答申案決定." 1931년 8월 4일.; 매일신보. "全鮮女子中等學校校長會議, 渡邊學務局長臨席 5일 羅南高女教에서." 1934년 6월 6일.; 조선신문. "平安北道, 全鮮女子中等學校校長會議, 十月八日から新義州で開催." 1932년 10월 1일.; 경성일보. "女子中等校長會議新義州で開く." 1932년 10월 10일.
73 동아일보. "황해도의 여자중등교문제. 속히설립하라." 1931년 4월 3일.
74 「조선총독부관보」 제3360호 (1938년 4월 1일).
75 「高等女學校規程左ノ通改正ス」, 『조선총독부관보』 제3360호 (1938년 3월 15일, 호외1); 「생도모집」,

조선총독부는 1939년 10월, 고등여학교를 포함한 각 중등학교의 입학시험요강을 발표하였다.[76] 시험은 황국신민교육의 뜻과 조선교육령의 취지에 근거하여 신체검사, 구두시문(口頭試問), 필답시험(筆答試驗) 및 초등학교장의 소견이 적힌 성적을 종합판정해서 선발하였다. '구두시문'은 '언어, 상식, 지조(志操), 성행(性行)'을 면밀히 살피도록 했는데, 이때 언어는 일본어를 말하는 것이고, 지조는 평소의 황국신민으로서의 마음과 실천 모습을 확인하는 것이었다. '필답시험'은 일본 문부성에서 편찬한 일어독본을 활용하여 입학지원자가 일어 읽기(讀方), 쓰기(綴方), 듣기(聽取)가 가능한지를 확인하는 것이었다. 즉, 중등교육과정을 밟기 위해서는 지원자의 의지와는 상관없이 입학시험관에게 황국신민으로서의 자세와 능력을 갖추었는지를 일본어로 증명해야만 했다. 이는 일본어를 사용하지 못하는 자는 고등여학교 입학자체가 불가한 구조이며, 조선인 학생에게 자신의 민족을 부정하는 행위였다. 고등교육을 받기를 희망하는 식민지 조선의 소녀들은 여성 고등교육기관이 부족한 상황에서 조선총독부가 요구하는 시험절차를 밟는 것 외에는 다른 대안이 없었다. 문인숙도 예외는 아니었다. 그나마 1940년도 중등학교 확충 계획 때 해주고녀에 한 학급이 추가 증설되어, 문인숙이 입학한 1941년도부터 한 학년 정원이 100명이 되었다는 정도의 위안만이 있을 뿐이었다.[77]

『조선총독부관보』 제4204호 (1941년 1월 29일).
76 동아일보. "中等學校第一學年 入學者選拔要項." 1939년 10월 15일.
77 동아일보. "1940年度 中等學校擴充計劃이 밝혀진 바." 1940년 1월 20일.; 매일신보. "安岳에 高等女校 幸町高女學級 增設－黃海教育界에 朗報." 1940년 1월 24일.; 매일신보. "幸町高女校舍擴張 學級 增設에 對備 十二萬圓寄附募集." 1940년 2월 6일.

1941년도 행정고녀의 입학경쟁률은 '2.4:1'이었고,[78] 문인숙은 위와 같은 절차를 밟고 '축합격자' 명단에 이름을 올렸다.[79] 그런데 신문의 합격자 명단에 기재된 문인숙의 이름은 '문원인숙(文原仁淑)'이었다. 이는 조선총독부가 '내선일체(內鮮一體)'의 지침 아래 「조선민사령」(제령 제19호, 1939년 11월 10일)을 반포하고 1940년 2월 11일부터 시행한 창씨개명에 의한 것으로 보인다. 조선총독부는 이를 따르지 않는 학령기 학생에게 각급 학교의 입학과 진학을 제한하는 불이익을 강제하였기 때문에, 상급학교로 진학하기 위해서는 부득이하게 창씨개명을 할 수밖에 없었다.[80]

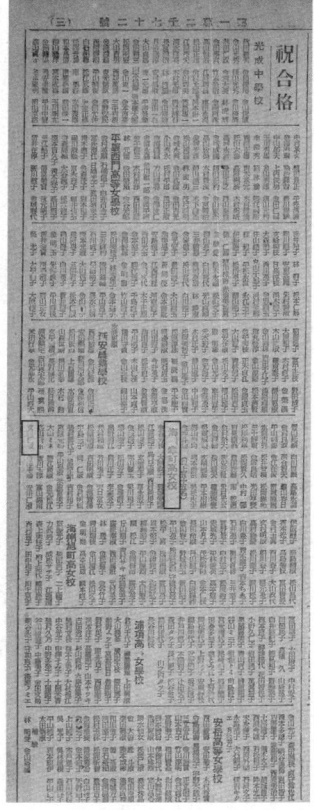

〈사진 I-7〉 해주행정고녀 합격자, 문원인숙→ 박스표기

---

78 매일신보. "海州各校 卒業式日程 募集定員數." 1941년 2월 21일.

79 매일신보. "축합격." 1941년 3월 29일.

80 창씨개명하지 않은 이들은 다음과 같은 불이익을 감수해야 했다. '① 자녀에 대해서는 각급 학교의 입학과 진학을 거부한다(이미 입학한 학생은 정학 또는 퇴학 조치를 하고, 학교 차원에서 거부할 경우 해당 학교는 폐교한다). ② 아동들을 이유 없이 질책·구타하여 아동들의 애원으로 부모들의 창씨를 강제한다. ③ 공·사 기관에 채용하지 않으며 현직자도 점차 해고조치를 취한다. ④ 행정기관에서 다루는 모든 민원사무를 취급하지 않는다. ⑤ 창씨하지 않은 사람은 비국민·불령선인으로 단정하여 경찰수첩에 기입해서 사찰을 철저히 한다. ⑥ 우선적인 노무징용 대상자로 지명한다. ⑦ 식량 및 물자의 배급대상에서 제외한다. ⑧ 철도 수송화물의 명패에 조선인의 이름이 씌어진 것은 취급하지 않는다.' 등이었다(한국민족문화대백과사전, "창씨개명 거부운동",https://encykorea.aks.ac.kr/Article/E0055458, 검색일자: 2025년 2월 14일). 이런 상황에서 창씨개명을 한 이들은 해방 이후 미군정의 '조선성명복구령(군정법률 제122호, 1946년 10월 23일)'조치로 본래의 성명을 회복할 수 있었다(국가

문원인숙이라는 일본식 이름을 갖고 행정고녀에 입학한 문인숙은 '국민도덕의 함양, 부덕의 양성에 뜻을 두고 현모양처의 자질을 갖추게 하여 충량 지순한 홍국여성을 양성'한다는 교육목적 아래에서 실시된 '수신·공민과·교육·국어(일본어)·역사(일본역사)·지리·외국어·수학·이과·실업·도화·가사·재봉·음악·체조' 수업을 들었다(「고등여학교규정」(조선총독부령 제26호, 1938년 3월 15일).[81] 문인숙은 행정고녀의 4년간의 학창시절 동안 여성의 심신의 특질을 깨닫고 결혼생활 및 육아에 관한 사항을 이해하여 그에 합당한 부덕과 정조를 함양하고, 가(家)에 대한 임무를 중시하여 국가사회에 봉사하는 바를 습득할 수 있어야 했고, 나아가 내선일체·동포집목(同胞輯睦)의 미풍을 양성하여 일본에 충효(忠孝)하는 황국여성으로서 성장해야 했다. 그리고 일제의 「국가총동원법」(칙령 제316호, 1938년 5월 5일), 「국민근로보국협력령」(칙령 제995호, 1941년 11월 21일)에 따라 학교근로보국대(學校勤勞報國隊)에 소속되어 답전(畓田) 및 묘단(苗團) 제초(除草), 교내정리(除草校內整理) 등의 근로봉사 작업에 참여하거나, 신사참배를 해야 했다.[82]

아버지 문창모가 현관에 가족 모두의 '이름'을 담은 명패를 다는 모

법령정보센터, https://law.go.kr

[81] 「高等女學校規程左ノ通改正ス」, 『조선총독부관보』 제3360호 (1938년 3월 15일, 호외1).
[82] 「國家總動員法ヲ朝鮮,臺灣及樺太ニ施行スルノ件」, 『조선총독부관보』 제3391호 (1938년 5월 10일); 「國民勤勞報國協力令」, 『조선총독부관보』 제4456호 (1941년 12월 1일); 매일신보, "勤勞奉仕를 實施. 夏休中 海州 各中等·高女에서." 1942년 7월 7일.; 매일신보, "保國作業隊로 動員. 黃海道男女中等校生夏休奉仕." 1942년 7월 23일.; 매일신보, "强步는 발의 自治. 海州幸町高女에서 實施." 1943년 2월 15일.; 매일신보, "保建은 勤勞에서. 海州幸町高女生들 보리밭 除草." 1943년 5월 9일.; 매일신보, "託兒所의 娛母로. 海州幸町高女生들 增産에 一役." 1943년 6월 13일.; 매일신보, "海州幸町高女 合宿訓練實施." 1943년 7월 23일.

습을 통해 자신의 소중함을 느끼고 '평등'을 경험했다는 문인숙에게 진학을 위해 본인의 이름을 버려야 했던 그리고 지식과 인격성숙을 위해 입학했던 학교생활에서 강제적으로 황국여성으로 성장해야만 했고, 지속적으로 일제의 전쟁에 동원되어야만 했던 식민지 조선의 현실이 어떻게 다가갔을지 생각해보게 된다.

4년간의 고등학교 시간을 보내고 1945년 3월 졸업한 문인숙은 경성여자의학전문학교(현재 고려대학교 의과대학)에 입학하였다.[83] 이유는 확인할 수 없지만 문인숙은 경성여전을 그만두고 같은 해 10월 이화여자대학교에 입학해 1949년 제1회 영어영문과 졸업생이 된다. 식민지 조선에서 학창시절을 보낸 문인숙이 해방과 함께 만난 이화여자대학교에서의 생활은 신세계였을 것이다.

2) 문인숙, 이화여자대학교에서 숨통 트인 해방 청년

문인숙이 이화여자대학교(이하 이화)[84]에 입학한 1945년도는 해방으로 뜨거웠던 사회 분위기만큼이나 학교 자체적으로도 기쁨과 미래에 대한 기대감으로 매우 격앙되었던 시기였다. 이화가 하는 모든 것에

---

[83] 문창모의 자서전에는 문인숙이 1945년 '조선여자의학강습소'에 입학한 것으로 기록되어 있으나, 이 시기 조선 내 여의사 양성 교육기관은 1938년 설립된 '경성여자의학전문학교'가 유일했다. 따라서 문인숙이 실제 입학한 학교명은 '경성여자의학전문학교'일 것이다(고려대학교 의과대학, https://medicine.korea.ac.kr/kr/index.do 검색일자: 2025년 3월 3일).

[84] 이화여자대학교는 2025년 현재 139년의 역사를 지닌 여성학교로, 학교명칭은 고종황제로부터 하사받은 '이화학당'(1886–1910)에서 '이화여자전문학교'(1925–1945)를 거쳐, 해방 이후 '이화여자대학교'(1946–현재)로 변화해왔다. 본 글에서는 혼선을 방지하기 위해 '이화여자대학교'로 통칭한다(이화여자대학교, https://www.ewha.ac.kr, 검색일자: 2025년 9월 3일).

한국 '최초'라는 수식어가 붙었고, 무엇보다 대학(College)에서 종합대학(University)으로 승격하는 감격의 순간이었다. 그리고 이화는 국가와 사회로부터 부모가 지어준 이름과 한국인으로서의 정체성 등 모든 것이 부정되는 경험을 한 식민지 소녀 문인숙에게 다른 이야기를 들려주었고 요구하고 있었다. 이화학당의 제1대 당장(堂長) 스크랜튼 대부인(Mary Fletcher Scranton, 1832-1909)[85]은 다음과 같은 글을 남겼다.

"우리의 목표는 이 여아(女兒)들로 하여금 우리 외국사람들의 생활, 의복 및 환경에 맞도록 변하게 하는데 있지 않다. 우리는 단지 한국인을 보다 나은 한국인으로 만듦으로 만족한다. 우리는 한국인이 한국적인 것에 대하여 긍지(矜持)를 가지게 되기를 희망한다. 나아가서는 그리스도와 그의 교훈을 통하여 완전무결한 한국인을 만들고자 희망하는 바이다."[86]

스크랜튼 부인이 추구하는 '이화'는 학생들이 그리스도 안에서 한국인으로서의 정체성을 갖고 자긍심을 갖도록 하는 공간이었다. 한국인 최초로 이화의 제7대 총장직을 역임한 '김활란(金活蘭, 1899-1970)'[87]은

---

[85] 스크랜튼 대부인은 1885년 미북감리회 여선교회(Woman's Foreign Missionary Society of the Methodist Episcopal Church, WFMS) 소속으로 한국에 도착한 최초의 여성 선교사로, 1886년 서울 정동에 조선 최초의 여성 교육 기관인 이화학당을 설립하였다. 그녀는 초대 교장으로 학교를 운영하였으며, 이화학당은 훗날 이화여자대학교로 발전하였다(General Board of Global Ministries of The United Methodist Church, "Mary Scranton," https://www.umc.org/en/content/scranton-mary, 검색일자: 2025년 3월 3일).

[86] The Gospel in All Lands, 1888, 373 재인용, 이화100년사편찬위원회, 『이화100년사자료집』, 260.

[87] 김활란은 인천 출신의 여성운동가이자 교육가이다. 1918년 이화학당 대학과를 졸업한 뒤 교사로 재직하였고, 이후 미국 웨슬리언대학교에서 학사(1924), 보스턴대학교 석사(1925), 콜롬비아대학교 철학박사(1931)를 취득하였다. 1939년 이화여자전문학교 제7대 교장에 취임하였으며, 이어 이화여자대학교 총장(1945-1961), 명예총장(1961-1970), 이화재단 이사장으로 재임하면서 이화의 성장과 발전

취임사에서 학생들에게 탄탄한 이론과 실습을 바탕으로 사회에 봉사할 수 있는 책임 있는 여성으로 성장할 것을 요구하였다.

> " … 이화대학은 … 한국의 유일한 (기독교) 여자대학이다. … 이화의 뚜렷한 사명과 책임에 대한 중요한 의미를 지닌다. … 대한민국의 현대 여성들이 당면하고 있는 가장 강력한 요구를 감당하려면 … 문화교육에 치우쳤던 전통적인 교육 태도를 벗어나 일정한 실업교육 방향으로 보완, 방법이 제시되어야 한다. … 수많은 졸업생들이 교회, 지역사회 봉사, 또는 농촌복지 분야에 투신할 것으로 기대되는 바이다. … 이런 분야에 종사하려는 학생에겐 이론과 실습 양면에서 좀 더 확고한 훈련 기회가 주어져야 한다. …"[88]

스크랜튼 대부인과 김활란의 발언에서 드러나는 이화의 지향점은, 기독교 신앙을 기반으로 여성들에게 한국인으로서의 정체성과 자긍심을 심어주고 사회적 책임을 지닌 지도자로 양성하는 데 있었다. 이는 실습과 봉사를 통한 사회적 실천을 강조하는 교육철학으로, 문인숙 역시 학창 시절 이러한 '이화 학풍'을 몸소 경험하며 성장하였다.

문인숙이 입학하였던 1945년, 이화는 총장 김활란의 진두지휘 아래에 성장하고 있었고,[89] 문인숙이 소속된 한림원 문과는 소설가 정지용

에 크게 기여하였다(이화100년사편찬위원회, 『이화100년사자료집』, 256; 이화여자대학교, "역대총장"https://www.ewha.ac.kr, 검색일자: 2025년 3월 3일).
[88] The Korea Mission Field, A Monthly Journal of Christian Progress, 1938년 3월호 재인용, 이화100년사편찬위원회, 『이화100년사자료집』, 265-266.
[89] 이화여자대학교는 개교 당시 대학부·전문부 내에 한림원(翰林院), 예림원(藝林院), 행림원(杏林院)을 두었으며, 한림원에는 문과·음악과·가사과·교육과·보육과를, 예림원에는 음악과·미술과를, 행림원에는 의학과·약학과를 설치하였다. 1945년 9월 학생을 모집하고 10월 제1회 입학생을 받아들였으

과 박마리아가 차례로 과장으로서의 책임을 다하고 있었다.[90] 1946년 8월 15일, 이화는 '문교부 제1호' 인가를 얻어 대한민국 최초의 종합대학이 된다.[91] 즉, 문인숙은 공식적으로는 1945년 10월 '이화여자전문학교 한림원 문과' 학생으로 입학하여, 1946년 8월 종합대학으로 승격한 학교의 기쁨을 함께 나누었고, 1949년 7월에 '이화여자대학교 한림원 인문학부 영어영문학과' 학생으로 이화 최초의 종합대학 졸업자가 된 것이다.[92]

〈사진 I-8〉 이화 항공사진(1939년경)

〈사진 I-9〉 이화 교정으로 향하는 학생들 (1935–1957)

며, 1947년 9월 학칙 변경을 통해 한림원에 인문학부·가정학부·교육학부·체육학부를 두고, 인문학부에 국어국문학과·영어영문학과·기독교사회사업학과를 설치하였다(이화100년사편찬위원회, 『이화100년사자료집』, 86-87).

90 1947년 학제개편에 따라 영문과는 영어영문학과로 전환되었고, 1951년 12월, 한림원이 문리대학으로 변경되었다(이화100년사편찬위원회, 『이화100년사자료집』, 97-100).

91 조선일보. "연전과 이전에 경사. 신학기부터 대학으로 승격." 1946년 8월 25일.; 동아일보. "이화여자대학 승격기념식성대." 1946년 11월 17일.

92 이화100년사편찬위원회, 『이화100년사자료집』, 68, 444-445; 매일신보. "京城女專附屬病院今一日부터 開設發足." 1945년 6월 1일.; 매일신보. "이화여자대학 10월 1일 개학예정으로 신청중." 1945년 9월 19일.; 매일신보. "梨大學生募集, 美術科等九科目." 1945년 9월 26일.

〈사진 I-10〉 이화 본관(파이퍼홀) 전경   〈사진 I-11〉 이화 교정 속 학생들(1950년대)[93]

문인숙의 이화 재학 시기(1945-1949) 이화의 총 학생 수는 약 1,000명 내외에 불과했다.[94] 각 학과의 규모는 지금보다 훨씬 작았고, 문인숙이 속했던 영어영문학과 또한 그러했다. 이 시기 영어영문학과 교수진은 김갑순,[95] 김상용,[96] 박마리아[97]였다〈표 I-1〉, 교수 대 학생 비율이 낮았

---

[93] 위 사진 4장 모두 이화여자대학교 이화역사관 제공. 이 사진들은 문인숙이 학창시절을 보냈던 이화여자대학교의 공간과 학생들의 모습을 보여준다. 1939년 항공사진은 신촌 캠퍼스의 전경을 통해 당시 학교 환경을 짐작하게 하며, 교정으로 들어가는 학생들의 모습과 본관(파이퍼홀) 전경은 수업과 활동이 이루어지던 생활 공간을 드러낸다. 또한 1950년대 교정 속 학생들의 모습은 문인숙의 학생 시절 생활상을 유추할 수 있는 자료적 의미를 지닌다.

[94] 김활란의 회고에 의하면 1945년 신입생 포함 이화학생은 913명이었고(김활란, 『그 빛속의 작은생명』(서울: 여원사, 1965), 248), 1947년도는 1,250명이었다(The Missionary Monthly, Vol. XXIII, No. 3 (March 1948): 113.).

[95] 김갑순(1914-2005)은 이화여자전문학교를 졸업한 뒤 YWCA 제1회 장학생으로 미국 앨라배마주립대학교와 스탠퍼드대학교 대학원에서 셰익스피어 희곡을 전공하였다. 이후 이화여자대학교 영어영문학과 교수로 재직하며 한국셰익스피어학회 이사, YWCA연합회장 등을 역임한 제1세대 영문학자이자 여성운동가로, 국민훈장 동백장(1970), 신사임당상(1972), 자랑스러운 이화인상(2000), YWCA 75주년 기념 50년 봉사상 등을 수상하였다(동아일보. "〈부고〉 김갑순 전 YWCA 연합회장." 2005년 3월 8일; 헤럴드경제. "원로 영문학자 김갑순씨 별세." 2005년 3월 7일.).

[96] 김상용(1902-1951)은 일본 릿쿄대학 영문과를 졸업한 뒤, 이화여자전문학교 영문과 교수로 부임했고, 해방 후 이화여자대학교 학무처장을 역임하였다. 그의 호는 월파(月波)이며, 대표 시집 『망향(望鄉)』(1938)에 수록된 시 「남으로 창을 내겠오」 속 마지막 연 '왜 사냐건 웃지요'는 그의 이름을 널리 알린 구절이다(한국민족문화대백과사전. "김상용." https://encykorea.aks.ac.kr/Article/E0009362 검색일자: 2025년 3월 5일).

[97] 박마리아(1906-1960)는 이화여자전문학교 문과를 졸업한 뒤 미국 마운트흐리옥대학, 스칼릿대학, 밴

던 만큼 서로의 이름과 배경을 잘 알 수 있을 정도로 긴밀한 관계가 형성되었을 것으로 보인다.

〈표 I-1〉 이화여자대학교 영어영문학과 교수진(1945-19501950, 가나다 순)

성명	직위	담당과목	봉직년대
김갑순(金甲順)	교수	셰익스피어 희곡특강	1946.9.1.–1979.8.31.
김상용(金尙鎔)	전임강사	영어, 문학개론	1928.1–1951.6
박마리아(朴瑪利亞)	교수	수신, 영어	1932.9–1935.11, 1945–1960.4

참조: 이화100년사편찬위원회, 『이화100년사자료집』, 1994
※ 외국인 선교사 미포함

    영문과 교수진들은 YWCA와 밀접한 관련을 맺고 있던 인물들로 구성되어 있었다. 특히 김갑순과 박마리아는 모두 총장 김활란과 함께 조선기독교여자청년회(현재, 한국YWCA연합회, 이후 YWCA)[98]의 중추적 역할을 담당한 인물들이었다. 김활란은 YWCA의 창설자로, 대한YWCA연합회 회관에 조각된 세 여인상 중 한 명으로 선정될 만큼 YWCA의 상징적 존

    더빌트 피바디대학교에서 학위를 취득하였다. 귀국 후 개성 호수돈여고와 이화여자전문학교에서 교편을 잡았으며, 1935년 조선여자기독교청년회 간사로 시작해 한국YWCA연합회 회장을 역임하였다. 또한 대한걸스카우트 중앙위원·부회장, 대한부인회본부 최고위원, 이화여자대학교 부총장 등을 지냈다(국사편찬위원회, "한국근대사료DB" https://db.history.go.kr/modern/im/detail.do, 검색일자: 2025년 3월 10일).

[98] 한국YWCA연합회는 1922년 김활란, 김필례, 유각경 등이 '조선여자기독교청년회'라는 이름으로 창립한 단체로, 식민지배와 봉건적 관습의 이중 억압 속에서 여성 해방을 지향하였다. '하나님이 창조주이심을 믿게 하고, 온 인류가 하나님 안에서 형제임을 인정하며, 예수의 교훈을 생활 속에서 실천함으로써 평화와 정의의 사회를 건설한다'는 목적 아래 청년운동·여성운동·기독교운동·회원운동·국제운동 등 5대 운동을 전거한다(한국YWCA연합회, https://ywca.or.kr/about/koreaywca/, 검색일자: 2025년 3월 10일).

재였다.⁹⁹ 박마리아는 일제 말기에 빼앗겼던 조선YWCA를 되찾고 정착시키는데 힘썼으며,¹⁰⁰ 김갑순은 YWCA의 창설 취지와 목적에 부합하는 기관으로 발전시키는데 헌신하였다.¹⁰¹

김활란은 기독교 학생운동이 일제의 탄압 속에서 곧 민족운동이었음을 강조하며, 기독정신에 입각한 농촌 계몽과 여성 계몽 활동을 통해 청년들이 조국과 민족을 위해 책임 있게 헌신해야 한다고 역설하였다.¹⁰² 박마리아는 기독교인의 삶은 이기적 생활이 아니라 봉사와 순종에 있으며, 실천을 통해서만 종교가 빛을 발한다고 강조하였다.¹⁰³ 김갑순은 여성 지위 향상을 위해 YWCA를 선택했음을 밝히며, YWCA가 종교와 사회를 잇는 단체로서 신앙을 관념이 아닌 실생활 속 행위로 구현하게 해주었고, 이를 통해 사회인·국민으로서의 의무를 깊이 자

---

99 김활란은 YWCA 창립부터 1970년 사망 시까지 회장 등 임원으로 활동하며, 연합회 회관·캠프 건립을 위한 모금위원회 위원장, 대한YWCA연합회 후원회 초대 이사장으로서 한국YWCA의 자립과 성장을 이끌었다. 보다 자세한 활동 내용은 「YWCA와 김활란 박사」, 『YWCA월간』 제7권 제2호 (1959); 「YWCA와 함께 사는 이들」, 『한국YWCA』 제15권 제3호 (1967); 김활란, 『그 빛 속의 작은 생명』 (서울: 이화여자대학교출판부, 1999)를 참조.
100 박마리아는 일제 말 YWCA와 인연을 맺은 후 1952년부터 네 차례 회장으로 선출되어 YWCA의 자립을 위해 힘썼다. 그의 활동에 대한 보다 자세한 내용은 YWCA 아카이브(한국YWCA연합회, https://ywca-archive.or.kr/)에서 확인할 수 있다.
101 김갑순은 YMCA 이사였던 아버지와 YWCA 최초의 평생회원이었던 어머니의 영향으로 어린 시절부터 Y와 인연을 맺었으며, 1934년 이화여자전문학교 4학년 때 학생Y 재무부장을 맡으며 본격적인 활동을 시작하였다. 1938년 YWCA 장학생으로 미국 유학을 다녀온 뒤 이화여자전문학교 교수로 재직하며 회원·위원·이사로 활동하였고, 1970년대 부회장을 거쳐 1982년 제10대 YWCA연합회 회장을 역임하는 등 70여 년간 YWCA와 함께하였다("김갑순 대한YWCA연합회 명예연합위원 발인예배," 대한YWCA연합회, https://ywca.or.kr/board_news/1794/, 검색일자: 2025년 9월 3일; 김갑순, 「나와 YWCA」, 『한국YWCA』 제15권 제3호 (1967): 19-32). 그의 활동에 대한 보다 자세한 내용은 YWCA 아카이브(한국YWCA연합회, https://ywca-archive.or.kr/)에서 확인할 수 있다.
102 김활란, 「기독교를 통한 학생운동」, 『YWCA월간』 제4권 제5호 (1956): 2-6.
103 박마리아, 「종교의 필요성」, 『YWCA월간』 제4권 제7호 (1956): 13-17.

각하게 되었다고 회고하였다.[104]

즉, 이들은 공통적으로 관념적 기독교 생활을 배척하고 기독교 정신을 생활 속에서 구현하는 실천신앙을 강조하였다. 그 실천의 영역을 여성해방, 여성권익향상에 두었으며, 이를 위해 강력한 지도력과 실행력을 발휘하였던 교육자들이었다. 이들은 -그들의 활동에 대한 사회적 평가를 차치하더라도- 자신들의 실천이 궁극적으로 애국애족의 길이며, 사회와 국가발전에 대한 의무와 책임을 다하는 것이라 확신하였다. 이러한 지향은 영문과의 학과 성격과 문화를 기독교 정신 아래에서 진취적이고 사회 참여적인 방향으로 형성하는데 기여했을 것으로 보인다. 그리고 이는 청년 시절부터 YMCA에 적극적으로 참여했던 아버지 문창모의 영향을 받은 영문과 학생 문인숙에게 더욱 자연스럽고 친숙하게 다가왔을 것이며, 학교와 학과가 추구한 지향점에 공감대를 형성하는 것은 어렵지 않았을 것이다.

해주행정여고에서 식민지 황국 여성의 교육을 받은 문인숙에게 해방과 함께 다가온 이화는 한국인으로서의 자긍심과 정체성을 소중히 여기도록 하였다. 그리고 문인숙은 해외 선교사가 세운 이화에서 총장 김활란이 보여준 토착 리더쉽과 영어영문과 교수들이 적극 관여한 YWCA를 통해 사회에 참여하는 실천적 지식인을 경험하였다. 이러한 경험들이 문인숙의 이후 삶에 어떠한 모습으로 나타나는지 찾아가는 것도 의미가 있을 것이다. 문인숙은 1970년대 YWCA 실행위원회, 청소녀위원회, 프로그램계획위원회, 연합회 상임위원회 등에서 주요 직

---

104 김갑순, 「YWCA와 나」, 『YWCA월간』 제5권 제2호 (1957): 2-5; 김갑순, 「나와 YWCA」, 『한국 YWCA』 제15권 제3호 (1967): 19-32.

책을 맡으면서 사회개선을 위해 주도적으로 움직였고[105] 이화여자대학교 사회복지학과 교수로 재직 중에는 학과와 YWCA간이 교류를 활발하게 진행시켰던 모습도 발견되기 때문이다.[106]

그러나 이화생 문인숙은 사회에 대한 큰 뜻을 품거나 학업에 집중하기 보다는 기숙사에서 친구들과 보내는 시간이 더 소중하고 즐거웠던 것 같다. 기숙사에서는 네 명이 한 방을 사용하였는데, 당시 사감으로 있던 김옥길(이화 제8대 총장)이 밤 9시마다 점호를 돌면 친구들이 부랴부랴 책을 펼치고 공부하는 척을 하곤 했다. 그 모습을 보고 문인숙은 '아이고, 자존심 상하네. 하지 않던 책을 갖다 놓고서 하느냐'며 특유의 솔직함을 드러냈다. 김옥길은 오히려 이런 문인숙의 겉과 속이 같은 반골 기질을 신뢰했다고 한다. 또 하루는 기숙사의 외출 금지 규칙을 어기고 친구들과 몰래 철망을 뚫고 빠져나가 도너츠를 사 먹고 돌아오며 작은 자유를 만끽하기도 했다. 이 모든 시간과 경험들은 일제 식민지 시기 황국신민 여성으로 성장할 것을 강요받음으로써 자신의 개성과 정체성을 온전히 펼치기 어려웠던 골목대장 문인숙에게 있

---

[105] YWCA 실행위원회의 위원은 일반 회사의 '이사(理事, Director)'와 같은 직책으로 다음과 같은 임무를 수행한다. "첫째 가입과 승격 또는 탈퇴를 원하는 회원Y에 대한 예비심사 및 활동승인, 둘째 제규정 및 세칙의 제정 또는 개정, 셋째 인사발령의 심사인준, 넷째 상임위원회 위원장 인준, 다섯째 회계감사 임명, 여섯째 연합위원회에 제출할 안건의 결정, 일곱째 월말 사업보고 및 월말회계보고 승인, 여덟째 기타 이 헌장에 의해 실행위원회의 임무로 된 사항 및 연합위원회가 위임한 사항" 등이다. 따라서 그 선출 기준과 절차가 매우 까다롭다. 실행위원은 기독교 신자로서 각 나라 Y의 지도적 위치에 서 있는 사람으로, 사회 경험이 풍부하고 세계 Y의 요구에 따라 여행이 가능하며 영어가 능통하고 가능하면 젊은 층이어야 하는 등의 기준이 마련되어 있다. 실행위원의 자격 요건은 첫째, 3년 이상 YWCA의 경력을 가진 정회원, 둘째 지역 시회의 각 계층을 대표하는 정회원, 셋째 지역을 대표할 수 있는 정회원이다(한국YWCA80년사편찬위원회, 『한국YWCA 80년사』(서울: 대한YWCA연합회, 2006), 374, 566-571).
[106] 이화여자대학교 사회복지학과 50년사 편집위원회, 『이화여자대학교 사회복지학과 50년사(1947-1997)』(서울: 도서출판 동인, 1997), 226-227.

어서 오히려 치유와 해방의 시간이 아니었을까 생각해 본다.[107]

〈사진 I-12〉 이화 기숙사 진선미관 전경(1935)

〈사진 I-13〉 이화 진선미관 식당[109]

---

107 임상사회복지실천연구회,『사회복지 역사를 세운 실천현장의 인물들』(서울: 학지사, 2014), 92.
108 위 사진 2장 모두 이화여자대학교 이화역사관 제공. 문인숙의 대학시절 머물렀던 기숙사(진선미관)의 전경과 식당 모습이다.

❖ 참고문헌

1. 1차사료

1) 국가·학교·기관 공식간행물

『대한제국관보』.『조선총독부관보』.『조선총독부통계연보』(1931년도판).『조선은행회사조합요록』(1927년판). 京高秘 제835호. 京西高秘 제2669호.

2) 신문 및 잡지

경성일보, 동아일보, 매일경제, 매일신보, 부산일보, 자유일보, 조선신문, 조선일보, 오도민신문, 헤럴드경제
사대뉴스, 한국YWCA, Korean Repository, The Missionary Monthly.

3) 자서전·구술자료·서신자료

김활란.『그 빛속의 작은생명』. 서울: 이화여자대학교출판부, 1999.
문창모.『내 잔이 넘치나이다』. 춘천: 강원일보사 출판국, 1999.
문창모.『천리마 꼬리에 붙은 쉬파리』. 서울: 삶과꿈, 1996.
임상사회복지실천연구회.『사회복지 역사를 세운 실천현장의 인물들』. 서울: 학지사, 2014.
조병옥.『나의 회고록』. 서울: 도서출판 선진, 2003.

4) 사진 및 시각자료

동북아역사재단. 시미즈 미츠노리(淸水光憲). 조선여지도. 1895. 동북아역사넷.
　　http://contents.nahf.or.kr/item/level.do?levelId=om.d_0001_0010&viewImage=Y
연세대학교 의과대학 동은의학박물관. 세브란스의과대학 1950년 졸업앨범. 서울.
　　(문창모 인물사진, 세브란스병원장 시절 수록)
한국YWCA연합회. 이희주. "YWCA와 나. 기도속에 원조Y창설, 성장지켜봐."『한

국YWCA』제14권 제9흐 (1978년 10월): 30 - 32. (이희주 인물사진 수록)
이화역사관. 사진자료. 이화유치원, 후퍼기념관, 이화 전경, 진선미관 등 총 8장.
매일신보. "축합격." 1941년 3월 29일, 7면.

2. 2차사료

기독교대백과사전편찬위원회.『기독교대백과사전』. 2권. 서울: 기독교문사, 1981.
오산중고등학교.『오산팔십년사』. 서울: 오산중고등학교, 1987.
이덕주.『배재학당사, 통사』. 서울: 학교법인 배재학당, 2013.
이화100년사편찬위원회.『이화 100년사자료집』. 서울: 이화여자대학교 출판부, 1994.
이화여자대학교 사회복지학과 50년사 편집위원회.『이화여자대학교 사회복지학과 50년사(1947-1997)』. 서울: 동인, 1997.
평안북도지편찬위원회. ˉ평안북도지(平安北道誌)』. 평양: 평안북도지편찬위원회, 1973.
한국YWCA80년사편찬위원회,『한국YWCA 80년사』. 서울: 대한YWCA연합회, 2006.
한국기독교역사연구소 북한교회사집필위원회.『북한교회사』. 서울: 한국기독교역사연구소, 1996.
한국브리태니커회사.『브리태니커 세계 대백과사전』. 3권. 서울: 브리태니커, 1993.

3. 단행본

김기석.『남강 이승훈』. 서울: 현대교육총서출판사, 1964.
김소영, 이방원, 이방현, 류소영, 홍연주, 김진영, 남슬기.『나눔토대연구 3차: 1945~60년 한국 나눔의 역사』. 서울: 사회복지공동모금회 나눔문화연구소,

2023.

유동식. 『한국 감리교회의 역사-1884-1992』. 서울: 기독교대한감리회, 1994.

윤경로. 『105인 사건과 신민회 연구』. 서울: 한성대학교출판부, 2012.

이광린. 「개화기 관서지방과 개신교」, 『한국의 근대화와 기독교』. 서울: 숭실대출판부, 1983.

이덕주. 『상동청년 전덕기』. 서울: 공옥출판사, 2016.

이원규. 『한국교회 어디로 가고 있나』. 서울: 대한기독교서회, 2000.

전택부. 『한국기독교청년운동사』. 서울: 정음사, 1978.

채현석. 『이대위의 생애와 활동, 한국의 기독교와 사회주의』. 서울: 한국기독교역사연구소, 1992.

황미숙. 『내한 미국감리교회 선교사들의 사회복지사업(1885 – 1960)』. 서울: 동인, 2020.

4. 학술지 논문

김명배. "휘트모어의 선천 선교사역과 평북지역 기독교 확장에 관한 연구." 『선교와 신학』 44 (2018): 167-195.

김은미. "셔우드 홀과 한국 크리스마스 씰 운동의 시작." 『의학사연구』 17, no. 2 (2008): 113-135.

김재국, 박언곤. "수원근대건축의 발단: 근업모범장, 농림학교에 관한 연구." 『대한건축학회 학술발표대회 논문집 – 계획계』 18, no. 1 (1998): 311-316

김정인. "식민지기 여성 고등교육의 지향점으로서 교사 양성: 이화여자전문학교를 중심으로." 『강원사학』 37 (2021): 187-219.

문한별. "일제강점기 후반 수원고등농림학교 한글연구회 사건 공판 기록을 통해서 살펴본 한글 문학 텍스트와 검열의 관계." 『국제어문』 62 (2014): 343-371.

박형진. "오산학교(五山學校) 민족기독교교육의 묘상(1907-1945)." 『TORCH TRINITY Journal』 26, no. 1 (2023): 7-35.

오성주. "사회복음주의 기독교교육론, 김창준 연구(1890.5.3-1959.5.7)." 『신학과 세계』 61 (2008): 186-214.

이경란. 「일제하 금융조합의 농촌침투와 산업조합합-1910-1920년대를 중심으로-」. 『실학사상연구』 제19·20집 (2001): 521-551

한규무. "상동청년학원 연구(1904~1913)." 『서강인문논총』 42 (2015): 419-454.

한규무. "애산 김진호의 민족운동." 『한국민족운동사연구』 91 (2017): 43-73.

5. 학위논문

김일룡. 『이대위(李大偉)의 기독교 사회주의 사상연구』. 목원대학교 신학대학원 석사학위논문, 2001.

김정오. 『다석 유영모 사상의 성인교육학적 함의에 관한 연구』. 숭실대학교 대학원 평생교육학과 박사학위논문, 2009.

김주황. 『김진호의 기록물을 통한 생애 연구』. 협성대학교 일반대학원 박사학위논문, 2021.

신은주. 『1920년대 전반 기독교계열의 민족운동과 이대위의 사회개조론』. 연세대학교 교육대학원 석사학위논문, 2002.

이경림. 『오산학교의 교육이념과 실천 연구: 정주시대의 남강, 교직원, 학생들의 활동에 대한 분석』. 인천교육대학교 교육대학원 석사학위논문, 2001.

이용철. 『평안도지역 3.1운동연구』. 충북대학교 대학원 박사학위논문, 2020.

임석재. 『김진호 목사의 목회와 영성』. 감리교신학대학교 대학원 박사학위논문, 2022.

조공주. 『초기 개신교 수용원인 고찰: 서북지역을 중심으로』. 장로회신학대학교 석사학위논문, 2017.

6. 온라인 자료

국가법령정보센터. https://law.go.kr

고려대학교 의과대학. "역사." https://medicine.korea.ac.kr/kr/index.do

대한YWCA연합회, "김갑순 대한YWCA연합회 명예연합위원 발인 예배," https://ywca.or.kr/board_news/1794/

배화여자고등학교. "학교 연혁."https://paiwha.sen.hs.kr/160048/subMenu.do.

애산 김진호. "애산 김진호." http://aesan.or.kr/

연세대학교 의과대학. "문창모(文昌模, 1907-2002)." https://cancer.severance.healthcare/yuhs/history/greatman.do?articleNo=496

원주YWCA. "연혁." http://www.wjywca.or.kr/sub1_4.php

이화여자대학교. "연혁." https://www.ewha.ac.kr/ewha/about/history.do

한국YWCA아카이브. https://ywca-archive.or.kr/

한국YWCA연합회. "소개." https://ywca.or.kr/about/koreaywca/

한국민족문화대백과사전. https://encykorea.aks.ac.kr/

General Board of Global Ministries of The United Methodist Church,. "Mary Scranton." https://www.umc.org/en/content/scranton-mary.

II.
십자군장학생 문인숙, 스칼릿대학에서 사회사업을 만나다

조국 해방과 함께 이화에서 자유와 기쁨을 누리던 문인숙은, 1949년 졸업 후 '선교사 밑에 가서 뭐 좀 배우라'는 아버지의 권유에 따라 '태화기독교사회관'에 입사하게 된다. 당시 태화기독교사회관은 일제 말 조선총독부의 선교사 강제퇴거 조치로 중단되었던 사업을 재개하느라 매우 분주했고, 문인숙은 그곳에서 도서관 관리 업무를 맡았다. 이는 문인숙이 처음 접한 사회사업이었다. 그러나 곧이어 한국전쟁이 발발하면서, 문인숙은 사회사업이 무엇인지 알기도 전에 가족과 함께 부산으로 피난길에 올라야 했다. 일제 식민지라는 국가적 재난을 겪은 데 이어, 문인숙은 또다시 인간 개인의 힘으로는 감당할 수 없는 두 번째 국가적 재난, 곧 한국전쟁 속에 내던져졌다. 그때 그녀는 "어떤 놈 붙잡고 시집이나 가야지"라고 생각했다고 한다.

그런 문인숙에게 아버지가 이번에는 '십자군장학금'을 받아 미국으로 유학을 떠나라는 제안을 했다.[109] 전쟁을 겪으면서 인생에 대한 어떠한 계획도 없었던 문인숙은 "미국 가서 뭘 해?"라는 질문을 되뇌며 망설였지만, 결국 아버지의 권유에 떠밀리듯 억지로 1952년 유학길에 올랐다. 그러나 그렇게 떠난 유학은 그녀 인생의 중요한 전환점이 되었다.

문인숙은 입학한 '스칼릿대학'이 처음에는 마음에 들지 않았던 것 같다. 사회사업학과를 선택한 연유도 여러 학과 가운데 그나마 괜찮다고

---

109 아버지 문창모가 십자군장학금 대한 정보를 가질 수 있었던 배경에는 몇 가지 요인이 있었다. 우선 그는 1949년부터 1955년까지 세브란스병원장으로 재직하였는데, 당시 미국 감리교 교육부(the Division of Educational Institutions)는 교육 선교의 차원에서 세브란스병원과 조선기독교대학교(훗날, 연세대학교)와의 긴밀한 협력 관계를 유지하고 있었다(Jeremiah W. Doe, A Study of the Methodist Crusade Scholarship Program in the United States, 1944-1956 [M.A. thesis, Atlanta University, 1956], 28). 또 다른 이유로는 문창모가 한국감리교 내에서 사회국 위원장, 총리원 실행부 이사, 재단 이사 등을 역임하며 십자군 장학생 선발 과정과 직·간접적으로 연결될 수 있는 위치에 있었던 점을 들 수 있다.

여겼기 때문이었다. 수업은 전혀 알아들을 수 없었고 학위 취득에 대한 생각도 없었다. 훗날 그녀는 유학을 마치고 태화기독교사회관에서 근무하게 된 것은 '큰 뜻을 가진 누군가의 계획' 아래 우연과 비의도적으로 이루어진 것이라고 회고하였다. 즉, 자신이 십자군 장학생의 조건에 부합하지 않았음에도 장학생이 되어 미국 유학을 떠날 수 있었고, 원하지 않았던 테네시주의 스칼릿대학 집단사회사업학과에 입학하여 결국 사회복지 분야에 종사하게 되었기 때문이었다.[110]

그러나 기록 속에서 확인되는 문인숙의 모습, 즉 그녀가 스칼릿대학에서 수강한 과목과 성취도, 교내·외 활동 그리고 태화기독교사회관 입사 당시 문인숙이 보여준 적극성 등은 그녀의 회고와는 조금 다른 결을 드러낸다. 따라서 본 장에서는 특별한 인생 계획 없이 결혼을 고민하던 문인숙이 십자군 장학생으로 떠난 유학길에서 만난 스칼릿대학을 통해 어떠한 사상적·실천적 자양분을 얻게 되었는지 살펴보려고 한다.

1. 문인숙, 십자군장학생으로 낯선 세계와의 조우

문인숙의 회고처럼 미감리교 선교부가 운영하는 십자군장학생이 되기 위해서는 복잡하고 많은 요건을 충족해야 했다.[111] 미감리교 선교부

---

110 임상사회복지실천연구회, 「클라이언트 자기결정을 존중한 사회복지사-문인숙」, 『사회복지 역사를 세운 실천현장의 인물들』, (서울: 학지사, 2014), 88-89.
111 십자군장학금은 감리교 선교부가 1944년부터 1948년까지 전개한 '그리스도를 위한 십자군운동(Crusade for Christ)'의 일환으로 시작된 교육사업으로, 제2차 세계대전 이후 전쟁 피해국의 재건과 기독교 지도자 양성을 목적으로 운영한 장학 프로그램이었다. 주요 대상은 일본, 독일, 필리핀, 중국, 한국 등 전후 복구가 절실했던 국가의 청년들이었으며, 이들은 자국 사회가 필요로 하는 분야의 고등교육을 받기 위해 미국과 유럽의 대학 및 전문기관으로 유학하였다. 이 프로그램은 '그

는 이 프로그램의 운영을 위해 '십자군장학금위원회(Crusade Scholarship Committee)'를 조직하였고, 위원회는 '현지추천 – 예비심사 – 최종승인'의 3단계 심사절차를 거치는 비교적 엄격한 장학생 선발기준을 마련하였다. 1950년대 한국의 장학생 선발은 선교사와 감리교 지도자들로 구성된 '중앙협의회'[112] 산하의 '십자군장학위원회'가 주도하였다.[113] 먼저 각 지방의 감리사, 선교사, 기관 책임자들이 유망한 인재를 발굴하여 추천서를 제출하였고, 이후 위원회는 영어시험과 면접을 통과한 자들을 최종 선발하였다. 1952년도 한국의 십자군장학금 지원 자격은 다음과 같았다: 감리교 소속의 만 25세 이상 40세 이하인 자, 대학 졸업자 혹은 동등 학력자, 미국에서 수학할 전공과 관련된 2년 이상의 업무경력 보유자, 그리고 신체 건강 등.[114] 일련의 절차를 통해 감리교가 확인하고자 한 것은 프로그램 신청자의 '지도력'과 '기독교적 헌신도'였다. 문인숙의 경우 이와 같은 정형적 요건을 모두 충족하지는 못했으나, 1951년 시험

리스도를 위한 십자군운동' 이후에도 '그리스도와 그의 교회를 위한 전진(Advance for Christ and His Church)' 운동으로 지속되었으며, 1946년부터 1956년까지 50개국에서 총 876명이 참여하였다. 장학생들은 미국 내 약 100개 대학 및 단과대학, 16개 병원, 그리고 유럽과 아시아 지역의 32개 기관에서 학업과 실습을 수행하였다. 대부분은 유학 후 귀국하여 50개 이상의 직업 분야에서 활동한 것으로 보고되었다. 십자군장학금에 관한 내용은 Crusade Scholarships—A Week of Dedication Project (New York: Central Office of Promotion and the Editorial Department, Board of Missions, 1952; Jeremiah W. Doe, A Study of the Methodist Crusade Scholarship Program in the United States, 1944–1956 (M.A. thesis, Atlanta University, 1956)을 참조하였다.

112 중앙협의회는 1930년 한국 감리교회의 합동 이후, 한국감리교회와 외국교회 및 선교사간의 연락을 위해 1931년 2월 26일에 조직되었고, 선교비 집행의 실무를 담당하였다(한국기독교역사학회, 『한국기독교의 역사』 II (서울: ㈜기독교문사, 2018) 187).

113 감리회보, "中央協議會의 位置와 政策," 1952년 2월 (2).

114 감리회보, "크루세이드 奬學生에 對하여," 1952년 2월 (16); 감리회보, "공고 各地方 監理師 在韓宣敎師 및 同關係責任者 貴下," 1955년 10월 (3) 재인용, 윤은석, 「해외 유학의 통로로서 십자군 장학생에 대한 역사적 연구」 『장신논단』 53, no. 3 (2021): 47–49. ※ 한국의 십자군장학생에 대한 보다 상세한 정보는 윤은석, 『해외 유학의 통로』 참조.

을 통과하여 1952년도 장학생으로 선발되었다. 이는 그녀의 회고대로 한국전쟁으로 인해 선발기준이 일시적으로 완화되고, 추천 가능한 인재풀이 협소해진 상황이 작용한 결과로 해석할 수 있겠다.[115]

십자군장학금위원회가 신청자들의 기독교적 헌신도를 평가한 것은 유학을 마친 이들이 본국으로 돌아가 기독교적 가치관에 기반해 사회발전에 이바지하고, 공동체를 이끄는 지도자로 성장하길 기대했기 때문이다. 장학금신청서의 하단에는 다음과 같은 서약문이 포함되어 있었다.

'나는 이 십자군장학금을 수락함에 있어, 장학금 지원이 종료되는 시점에 귀국하여 내가 훈련받고 있는 분야의 봉사를 수행할 것에 동의한다'.[116]

모든 십자군장학생들은 매년 워싱턴 D.C.의 아메리칸 대학교(American University)[117]에서 2주간의 오리엔테이션에 참석해야 했다. 이 프로그램은 장학생들이 미국 사회에 보다 원활히 적응할 수 있도록 설계되었으며, 주요 구성은 영어교육, 미국 정부의 제도 및 운영 방식에 대한 강의, 미국 문화 전반에 대한 이해를 돕는 수업 등으로 이루어졌다. 또한 각국의 장학생들은 자신의 국가 전통문화와 예술을 소개하는 '재능의 밤(Talent Night)' 프로그램에 참여하여 문화 교류의 시간을 가졌다. 이 외에도 백악관, 국회의사당, 스미소니언 박물관, 링컨 기념관, 국

---

115 임상사회복지실천연구회, 「클라이언트 자기결정을 존중한 사회복지사-문인숙」, 89.
116 Application for Crusade Scholarship of the Methodist Church (Crusade Scholarship Committee, The Methodist Church, 1952).
117 아메리칸 대학교(American University)는 1893년 미국 의회의 인가로 설립된 워싱턴 D.C. 소재 사립 연구대학으로, 초기에는 감리교(Methodist) 계열로 출발하였다. 현재는 특정 종파와 무관하게 운영되며, 국제정치·공공정책·법학 등 분야에서 두각을 나타내고 있다(American University, Washington, D.C., https://www.american.edu, 검색일: 2025년 4월 7일).

립 도서관, 대법원 등 워싱턴 D.C.의 주요 상징적 공간을 탐방하는 관광 프로그램도 병행되었다.

장학생들에게 제공된 워싱턴 D.C. 오리엔테이션은 단순한 문화 체험을 넘어 미국의 정치·문화 중심을 직접 경험하게 하는 자리로, 전쟁의 참화를 겪은 국가 출신 참가자들에게 강렬한 문화적 충격과 인상을 남기는 과정이었다. 일제 식민지 시기를 거쳐 해방과 전쟁을 겪은 문인숙에게도 이 경험은 미국이 '팍스 아메리카나(Pax Americana)'로 세계 질서를 주도해가는 현실을 체감하는 계기였으며, 한편으로는 전쟁 중인 조국의 상황을 되새기게 하는 장면이었을 것이다. 바로 그 경험을 시작으로 문인숙의 유학 생활은 본격적으로 시작되었다.

십자군장학금위원회는 장학생들에게 유학기간 동안 가정방문프로그램(home hospitality program), 교회와 지역사회 행사의 강연자 또는 자원봉사자로 참여할 것을 요구하였다. 이는 다양한 활동에 참여하는 기회를 제공한다는 차원도 있겠지만 위원회의 프로그램 운영목적과 맥락에서 볼 때 종교 생활과 지역사회에 헌신하는 경험을 의도적으로 프로그램 속에 포함한 측면 또한 존재한 것이다. 실제 마경일을 포함한 한국인 십자군 장학생들은 일요일마다 미국의 교회에서 신앙생활을 하였다.[118]

문인숙 역시 이러한 장학제도의 취지를 반영하듯, 유학 기간 동안 교회, 여성단체, 대학 캠프 등 다양한 종교 및 지역사회 활동에 참여하였다. 1952년 여름에는 페닌슐라 연회 감리교 캠프에 보조진행요원으로

---

118 크리스챤신문. "나의 人生回顧(35)." 1982년 10월 23일.; 크리스챤신문. "나의 人生回顧(36)." 1982년 10월 30일.

참여하였으며, 퍼듀대학교에서 열린 감리교 대회에도 참가하였다.[119] 같은 해 11월, YWCA 세계친목주간(World Fellowship Week) 행사에서는 '월요일밤 클럽(The Monday Nighter's Club)'과 '목요일밤 클럽'의 초청을 받아 각각 한국 소녀들의 상황을 소개하고 한국 사회 현실을 설명하는 역할을 맡았다.[120] 또한 12월에는 대학 내 크리스마스 씰 캠페인 토론회에 참여하여 결핵 문제에 대해 발언하였으며,[121] 이어 자유아시아방송(Radio Free Asia) 주관의 '극동지역 공산주의와의 투쟁' 토론에도 참가하고 이에 관련한 모금 운동에도 동참하였다.[122] 이와 같은 일련의 활동들은 십자군장학금 제도가 강조한 '기독교 신앙에 기반한 지역사회 봉사'라는 프로그램의 운영 취지와 일정 부분 맥을 같이한다고 볼 수 있다.

문인숙은 1953년 감리교 여선교회가 주관한 선교학교에서 '한국인 십자군장학생'으로 언급되며 선교 관련 프로그램에 참여하였다.[123] 같은 해 12월에는 내슈빌 대표단의 일원으로 미국 대학생 감리교 총회에 참가하였으며, 당시 공식 보도에서 "Korean Crusade Scholar, Korea"로 소개되었다.[124] "-"안의 표기를 볼 때, 문인숙이 단순한 유학생이 아니라, 한국을 대표하는 공식 장학생으로서 특정 장학제도의 목적과 정체성을 함께 지닌 인물임을 나타낸다고 볼 수 있다. 문인숙이 이러한 활동에 참

---

119 The Star Democrat, "(Untitled)," 1952년 8월 27일 (7).
120 The Monday Nighter's Club과 The Thursday Nighter's Club은 YWCA 내에서 조직된 요일별 친목 모임으로, 주중 저녁에 모여 교제와 토론, 봉사활동 등을 함께하는 소규모 클럽이다(필자설명).; The Tennessean, "World Fellowship Week to Be Observed by YWCA," November 3, 1952, (10).
121 Nashville Banner, "Foreign Students Find TB Seal a Reminder of Home," December 1, 1952.
122 The Tennessean, "Scarritt Students Discuss Drive," December 15, 1952 (30).
123 Wilmington News Journal, "WSCS Hears Mission Story," July 16, 1953 (11).
124 Nashville Banner, "Nashville Delegates to Attend Methodist Parley," December 24, 1953 (4).

여한 것은 개인적 경험의 차원으로만 보기보다, 장학금 제도가 기대했던 종교적 헌신과 지역사회 연계 경험의 일부로 이해할 수 있겠다.

〈사진 II-1〉 결핵퇴치 크리스마스 씰
설명회 속 문인숙[125]

〈사진 II-2〉 자유아시아방송국
구호모금운동에 참여한 문인숙[126]

종교에 대해 특별한 신념이나 유학에 대한 확신이 없었던 당시의 문인숙에게, 워싱턴 D.C.에서의 오리엔테이션과 이후 장학생으로서의 다양한 활동은 무엇보다 새로운 문화와 가치 체계를 접하는 낯선 경험이었을 것이다. 감리교 신앙 공동체와의 접촉, 지역사회 봉사, 그리고 미국 사회의 제도와 생활방식을 직접 목격하고 참여하는 과정은 단순한 유학생활의 일환이라기보다는 자신이 속해온 사회와는 전혀 다른 세계를 조용히 들여다보는 시간이었다.

일제 식민지 시기를 거쳐 해방과 전쟁을 겪은 뒤 유학길에 오른 20대 중반의 여성에게 이와 같은 경험은 제2차 세계대전 이후 세계의 중심으

---

[125] 문인숙은 스칼릿대학 유학생으로서 국제학생들과 함께 미국의 결핵퇴치 크리스마스 씰 운동을 소개하였다(Nashville Banner, "Foreign Students Find TB Seal a Reminder of Home," December 1, 1952 (15).)

[126] 문인숙은 자유아시아방송국이 주도한 구호 모금운동에도 참여하였으며, 현지 언론은 아시아 학생들이 국제적 연대의 주체로 활동하는 모습에 주목하였다(The Tennessean, "Scarritt Students Discuss Drive". December 15, 1952. (30).)

로 부상한 미국의 힘과 질서를 체감하는 동시에, 여전히 전쟁의 포화 속에 있는 조국의 현실을 되새겨보게 하는 계기가 되었을 것이다. 그것은 스스로의 자발적 선택이기보다는 시대와 가족, 제도라는 조건들이 교차한 맥락 속에서 마주해야 했던 현실이었고, 종교적 헌신이나 사명의식보다도 오히려 변화된 시대와 세상 속에서 자신이 어떤 위치에 서 있는지를 가늠해보는 조용한 성찰의 시간이었을지 모른다.

표면적으로는 주변의 권유로 유학길에 오른 것처럼 보이지만, 그 이면에는 신념과 실천이 결합된 가족적 토대가 있었다. 특히 아버지 문창모는 사회복음주의적 의료를 실천해온 의사로서, 당시 십자군장학금의 성격과 취지를 누구보다 잘 이해하고 있었다. 따라서 그는 이 장학제도를 통해 딸 문인숙이 신앙과 봉사에 기초한 삶의 방향을 잡고, 자신만의 실천방식을 습득하기를 기대했던 것으로 보인다.

이러한 가치의 흐름은 한 세대 위로까지 거슬러 올라간다. 할아버지 문승훈은 일제강점기 초기에 평북 선천에서 교육을 통해 민족의식과 자주성을 지키려 했던 인물로, 아들 문창모에게는 일본인이 운영하는 관립학교 대신 멀리 떨어진 민족주의 계열 또는 선교사 운영의 학교에 진학할 것을 권유하였다. 이는 단지 교육기관의 선택 문제가 아니라, 식민권력의 영향력으로부터 자녀를 지키고, 스스로 생각하고 실천할 수 있는 주체로 길러내고자 한 의지였다. 이러한 정신은 문창모에게로 이어져, 기독교 신앙을 기반으로 한 의료 실천과 사회참여로 구체화 되었고, 다시 문인숙에게로 전해져 십자군장학금이라는 제도적 틀 안에서 드러났다. 문인숙의 유학은 단순한 개인의 학문적 성취를 위한 길이 아니라, 교육과 실천을 통해 시대 과제에 응답하고자 했던 가족의 가치가 세대를 거치며 민족 자각과 사회적 책임감이라는 핵심을 품은 채, 시대적 맥락에 따라 각기 다른 형태로 구현된 결과라고 볼 수 있겠다.

2. 문인숙, 기독교 정신으로 무장된 지역사회중심의 사회사업으로 스며듦

문인숙이 입학할 당시 스칼릿대학의 정식명칭은 '기독교 사역자를 위한 스칼릿대학(Scarritt College for Christian Workers)'이었다.[127] 학교명에서도 알 수 있듯이 스칼릿대학은 1892년 9월, 미남감리교 여선교회(the Woman's Missionary Society of The Methodist Episcopal Church, South)[128]가 외국으로 파송할 여선교사들을 교육하고 훈련할 목적으로 미주리주 캔사스시티에 설립한 학교였다. 이 대학교 출신들의 선교 국가 중에는 한국도

---

[127] 스칼릿대학은 1892년 'Scarritt Bible and Training School'로 설립된 이후 1924년 'Scarritt college for Christian workers'로 개편되었고, 1981년 'Scarritt Graduate College'로 명칭을 변경하였다가, 1988년에는 대학기능을 종결하고 비영리기관인 'Scarritt Bennett Center'로 용도변경되었다. 스칼릿대학의 캠퍼스는 센터의 본부가 되었고, 본 기관은 현재도 여성의 권한부여, 인종 정의, 영적 충전, 변혁적 교육이라는 스칼릿대학의 유산을 이어가고 있다. 본고에서는 편의상 학교명을 '스칼릿대학'으로 표기한다. 본 논문은 Scarritt College for Christian Workers Catalog 1948–1949, 1950–1951, 1951–1952, 1952–1953, 1953–1954, 1954–1955 [Nashville: Scarritt College for Christian Workers]를 기본 자료로 참조하였다. ※ 이후 본문에서 해당 카탈로그를 인용할 경우에는 "SCCW Catalogue, [년도]"로 축약하여 표기한다.

[128] 미남감리교 여선교회는 1878년 창립되어 해외의 여성·아동을 위한 교육과 의료 사역을 주도하였으며, 독립된 조직과 재정을 갖춘 자율적인 여성 선교 단체였다. 이 조직은 1910년 국내 여성 선교 조직과 통합하며 활동 범위를 넓혔고, 1939년 북감리교·남감리교·감리교회의 교단 통합에 따라 여성 선교 조직도 1940년부터 여성기독사역부(Woman's Division of Christian Service)로 재편되었다. 1968년에는 연합감리교회 출범과 함께 연합감리교여선교회(United Methodist Women)로 이어졌으며, 오늘날에는 신앙 안의 연합 여성들(United Women in Faith)로 활동하고 있다(United Women in Faith, "Our History," https://uwfaith.org/who-we-are/our-history/, 검색일: 2025년 4월 10일). 본 글에서는 상기 언급된 여러 명칭들을 모두 여선교회라 통칭하겠다.

포함되었고,[129] 문인숙의 첫 사회복지 현장이었던 태화기독교사회관의 제1대부터 10대 관장까지 대부분이 스칼릿대학 출신이었을 정도로 한국 사회복지와 인연이 깊은 학교이다[130]

1) 스칼릿대학의 정신과 지향점

스칼릿대학의 창립자인 베넷(Belle Harris Bennett, 1852-1922)은 미남감리교 평신도 여성으로, 기독교 교육과 선교에 대한 높은 열정을 지니고 있었다. 1880년대 미국 기독교계에서 전개된 디커니스 운동(deaconess movement)[131]의 영향을 받은 베넷은, 해외 파송 여선교사들로부터 선교지에서 가장 크게 직면하는 어려움이 준비되지 않은 교육, 낯선 문화에 대한 무지, 그리고 실천기술의 부족이라는 절박한 호소를 듣게 되었다. 이후 기관성직자가 아닌 기독교 활동가, 특히 여선교사들을 교육하고 훈련할 기관의 필요성을 제기하는 동시에, 미북감리교 여성인 마이어(Lucy Rider Meyer, 1849-1922)의 시카고 훈련학교(Chicago Training School for

---

[129] The Tennessean, "FUTURE MISSIONARIES TO VISIT NASHVILLE," 1923년 4월 2일 (10).
[130] 스칼릿대학 출신의 태화 역대 관장에 대한 기본 정보는 'Ⅲ. 2.' 참조.
[131] 디커니스(deaconess)는 19세기 후반 미국 개신교 여성들이 기독교적 가치관을 바탕으로 선교·보건·교육·사회복지 등의 영역에서 종교적·사회적 역할을 확대하며 형성한 교회 직제로, 초대교회의 집사(deaconess)나 한국 개신교회의 평신도 임명직인 집사와는 구별된다. 밴더빌트 대학교 신학 교수 넬스 페레(Nels F. S. Ferré)는 디커니스의 소명을 "그리스도의 마음(The Mind of Christ)을 실천하며 살아가는 것"이라고 정의한 바 있다(M. A. T. Dougherty, My Calling to Fulfill. 229). 디커니스의 역사적 발전과 활동에 대한 자세한 논의는 김진연, 「현대 디커니스운동과 초기 내한 남감리회 여선교사」, 『한국기독교와 역사』 54 (2021): 67-113 참조.

City, Home, and Foreign Missions)[132]를 모델로 삼았다.[133] 그리고 대학 설립에 큰 기여를 한 네이선 스칼릿(Nathan Scarritt, 1821-1890)[134]의 이름을 빌려, '스칼릿성경훈련학교'를 설립하였다. 이로써 남감리교는 여교역자 훈련체계를 갖추게 되었고, 스칼릿대학은 남감리교의 유일한 여성 신학 전문 교육기관이 되었다.[135]

스칼릿대학은 설립 초기부터 현장 실천 중심의 기독교적 리더십(Christian Leadership) 양성을 핵심 교육목표로 삼았다. 이 교육 철학은 "복음을 실천하려는 사회에 대한 폭넓은 이해에서 책임감 있고 유능한 기독교적 리더십이 나온다"는 확신에 기초하였다.[136] 이에 따라 스칼릿대학은 단순한 성경 학습을 넘어 기독교 교회사, 영어 성경, 가정방문, 간

---

[132] 시카고 훈련학교는 북감리회 여성선교회와 지역목사들의 지원을 받아 시카고 도심지역에 설치된 기관이었다. 학교는 상주하는 교수와 시간제 교수로 교수진을 구성하고, 신학, 교회사, 기독교 교육 수업과 더불어 교회, 선교센터, 실업학교를 방문하는 현장교육을 진행했다. 그리고 점차 도시 빈민가에 봉사할 방문 간호사를 찾기 힘든 상황을 감안하여 간호교육을 필수과정으로 추가하였으며, 선교, 윤리학, 절제운동, 우치원 교육방법론, 실업훈련, 사회학, 심리학, 체육 과목도 추가하였다(김진연, 「현대 디커니스운동」, 78-79).

[133] M. A. T. Dougherty, My Calling to Fulfill. 170-171.

[134] 네이선 스칼릿은 미주리주 캔자스시티의 초기 정착민이자 교육자, 목사, 부동산 개발자였다. 그는 1848년부터 1852년까지 쇼니 인디언 미션(Shoanee Indian Mission)에서 교사로 일하며 원주민 부족들에게 복음을 전파하였다. 이후 부동산 투자와 개발을 통해 캔자스시티 지역의 사회 기반 확장에 기여했으며, 그의 명성을 바탕으로 지역 교육·돌봄을 맡던 미국 감리교 지역 교회인 멜로즈 교회(Melrose Methodist Episcopal Church) 설립에도 역할을 하였다(Wikipedia "Nathan Scarritt." https://en.wikipedia.org/wiki/Nathan_Scarritt (검색일자. 2025년 4월 15일); Martin City Telegraph, "Rev. Nathan Scarritt: from teacher to preacher to real estate dealer," September 28, 2020).

[135] 미국 내 디커니스 훈련학교로는 Chicago Training School(1885-1934), Lucy Webb Hayes National Training School(1891-1934), Kansas City National Training School(1899-1964), Scarritt College for Christian Workers(1892-1988) 등이 있었다. 이 밖에도 여러 지역에서 설립된 다수의 훈련학교가 1890년대 전후로 등장하였다가, 대부분 1935년 이전에 폐교되었다. Kansas City National Training School이 세인트 폴 신학교(St. Paul School of Theology)와 합병을 통해 1964년까지 존속하였고, 이후예는 1988년까지 스칼릿대학이 유일한 디커니스 훈련기관으로 남았다(M. A. T. Dougherty, My Calling to Fulfill. 113-114.).

[136] SCCW Catalogue, 1948-1949.

호훈련 및 기초의학, 기독교 방법론 등을 커리큘럼에 포함시킴으로써, 학생들이 교회와 사회를 향한 지적이고, 열정적이며, 창의적이고 헌신적인 기독교 지도자로 성장할 수 있는 체계적인 훈련 과정을 마련하였다. 특히 '기독교 방법론(Christian Methods)' 과목은 사회복음의 원칙을 현실에 적용하는 실천적 성격을 띠었으며, 1902년 스칼릿대학이 공식적으로 디커니스 훈련기관으로 지정되면서 그 중요성이 더욱 부각되었다. 이러한 구성은 시카고 훈련학교가 도시 사역자를 양성하기 위해 성경·교리 외에 간호, 실용경제, 도시 빈민 현장학습 등을 포함했던 교육 방식과 궤를 같이한다.

스칼릿대학의 실천지향적 훈련 과정을 거친 졸업생들은 감옥, 병원, 캔자스시티의 빈민 지역 등 다양한 사회현장에서 활동하였다. 이들은 국내·외의 지역사회를 위한 기독교 교육자, 도시 및 농촌의 사회 활동가, 종교사회사업가(religious-social workers)로서 신앙과 봉사를 실천하였다.[137]

1901년 인보관운동(settlement movement)[138]에 관심을 갖게 된 베넷은 여성 사역자가 도시 안에 거주하며 사회선교를 수행하는 기관교회(Institutional Church)를 구상하였다.[139] 이후 스칼릿대학은 미국 여성 교육기관 중 처음으로 '사회학'을 정규 교과과정에 포함시켰다. 이는 스칼릿대학이 단지 종교적 열정만을 강조하는 선교사 양성기관에서 벗어나,

---

137 M. A. T. Dougherty, My Calling to Fulfill, 171.
138 인보관운동은 1880년대 영국과 미국의 대학가를 중심으로 조직된 사회개혁 운동으로, 도시 빈곤 문제의 원인을 개인의 도덕적 결함이 아니라 사회 구조적 요인에서 찾고 이를 해결하고자 하였다 (필자설명).
139 Belle Harris Bennett, The Woman Movement in the Methodist Episcopal Church, South (Nashville: Smith & Lamar, 1918).

사회 현실을 구조적으로 이해하고 변화시키려는, 다시 말해 기독교적 실천과 사회참여를 결합한 여성 교육의 장으로 정체성을 변화시켜 갔음을 보여준다.

초대 사회학 교수 하웰(Mabel K. Howell)은 코넬대학교 출신으로 뉴욕의 인보관 운동에 참여한 경험을 갖고 있었다. 그녀는 "기독교인이 된다는 것은 이웃의 고통에 민감해지는 일이며, 공동체의 조건을 바꾸는 사람으로 살아가는 것"이라는 말을 남길 정도로 매우 실천적 성격의 교수였다. 그녀는 '미국 사회의 문제', '빈곤과 자선', '범죄와 처벌', '교회와 사회서비스' 등을 주제로 강의하며, 사회복지를 교회의 사명 안에 포함시키려는 시도를 이어갔다. 사회학 수업은 학생들에게 교회 중심에서 지역사회 중심으로 시선을 옮기게 했고, 이는 곧 기독교적 집단사회사업(Christian group work)에 대한 실천적 관심으로 확장되었다. 결과 기존 교회 목사들의 지도하에 주일학교 등에서 진행되었던 실습이 하웰의 지도하에 지역사회 센터로 확장되면서, 사회학은 스칼릿대학 정규학업의 필수과정이 되었다.[140] 그리고 스칼릿 교육과정을 마친 졸업생들은 인보관을 운영할 수 있는 자질을 갖출 수 있었으며 사회복음을 도시선교 현장에 적용할 수 있게 되었다.[141]

이러한 스칼릿대학의 교육 흐름은 1902년, 남감리교 총회에서 디커니스 제도가 공식 인준과 맞물려 강화되었으며, 스칼릿대학은 남감리교의 유

140　The Tennessean, "Scarritt—Past and Present," September 25, 1949, (14).
141　Barbara E. Campbell, "'Mabel K. Howell: a Modern Apostle': 1873 – 1957," Methodist History 55, no. 1 & 2 (October 2016 & January 2017), 99; Mary Agnes Dougherty, My Calling To Fulfill: Deaconess in the United Methodist Tradition (New York: Women's Division, General Board of Global Ministries, the United Methodist Church, 1997), 171 – 172 재인용, 김진연, 「현대 디커니스운동」, 102 – 104.

일한 디커니스 훈련기관이 되었다.[142] 디커니스는 성직은 아니었지만, 교회와 사회 안에서 공인된 여성 실천가로서 활동할 수 있는 제도적 신분이었다. 당시 교단 내에서는 여성의 제도적 참여를 두고 격렬한 논쟁이 있었지만, 베넷과 핸드릭스 감독(E.R. Hendrix, 1847-1927)의 지지 아래, 디커니스 직분은 '가난한 사람들을 돕고, 병든 사람을 돌보며, 고아를 돌보고, 슬퍼하는 사람을 위로하며, 방황하는 자와 죄인들을 찾고, 담당 목사가 지정한 종교적 또는 교육적 업무를 수행하는' 여성 지도자로 공식 인정되었다.[143] 스칼릿대학은 디커니스 후보자에게 이론과 실습을 통합한 교육과정을 제공했으며, 이들은 졸업 후 지역사회기관, 교회, 복지시설 등에서 전문적인 기독교 실천가로 활동했다. 디커니스 직분은 단순한 봉사자를 넘어선 제도적, 사회적 역할을 가진 여성 리더십의 정착을 의미했다.

1924년, 스칼릿대학은 캔자스시티에서 테네시주 내슈빌로 이전하면서 교육의 전문화와 남녀공학 전환을 목표로 대대적인 개편을 단행했다. 피바디 사범대학(George Peabody College), 밴더빌트대학교(Vanderbilt University)와 제휴를 맺어 교육학, 과학, 심리학, 종교철학 등 다양한 학문을 통합하였으며, 학생들이 교내 과목과 함께 제휴 대학의 수업을 병행 수강할

---

[142] 학교의 소유권은 1923년 테네시주 주 헌장에 따라 '미남감리교 여선교회'에서 감리교회 남부 '총회'로 이관되었으며, 1939년 감리교 통합 이후 스칼릿대학은 통합 감리교회의 교육기관으로 정착하였다(필자설명).

[143] 디커니스란 직분이 1902년 미남감리교 총회에서 교회 내 직제(職制)로 채택되면서, 이들에 대한 자격조건과 선발절차 등이 미남감리회 『교리와 규율』에 규정되었고, 선발된 이들은 2년간 훈련학교에서 위원회가 규정한 교육과정과 실무훈련을 수행한 뒤, 감독 혹은 교단으로부터 공식적인 인증(certificate)을 받게 되었다. 즉, 디커니스는 단순한 여성 자원봉사자가 아닌 공식적인 자격을 갖춰 사역을 수행하는 직책이 되었다(Methodist Episcopal Church, South. 『The Doctrines and Discipline of the Methodist Episcopal Church, South: 1902』 (Nashville: Bigham & Smith, Agents, 1902), 169-173.)

수 있도록 하였다. 이를 기반으로 성경연구, 사회학, 비교종교, 선교이론, 종교교육, 미술, 음악, 집단사회사업, 건강·여가 활동 등 이론과 실천이 조화를 이루는 과목들로 교과과정을 운영할 수 있었고,[144] 학생들은 기독교 사역에 필요한 폭넓은 지식과 기술을 습득할 수 있었다.

특히 스칼릿은 기독교 신앙을 실제 삶에 적용하는 능력을 중시하며, 다양한 사회문제에 대한 인식을 고취하고, 지역사회의 요구에 응답할 수 있는 실제적인 해결 방안을 탐색하도록 장려하였다. 이러한 교육 철학은 현장학습(Field Education)과 사례연구(Case Study), 그리고 졸업 전 실습 프로젝트 수행을 통해 구체화 되었으며, 각 실습 기관과의 정기적인 평가 및 지도감독을 통해 학문과 실천의 유기적 통합을 지향하였다.[145] 학교 강의가 종교적 지식을 갖추기 위한 과학적 및 역사적 기반을 제공한다면, 현장실습은 그 지식을 적용할 다양한 기회를 제공하는 것이었다. 이처럼 스칼릿대학은 기독교 신앙과 학문적 성장의 조화를 목표로 하며, 교육과 훈련을 통해 신앙에 기반한 전문성과 실천력을 겸비한 기독교 지도자 양성을 추구하였다.

2) 스칼릿대학의 집단사회사업학과

스칼릿대학은 사회복음에 의한 공동체 기반 접근을 강조하면서 집단

---

144 The Tennessean, "Scarritt Summer Work to Get Under Way Monday," June 11, 1948 (33); Nashville Banner, "Scarritt Sets 32 Courses for Summer," March 17, 1949 (10); The Tennessean, "Scarritt Offers Summer Courses," March 29, 1950 (23); The Tennessean, "Scarritt Registration Begins This Morning," June 11, 1951 (17); Nashville Banner, "Scarritt Opens Summer Session," June 11, 1955 (6)

145 The Tennessean, "Scarritt Teaches Varied Professions, Crafts," March 16, 1947 (4)

사회사업학과를 운영하였다.[146] 이러한 방침은 스칼릿이 사회적, 경제적, 정서적 문제가 인간의 욕구와 일상에 미치는 영향을 주요하게 보았기 때문이며, 이는 "지역사회 변화와 사회개혁"을 목표로 공동체 기반의 접근방식을 취하는 인보관운동의 전통과 맞닿아 있었다.

집단사회사업학과는 '학생들이 개인의 성장과 발전을 촉진하고 집단에게 민주적 생활 경험을 제공하는 방식으로 자발적인 여가 그룹을 이끌고 관리할 수 있도록 준비'하는 것을 목표로 삼았다. 그리고 학생들에게 교실 내 이론교육과 함께 3분기 현장실습을 병행하게 하여, 지역사회기관과의 긴밀한 연계를 통한 실천역량 강화를 추구했다. 개별사회사업 과목은 밴더빌트 대학교, 조지 피바디 대학, 그리고 1942년 공동 설립한 내슈빌 사회복지학교(Nashville School of Social Work)와의 학점교환 형식으로 사회복지 이론의 기초를 보완하였다.

스칼릿의 실습지는 대부분 공동체 기반의 종교사회복지기관이었는데, 집단사회사업학과 학생들의 실습지는 아래의 기관과 같았다.

　- 베들레헴센터(Bethlehem Center), 100주년감리교연구소(Centenary Methodist Institute), 웨슬리 하우스(Wesley House), 루시 홀트 무어 커뮤니티 센터(Lucy Holt Moore Community Center) 등의 인보관, YWCA, 플로렌스 크리튼던 홈(Florence Crittenden Home), 주택 프로젝트(housing projects), 주니

146　스칼릿대학에서 정의하고 있는 개별사회사업, 집단사회사업, 지역사회조직의 접근방식은 다음과 같았다. 개별사회사업은 '인간 개인의 사회적, 경제적, 정서적 특질로 인한 문제와 그 관계성을 다루는 접근법이다.', 집단사회사업은 '인간 개인의 개인적·사회적 욕구를 충족하기 위해 여가 및 교육적 원리와 도구를 적용하여 집단을 활용한다.' 지역사회조직은 '사회복지 서비스의 개발, 확대 및 조정을 담당한다.'

어 리그 장애 아동의 집(Junior League Crippled Children's Home), 세인트 루크(St. Luke's) 등

스칼릿대학과 가장 긴밀하게 연대했던 대표적 실습지는 미감리교 여선교회가 운영하는 인보관, 베들레헴센터였다. 본 센터는 탁아소·유치원·보육원 등의 영유아 사업, 부녀자 모임·가정경제수업 등의 모성사업, 스카우트·10대 그룹 등의 청소년 사업, 수공예·재봉·무용·직조기술 등의 취미사업, 실내체육·스케이팅·농구 등의 체육사업, 여름캠프·성인교육수업·성경공부학교·지역사회 포럼(public forums)·민방위수업(civilian defense classes) 등의 일반 대중을 위한 의식개선사업 등 지역에서 필요로 하는 프로그램을 개설하여 운영하였다.[147] 베들레헴과 같은 인보관으로 실습을 간 학생들은 위 사업들에 대한 교육을 받을 수 있었다. 그리고 이러한 프로그램들은 당시 대부분의 인보관 프로그램과 유사한 것들이었다.

(1) 집단사회사업학과 교수진

문인숙의 유학 시절, 스칼릿대학 집단사회사업학과는 세 명의 여성 교수가 운영하였다. 이들은 모두 감리교 디커니스 출신으로, 인보관에서 쌓은 다년간의 실천 경험을 바탕으로 한 현장 중심의 교수이자 실천

---

[147] The Tennessean, "Bethlehem Center Reopens," February 16, 1941 (44); Nashville Banner, "Bethlehem Center," September 25, 1942; The Tennessean, "Negro Center Funds Sought," August 5, 1945 (34); Nashville Banner, "Four Colored Community Centers Set Fall Openings," September 25, 1950˙ Nashville Banner, "Bethlehem Center Opens Registration for 12 Activities," October 2, 1951; Nashville Banner, "Bethlehem Center Registration Open," September 27, 1954 (4)

가였다. 그들이 추구한 교육의 핵심은 종교적 소명에 따른 실천, 지역사회와의 긴밀한 연계, 그리고 교육과 실천의 통합이었다.

o 마가렛 영(Margaret Amiss Young, 1890-1959)[148]

- 마가렛 영은 집단사회사업학과의 주임교수로서, 세인트 마크 커뮤니티 센터, 베들레헴센터, 하이럼하우스, 센터너리 감리교 연구소 등에서 17년간 인보관 활동을 한 베테랑 집단사회사업가였다. 그녀는 특히 인종과 계층을 초월한 급진적 실천으로 주목받았으며, 내슈빌 인보관연합회의 창립 멤버이자 초대 회장을 역임하였다. 그녀는 선교, 여성 교육, 집단사회사업 활동 등에서 활약하며 감리교 여선교회의 대표 인물로 자주 보도되었다.

o 진 클리블랜드(Opal Jean Cleveland, ?-1983)[149]

- 진 클리블랜드는 교육학과 사회사업을 모두 이수한 인물로, 스칼릿대학 교수로 임용되기 전 다양한 청소년 사업과 사회교육 활동에 참여하였

---

148 The Tennessean, "Future Missionaries to Visit Nashville," April 2, 1923 (10); Nashville Banner, "Methodists Name Committee to Study Growth of Nationalism," May 5, 1927 (10); The Tennessean, "Three New Members Added to Faculty for Session," September 22, 1940 (48); Nashville Banner, "Bureau of Urban Work Group to Meet Feb. 26," February 20, 1947 (12); The Memphis Press-Scimitar, "Wesley Women to Hear Miss Young," January 5, 1949 (8); Nashville Banner, "Miss Cleveland Heads Scarritt Department," September 24, 1955 (14); Nashville Banner, "Margaret Amis Young," July 14, 1958 (8); The Tennessean, "Margaret Amiss Young," July 15, 1958 (22).
149 Nashville Banner, "Scarritt Board Reports Gifts of $69,108," March 5, 1946 (10); Kingsport Times, "Announce Additions to Scarritt Faculty," March 6, 1946 (8); The Tennessean, "Missionary Named to Scarritt Post," September 18, 1946, (14); The Tennessean, "(Untitled)," June 16, 1983 (74); The Tennessean, "Mr. Hassler to Be Guest," July 27, 1947 (30); Nashville Banner, "Girl Scout Leaders Course to Be Offered," January 18, 1950 (6).

다. 그녀는 YWCA, Girl Scouts, 지역 캠프 등의 프로그램을 통해 청소년 대상 레크리에이션 활동을 이끌었으며, 이후 교수로서 집단사회사업과 레크리에이션을 융합한 교육을 담당하였다.

o 로마 컵(Roma Alice Cupp, 1907-1996)[150]
- 로마 컵은 베들레헴센터에서 클럽 담당자로 근무하며 6년간 아동 및 가족 대상의 집단사회사업 실천 경험을 쌓았다. 이후 웨스턴 리저브 대학교에서 사회행정학 석사학위를 취득하고 스칼릿대학 교수로 임용되었다.

이들의 공통된 특성은 1) 감리교 디커니스로서의 종교적 소명, 2) 인보관 기반의 다년간의 실천 경험, 3) 교육과 실천의 통합을 지향하는 교수 철학이었다. 이들은 학문적 실천가[151]로서 학생들을 지역사회 현장으로 이끌었다.

스칼릿대학의 집단사회사업학과 교수진은 단순한 강의자에 그치지 않고, 지역사회 기반 기관 및 공공 포럼에서 실천가, 교육자, 토론자로 활동하였다. 이들은 YWCA, YMCA, 베들레헴센터 등과 협력하여 세미나를 공동 주최하거나 사회사업 전문 교육에 참여하였고, 청소년 복지,

---

150 The Commercial Appeal, "(Untitled)," September 2, 1939 (22); Nashville Banner, "Scarritt Board Reports Gifts of $69,108," March 5, 1946, (10); Kingsport Times, "Announce Additions to Scarritt Faculty," March 6, 1946 (8); Asheville Citizen–Times, "(Untitled)," June 18, 1996 (10).
151 학문적 실천가(scholarly practitioners)란 학문 연구와 사회복지 현장 실천을 분리된 영역으로 보지 않고, 연구를 통해 얻은 지식을 현장에 적용하며 동시에 현장 경험을 다시 학문적 탐구로 환원하는 인물을 지칭한다. 다시 말해 이 용어는 '연구자이자 동시에 실천가'라는 이중적 정체성을 강조하는 개념이다(필자 설명).

공동체 개발, 인보관 운영, 사회복지 전문성 강화 등 다양한 분야에 걸쳐 지역사회와 긴밀하게 연계된 실천을 전개하였다.[152]

문인숙이 유학하던 1952년부터 1954년 사이, 스칼릿대학 교수진은 특히 도시사회, 인보관, 청소년 문제, 지역 공동체 복지와 같은 핵심 주제들을 중심으로 다수의 교육 및 실천 활동에 참여하였다. 1952년 7월, 스칼릿대학은 '도시지역사회센터(Urban Centers)'를 주제로 한 포럼을 개최하였다. 이 포럼은 도시공동체 내 사회복지 실천의 방향을 논의하기 위한 자리였으며, 교수진이 실천 현안에 직접 대응하며 교육을 실천과 연결하려 했던 대표적인 시도 중 하나였다.[153] 같은 날 내슈빌에서는 인보관 프로그램의 운영 방식과 지역사회에 미치는 영향을 주제로 하는 세미나도 열렸으며, 이 자리에 다양한 사회복지 기관과 교육 관계자들이 참석하였다.[154] 1954년 7월에는 비행 청소년 문제를 중심으로 한 세미나가 내슈빌에서 개최되었다. 이 자리에서는 청소년 대상 집단사회사업, 예방적 프로그램 운영, 지역사회 내 협력 구조에 대한 논의가 이어졌으며,[155] 다음 날에는 '지역사회 문제, 이곳에서 논의되다(Community Problems Aired Here)'라는 공개 포럼이 열려 지역 복지 현안을 공유하고 정책적 대응 방안이 논의되었다.[156] 이 시기 스칼릿대학 교수진은 지역

---

152 The Memphis Press-Scimitar, "Wesley Women to Hear Miss Young," January 5, 1949 (8); Nashville Banner, "Administration Seminar to Be Staged July 16-21," July 14, 1951 (3); Nashville Banner, "YMCA Group Plans Conference for October 24," October 18, 1945 (5); Nashville Banner, "YMCA Training School Slated for October 24," October 20, 1945, (4); The Tennessean, "Y.M.C.A. Slates Training Meet," October 21, 1945 (54).
153 The Tennessean, "Scarritt to Open Panel on Urban Centers Today," July 6, 1952.
154 The Tennessean, "Participants Study Settlement Program," July 6, 1952 (45).
155 Nashville Banner, "Institute to Study Juvenile Delinquency," July 11, 1954.
156 Nashville Banner, "Community Problems Aired Here," July 12, 1954 (12).

차원을 넘어 사회복지사의 전문성 강화를 위한 전국 단위의 협회 활동에도 참여하고 있었다. 1952년 11월, 사우스캐롤라이나에서는 사회복지사 연례대회가 열렸고, 이 대회에서는 실천 표준, 지역 간 연계, 전문직 정체성에 대한 논의가 이루어졌다.[157]

문인숙은 스칼릿대학 재학 중, 교수진이 참여하던 지역사회 기반 실천 활동과 학제 간 포럼, 인보관 실천 공유회, 청소년 복지 세미나, 전문직 협회 회의 등 다층적인 사회복지 교육 환경 속에 있었다. 이와 같은 환경은 단순한 교과 이수를 넘어, 미국 사회복지계의 실천 현안과 접근 방식, 그리고 다양한 주체 간 협력 구조를 관찰하고 익힐 수 있는 조건을 형성했다. 특히 집단사회사업이 도시 공동체, 인보관, 청소년 문제 해결과 어떻게 연결되는지를 교육 현장과 지역사회 포럼을 통해 연계적으로 접할 수 있는 시기였다.

이와 같은 교육환경의 중심에는 스칼릿대학 집단사회사업학과 교수진이 있었다. 이들은 감리교 디커니스 출신으로, 인보관 실천 경험을 바탕으로 교육과 실천을 통합한 학문적 실천가들이었으며, 문인숙은 이들의 지도 아래 이러한 교육적·실천적 전통에 직접 접할 수 있었다.

(2) 교과목 운영과 실습 체계

스칼릿의 집단사회사업학과는 이론과 실천의 유기적 통합을 목표로 교육과정을 구성하였다. 학생들이 수강해야 하는 기본과목은 〈표 II-1〉와 같았고, 전공수업 과목 선택은 개별적으로 상담을 통해 설계되었다.

---

157 The Columbia Record, "S. C. Social Workers Open Convention," November 5, 1952 (3).

학생들은 스칼릿이 요구한 교육을 수료한 뒤, 문학석사(Master of Arts) 학위를 취득하였다.

〈표 II-1〉 스칼릿대학 집단사회사업학과 기본과목(1952-1953)

과목명	담당 교수명	이수학점
집단사회사업 I: 원리 I. (필수)	Young	4
집단사회사업 II: 원리 II.	Cleveland	2
집단사회사업 III: 원리 III.	Cleveland	2
사회교육 및 행동	Cupp	2
행정과 지도감독	Young	4
지역사회조직	Young	4
개별사회사업 I	TS	3
인간발달과 역동 I, II	TS	4
프로그램 기법 (필수)	Young, Cleveland, Cupp	2-6
집단사회사업 현장실습 (필수)	Young, Cleveland, Cupp	6-12
계		33-43

출처 : 1952-53 catalog[158]
※ Young(Margaret Amiss Young), Cleveland(Jean Cleveland), Cupp(Roma Alice Cupp), TS(Tennessee School of Social Work)

스칼릿의 현장실습은 종교교육부(Religious Education Department), 집단사회사업부(Social Group Work Department), 농촌사업부(Rural Work Department)로 나뉘어 운영되었으며, 집단사회사업학과 학생들은 집단사회사업부에 해당하는 실습지에서 현장실습이 이루어졌을 것으로 생각된다. 실습지에 배정된 학생들은 자신이 근무하게 될 교회와 기관들을

---

[158] Scarritt College for Christian Workers, Catalogue, Register of Students, 1952-1953 (Nashville, TN: Scarritt College, 1952).

사전에 방문하였다. 실습생들은 교수와 기관 실습지도자의 공동 지도감독 하에 평균 주 8시간가량 실습을 수행한 뒤, 자신의 활동을 분석하고 이에 대한 서면보고서를 제출해야 했다.[159] 때로는 현장실습이 조사연구 프로젝트로 대체되기도 하였는데, 1952년에는 일부 학생들이 정신건강 관련 지역 요구조사를 수행하거나 인보관 서비스 확장에 대한 연구에 참여하였다.[160]

스칼릿은 외부의 현장전문가를 초빙하여 실습의 질을 높였고,[161] 실습 장소와 활동 내용에 따라 학생들의 교육과정은 실제적이고 지역사회 밀착형으로 운영되었다. 이러한 교육 체계는 이론적으로만 집단사회사업을 가르치는 것이 아니라, 학생들이 직접 공동체 속으로 들어가 기술과 소명을 함께 배우는 기독교 사회복지 실천 교육의 모범적 형태였다고 평가되어진다.

실습 배정에 앞서 스칼릿대학은 와이트먼 채플(Wightman Chapel)에서 학생들을 위한 상징적 의식인 촛불예배(Candlelight Vespers)를 열었다. 총장은 '지역사회에서의 그리스도 섬기기'와 같은 주제로 연설을 하고, 실습위원회가 각 학생의 실습 기관을 발표하였다. 그리고 실습을 시작하

---

159 The Tennessean, "Scarritt College Students Ready to Start Field Work," October 3, 1948 (44); The Tennessean, "Scarritt—Past and Present," September 25, 1949 (14); The Tennessean, "60 Scarritt Students Assigned to Field," September 27, 1952 (14); The Tennessean, "Scarritt Students to Tour Nashville," October 11, 1953 (53); The Tennessean, "Scarritt Lists 68 in Field Work," October 3, 1955 (3).
160 Nashville Banner, "Group Mails Mental Health Questionnaires," January 17, 1952 (6); Nashville Banner, "Youth Center Will Plan Camping," April 11, 1952.
161 The Tennessean, "Scarritt Trust Board Names Group to Raise $988,333 Fund," June 7, 1944 (4); The Tennessean, "Field Group Will Aid Fellowship," January 27, 1952 (47); The Knoxville Journal, "UT Will Open Social Work School Here," February 14, 1952 (12); Nashville Banner, "Scarritt College Rural Work Professor Named," August 25, 1953 (5).

는 학생들에게 "그대들은 인간을 사랑하는가?"라는 질문을 던졌으며, 실습을 통해 맺는 실제 사람들과의 관계 속에서 그 질문에 대한 응답을 스스로 발견하도록 격려하였다.[162] 이는 학생들이 실습 과정에서 자신의 자질과 소명을 점검하도록 하는 기제였다. 이 자리에 내슈빌 및 인근 지역의 교회, 사회복지기관 관계자들도 참석하였으며, 모든 참석자들은 이후의 리셉션에 초대되어 교류하는 시간을 가졌다.[163] 해당 의식은 선교사 파송과 흡사한 분위기를 띠며, 실습을 앞둔 학생들의 책임감을 고양시키는 데 중요한 역할을 하였다.

3) 문인숙의 스칼릿대학 생활

(1) 스칼릿대학에서의 수강과목

문인숙은 스칼릿대학에서 총 86학점을 이수하였다. 집단사회사업 전공의 13과목 32학점을 비롯하여, 선교학과 6과목 16학점, 기독교생활과 사상학과 3과목 10학점, 성서문학·종교사학과 2과목

〈사진 II-3〉 스칼릿대학 와이트먼 채플 전경[165]

---

162 Nashville Banner, "Candlelight Vespers Mark Instruction Assignments at Scarritt," October 4, 1951 (34).
163 The Tennessean, "Scarritt—Past and Present," September 25, 1949 (14); The Tennessean, "60 Scarritt Students Assigned to Field," September 27, 1952 (14).
164 Scarritt Bennett Center, "Wightman Chapel," photograph by Vhotchki, licensed under CC BY-SA 4.0.

8학점, 종교교육학과 2과목 6학점, 기독교사학 1과목 4학점, 예술학과 2과목 4학점, 인류학과 1과목 4학점을 수강하였다〈표 II-2〉.

〈표 II-2〉 문인숙의 스칼릿대학 수강과목(1952-1953)

년도/학기		과목명	학과, 전공	이수학점	필수/선택
'52	봄	신생 교회의 삶과 사역	선교	4	선택
		프로그램 기법 : 도예	집단사회사업	2	선택
		기독교 자원으로서의 문학	기독교생활과 사상학	4	선택
		기독교활동가를 위한 의사소통기술	예술	2	필수
	여름	기독교교육에서의 시청각 자료 활용	종교교육	2	선택
		찬송가학	예술	2	선택
		근현대 미국사	피바디 *	2	–
		성인문해교육	선교	2	선택
	가을	이스라엘의 역사와 종교개론	성서문학종교사학	4	필선 *
		종교교육의 윤리	종교교육	4	필수
		집단사회사업 I : 원리 I	집단사회사업	4	필수
		인간발달과 역동 I	테네스 *	2	–
		프로그램기법 개론	집단사회사업	2	필수
'53	겨울	집단사회사업 II : 원리 II	집단사회사업	2	선택
		기독교역사개론	기독교사학	4	필선
		예수의 생애와 가르침	성서문학종교사학	4	필선
		인간발달과 격동 II.	테네스 *	2	–
		집단사회사업 실습	집단사회사업	2	필수
		집단사회사업 III : 원리 III	집단사회사업	2	선택
		사회사업분야개론	집단사회사업	4	선택
		행정 및 지도감독	집단사회사업	4	선택

년도/학기		과목명	학과, 전공	이수학점	필수/선택
'53	겨울	교회의 세계선교	선교	4	필수
		집단사회사업실습	집단사회사업	2	필수
	여름	공산주의 이념에 대항하는 기독교 선교	선교	2	선택
		공산주의 실천에 대항하는 기독교 선교	선교	2	선택
		선교지에서의 영어교육	선교	2	선택
	가을	종교심리학	기독교생활과 사상학	2	선택
		기독교사상의 문제	기독교생활과 사상학	4	필수
		문화와 사회	인류학	4	선택
		프로그램 기법 : 창의적 예술 및 공예	집단사회사업	2	선택
		현장실습	집단사회사업	2	필수
		계		86	–

출처 : Moon, In Sook, Graduate College Transcript, 1952-1954[165]
※ 필선(필수선수과목), 피바디(피바디대학 연계과목), 테네스(테네스사회사업학교 연계과목)

〈표 II-3〉는 문인숙이 수강한 집단사회사업학과 전공 수업에 대한 상세 소개이다. 문인숙은 집단사회사업의 필수과목인 집단사회사업 원리 I, 프로그램기법 개론, 실습을 들었고, 나머지 7개 과목, 즉 집단사회사업원리 2과목, 프로그램기법 관련 수업 2과목, 인간발달 역동 I, II, 사회사업분야개론, 행정 및 지도감독론을 선택으로 수강하였다. 문인숙의 현장실습지는 스칼릿이 실습협약을 맺고 있는 4개의 인보관 중 하나였겠지만 정확한 기관명은 알 수 없다. 다만 문인숙이 첫 실습(1953년 1-2월경)을 마친 1953년 5월, 문인숙이 100주년감리교연구소의 인형클럽과

---

165 Moon, In Sook, Graduate College Transcript (Scarritt College for Christian Workers, Nashville, 1952-1954, Scarritt-Bennett Center Archives).

성경클럽의 피크닉에서 보조자로 참여했다는 것으로 볼 때 겨울학기 실습지는 100주년감리교연구소가 아니었을까 추측해본다.[166]

〈표 II-3〉 문인숙의 집단사회사업 수강과목

년도/학기		과목명	필/선	과목 소개
'52	봄	프로그램 기법 : 도예	선택	– 점토를 창의적 표현 매체로 활용하는 경험 제공 – 교회, 캠프, 인보관, 그리고 집단사회사업 서비스를 제공하는 기타 기관에서 활용
	가을	집단사회사업 I : 원리 I	필수	– 사회환경에서의 집단 위치와 교육 및 여가와의 관계 확인 – 집단 내 사회과정 분석, 집단사회사업가가 교육 목적을 달성하기 위해 사용하는 집단결속(group association) 관련 교육 원리 및 방법 학습
		인간발달 역동 I	–	– 정상적인 개인의 신체적, 지적, 정서적 성장과 변화에 대한 이해 도모
		프로그램기법 개론	필수	– 프로그램 기법의 다양한 가능성을 소개 – 게임, 사회여가, 즉흥 연극과 이야기, 공예, 음악과 리듬, 야외 활동, 견학, 지역사회 자원 활용 및 프로그램 전문가의 역할 등
'53	겨울	집단사회사업 II : 원리 II	선택	– 집단사회사업 I의 연속 과정
		인간발달 역동 I.	선택	– 인간발달 역동 I. I과 동일
		집단사회사업실습	필수	– 내슈빌 지역의 인보관 또는 집단사회사업 서비스를 제공하는 협력 기관에서 지도감독하에 현장 실습 – 집단사회사업 전공자는 세 학기 연속 등록 필수
		집단사회사업 III : 원리 III	선택	– 집단사회사업 I 및 II의 연속 과정

---

166 Nashville Banner, "(Untitled)," May 8, 1953 (4).

년도/학기		과목명	필/선	과목 소개
'53	겨울	사회사업분야개론	선택	– 사회복지의 발생 원인, 목표, 방법, 후원 측면에서 정의 – 현재의 사회복지 제도를 평가할 수 있는 관점과 기준 마련 – 사회복지 분야의 주요 업무 영역 조사 – 사회복지 기관 방문 및 현장 학습 실시
		행정 및 지도감독	선택	– 인보관, 여가 기관, 아동 시설, 국가 기관, 주택 프로젝트 등에서 운영되는 집단사회사업 프로그램 연구 – 직원 및 자원봉사자 실무 교육을 포함하여 교육적 지도감독 방법 학습 – 모집, 배치, 훈련 과정에 대한 이해를 높이며, 개별 지도감독을 위한 상담 회의 활용 학습
		집단사회사업실습	필수	위 '집단사회사업 실습'과 동일
	가을	프로그램 기법 : 창의적 예술 및 공예	선택	– 교회, 캠프, 놀이터 및 집단사회사업 기관에서 활용할 수 있는 다양한 창의적 예술 및 공예 활동을 경험할 기회를 제공 – 핑거 페인팅, 자유 붓그림, 종이 오리기, 블록 인쇄, 스텐실, 가죽·금속·나무·점토를 활용한 작업 등
		집단사회사업실습	필수	위 '집단사회사업 실습'과 동일

문인숙의 수강과목에서의 흥미로운 점은 문인숙이 선교에 대해 꽤 많은 관심이 있었다는 것이다. 문인숙의 수강과목에서 집단사회사업 학과목과 필수과목, 그리고 스칼릿대학의 정책으로 들어야만 했던 과목[167](문화와 사회, 기독교 자원으로서의 문학, 종교심리학, 기독교사상의 문제)을

---

[167] 스칼릿대학은 정책적으로 모든 대학원생들에게 사회과학 과정(4학점), 기독교 사상의 문제들(8학점), 교회 관련 직업 콜로키움(학점 없음)을 필수적으로 듣게 하였다. 각 학생에게 요구되는 적절한 사회과학 과정은 담당 교수와의 상담을 통해 결정되었고, 주 1회 비공식 모임 형식으로 진행된 콜로키움에서는 기본적인 교회 관련 직업 정보를 제공하였고, 학생들은 콜로키움의 초청연사의 자격

제외하고 순수하게 문인숙의 자의로 선택한 과목을 추리면 아래의 〈표 II-4〉와 같다.

〈표 II-4〉 문인숙의 선택과목

년도/학기		과목명	학과, 전공	과목 소개
'52	봄	신생 교회의 삶과 사역	선교	– 비(非)기독교 지역에서 신생 교회의 설립, 양육, 성장, 현재의 역할 및 확장된 사역을 다루는 과정 – 해외 선교사 후보자, 현지 지도자, 그리고 선교사를 위해 설계
	여름	기독교 교육에서의 시청각자료 활용	종교교육	– 영상 자료에 기반한 시청각자료 활용의 철학적 기초 연구 – 코다크롬 슬라이드 활용, 무성 및 유성 영상 활용, 기기 사용 실습 기회 제공.
		찬송가학	예술	– 기독교 찬송가의 역사적 발전 과정에 대한 개괄적 접근 – 찬송가의 신학적 내용 분석, 문학적 가치 평가, 위대한 찬송가 작가들의 기여, 다양한 찬송가 곡조 스타일, 현대 기독교 찬송가의 동향
		근현대 미국사	피바디	–
		성인문해교육	선교	– 외국 선교활동에서 요구되는 성인 문해 교육의 원칙과 실천 방법 연구 – 문맹자를 가르치기 위한 라우바흐의 "그림–단어–음절" 교수법 활용
'53	여름	공산주의 0 념에 대항하는 기독교 선교	선교	– 마르크스주의 공산주의의 본질을 탐구하며, 이를 사회 재건을 위한 경제 프로그램이자 하나의 철학적 체계로서 고찰 – 기독교와 공산주의 간의 주요 쟁점을 분석하고, 이러한 갈등이 기독교 선교 활동과의 연관성 논의
		공산주의 실천에 대항하는 기독교 선교	선교	
		선교지에서의 영어교육	선교	–

으로 집단토론에 참여하였다(SCCW Catalogue, 1952–1953, 39).

문인숙이 자의로 선택한 8개 과목 중 선교학과 수업이 5개였다. 이는 스칼릿 혹은 피바디, 밴더빌트 등의 타 학교에서 다른 성격의 수업을 들을 수 있었음에도 선택한 과목들이었다. 선택한 선교학 과목들을 보면 시청각자료 활용, 문해교육, 영어교육 등 선교지에서 사회복음을 실천할 수 있는 다소 실용적인 성격의 기독교 방법론에 속한 수업들이었다. 또 하나 주목되는 점은 문인숙이 '공산주의 이념과 실천에 대항하는 기독교 선교'를 수강했다는 것이다. 1952년 겨울, 십자군 장학생으로 자유아시아방송(Radio Free Asia) 주관의 '극동지역 공산주의와의 투쟁' 토론에 참가하고, 관련하여 모금운동을 펼쳤던 것과 연결해 생각해보면 여전히 전쟁 중인 고국의 현실에 대한 문인숙의 고민이 반영된 선택이었다고 여겨진다. 두 가지 점을 함께 고려해볼 때, 문인숙은 결국 한국 사회의 상황을 염두에 두고 선교 활동에 유용한 실용적인 과목들을 수강한 것으로 추측된다.

〈사진 II-4〉 문인숙과 스칼릿대학 유학생 단체사진[168]

(문인숙은 첫째줄 왼쪽에서 첫번째)　　　　(문인숙은 셋째줄 오른쪽에서 두번째)

---

[168] "Nationals in Residence at Scarritt College, Fall Quarter 1952"; "Nationals in Residence at Scarritt College, Fall Quarter 1953," Scarritt-Bennett Center.

(2) 시카고 마시센터(Marcy Center)에서의 실습

문인숙은 1953년 12월 17일 석사학위를 취득하기 위한 과목학점은 모두 취득하였다. 그리고 졸업요건을 충족하기 위해 시카고 내 인보관인 마시센터에서 1954년 1월부터 근무하였으며, 같은 해 6월 3일 석사학위를 취득하였다.[169]

마시센터는 1882년 감리교 여성선교사 마시(Elizabeth E. Marcy)에 의해 설립된 기독교 사회복지기관으로, 보헤미안 이민자를 시작으로 유대인, 흑인, 멕시코계 등 다양한 인종의 지역 주민을 위해 유치원, 직업훈련, 집단사회사업 프로그램을 운영해왔다.[170] 1950년대 마시센터는 기독교 정신의 기반 위에 교육과 복지를 아우르는 사회복지 실천기관으로, 지역사회의 변화에 능동적으로 대응하였다. 특히 1954년, 문인숙이 활동하던 시기에는 사회복지 전문인력 양성기관으로서도 기능하였다. 프로그램 디렉터를 중심으로 다양한 직책이 구성되어 있었으며, 일정 수준의 학위와 실무 경험을 요구하는 전문인력 중심의 구조를 갖추고 있었다.[171] 이러한 토대 위에서 마시센터는 '한 치의 예방이 한 파운드의 치

---

169 The Tennessean, "Scarritt College Seniors to Be Entertained Today," May 15, 1954 (8); The Tennessean, "Scarritt to Confer M.A. Degrees on 42," June 3, 1954 (23); Moon, In Sook, Graduate College Transcrip, 1952–1954.
170 University of Illinois at Chicago, Elizabeth E. Marcy Home Collection, UIC Library Special Collections, https://archivesspace.uic.edu/repositories/2/resources/1080 (검색일자. 2025년 4월 10일); Hazzard F. Parks, A Report of the 1954–1955 Informal Education and Group Work Recreation Program at Marcy Center (Marcy Center, September 20, 1955); The Daily Herald, "WSCS Circles to Meet Tuesday," January 18, 1952 (6); The Daily Calumet, "Missionary Program," February 19, 1952 (3); The Daily Calumet, "Southeast Chicago Women Inspect Marcy Center Where 500 Children and Adults Participate in Many Events," April 11, 1953 (4)
171 Classification of Program Jobs and Qualifications for Them (Marcy Center, n.d.); Guide to Desirable Employment and Personnel Policies and Practices (Marcy Center, n.d.); The Daily Calumet, "Southeast Chicago Women Inspect Marcy Center Where 500 Children and Adults

료보다 낫다'는 정신 아래 약 500명의 아동과 성인을 대상으로 주간 집단활동 91개를 포함해 공예, 체육, 요리, 재봉, 합창, 연극, 유치원, 시민권 및 영어교육 등 다양한 비공식 교육과 여가 프로그램을 제공하였다.[172]

문인숙이 마시센터에 있었던 시기 센터장은 오베나우프(Carl T. Obenauf), 프로그램 책임자는 파크(Hazzard F. parks)였다. 문인숙의 하루일과는 그들의 업무조정에 따라 오전 3시간 동안 사무실 업무를 하고 오후에는 세 개의 집단사회사업 프로그램 보조와 전화교환원(switchboard) 업무를 수행하였다.[173] 이러한 배치는 문인숙이 마시센터 프로그램을 통해 인보관 사업에 대한 전반적인 이해를 높이도록 하기 위한 것이었다. 실제 마시센터는 집단사회사업가, 여가지도자 등의 (예비) 전문가들이 자신의 직무에 관한 폭넓은 지식을 습득할 수 있도록 훈련과 경험을 지속적으로 제공하였으며, 이를 위한 기관 정책 지침서를 마련해 실천하고 있었다. 문인숙 배치 역시 이러한 지침에 따라 이루어진 것으로 보인다.[174]

Participate in Many Events," April 11, 1953 (4)

172 Hazzard F. Parks, A Report of the 1954-1955 Informal Education and Group Work Recreation Program at Marcy Center (Marcy Center, September 20, 1955); The Daily Calumet, "Serve Luncheon to WSCS Group at St. John's," February 18, 1953 (3); The Daily Calumet, "Settlement House Tour Planned for Women's Society," April 4, 1953 (3); Chicago Tribune, "360 Woman's Societies Will Attend Breakfast," May 9, 1954 (297); Chicago Tribune, "Women Plan Benefit for Settlement," February 22, 1953 (187); Chicago Tribune, "Groups Plan Summer Fun for Children, List Settlement House, Centers' Programs," July 2, 1953 (72)

173 Billingsley, Margaret. Letter to Moon In Sook, January 27, 1954.; Moon, In Sook. Letter to Margaret Billingsley, January 29, 1954. 태화기독교사회복지관(내부문건).

174 최고경영자와 행정직원 외에도 프로그램 책임자와 직원이 참여하였으며, 프로그램 직원에는 집단사회사업가, 여가지도자, 클럽지도자, 동아리 강사, 게임룸 지도자, 가족사회사업가, 직업상담가 등 다양한 전문직 종사자가 포함되었다. 특히 클럽지도자나 게임룸 관리자와 달리, 다른 전문직 종사

문인숙이 마시센터와 같은 체계적이고 대규모의 인보관에서 실천을 경험한 것은 미래 사회사업가로서의 자질과 역량을 키워가는 데 귀중한 시간이었다. 그녀는 실습 기간 동안 스칼릿에서 배운 학과목을 체화시켜나갔고, 기관장의 적극적인 협조 속에서 태화기독교사회관이 요구하는 실천 지식과 경험을 사전에 쌓을 수 있었다.

〈사진 II-5〉 문인숙 실습지, 마시센터 전경[175]

〈사진 II-6〉 마시센터 야외놀이터[176]

자들에게는 집단사회사업, 비공식 교육, 여가활동 및 사회복지 전반에 관한 폭넓은 지식과 실무 경험이 요구되었다(Classification of Program Jobs and Qualifications for Them; Guide to Desirable Employment and Personnel Policies and Practices (Marcy Center, n.d.).

175 "Exterior of Marcy Center building," MNCR_0062_0808_002, Marcy-Newberry Association records, Special Collections and University Archives, University of Illinois at Chicago. https://digital.library.uic.edu/view/ark:/81984/d3qp9m. ※ 이후 사진부터는 소장처 표기를 "UIC"로 축약하여 표기한다

176 "Outdoor play yard behind a building," MNCR_0065_0880_001, Marcy-Newberry Association records, UIC.

〈사진 II-7〉 마시센터 농구교실[178]

〈사진 II-8〉 마시센터 공예클럽[179]

〈사진 II-9〉 마시센터 유치원[180]

---

177 "Boys playing basketball at Marcy Center gymnasium," MNCR_0064_0848_004, Marcy-Newberry Association records, UIC.
178 "Boys working in craft shop," MNCR_0061_0788_009, Marcy-Newberry Association records, UIC.
179 "Teacher reading storybook to nursery school class," MNCR_0065_0873_003, Marcy-Newberry Association records, UIC.

❖ 참고문헌

1. 1차사료

1) 국가·학교·기관 공식간행물

Application for Crusade Scholarship of the Methodist Church. Crusade Scholarship Committee, The Methodist Church, 1952.

Classification of Program Jobs and Qualifications for Them. Marcy Center, n.d.

Crusade Scholarships—A Week of Dedication Project. New York: Central Office of Promotion and the Editorial Department, Board of Missions, 1952.

Guide to Desirable Employment and Personnel Policies and Practices. Marcy Center, n.d.

Hazzard, F. Parks. A Report of the 1954-1955 Informal Education and Group Work Recreation Program at Marcy Center. Marcy Center, September 20, 1955.

Methodist Episcopal Church, South. The Doctrines and Discipline of the Methodist Episcopal Church, South: 1902. Nashville: Bigham & Smith, Agents, 1902, 169-173.

Moon, In Sook. Graduate College Transcript. Scarritt College for Christian Workers, Nashville, 1952-1954. Scarritt-Bennett Center Archives.

Scarritt College for Christian Workers. Catalogue, Register of Students and Announcements, 1948-1949 to 1954-1955. Nashville: Scarritt College for Christian Workers, 1949-1955.

2) 신문 및 잡지

감리회보, 크리스챤신문

Asheville Citizen-Times, Chicago Tribune, Kingsport Times, Martin City Telegraph,

Nashville Banner, The Columbia Record, The Commercial Appeal, The Daily Calumet, The Daily Herald, The Memphis Press-Scimitar, The Knoxville Journal, The Star Democrat, The Tennessean, Wilmington News Journal

3) 자서전·구술자료·서신자료

임상사회복지실천연구회. 「클라이언트 자기결정을 존중한 사회복지사-문인숙」. 『사회복지 역사를 세운 실천현장의 인물들』. 서울: 학지사, 2014.

Billingsley, Margaret. Letter to Moon In Sook, January 27, 1954. 태화기독교사회복지관(내부문건).

Moon, In Sook. Letter to Margaret Billingsley, January 29, 1954. 태화기독교사회복지관(내부문건).

4) 사진 및 시각자료

Scarritt-Bennett Center. 사진자료. Nationals in Residence at Scarritt College (1952, 1953), Scarritt Bennett Center Tower, Wightman Chapel 등 총 4장.

University of Illinois at Chicago, Marcy-Newberry Association records. 사진자료. 체육관 농구, 공방 활동, 건물 외경, 놀이터, 유치원 수업 등 총 5장.

Nashville Banner. 사진자료. "Foreign Students Find TB Seal a Reminder of Home," December 1, 1952. (문인숙 사진 수록)

The Tennessean. 사진자료. "Scarritt Students Discuss Drive," December 15, 1952. (문인숙 사진 수록)

2. 단행본

한국기독교역사학회. 『한국 기독교의 역사』 II. 서울: ㈜기독교문사, 2018.

Bennett, Belle Harris. The Woman Movement in the Methodist Episcopal Church, South. Nashville: Smith & Lamar, 1918.

Dougherty, Mary Agnes Theresa. My Calling to Fulfill: Deaconesses in the United Methodist Tradition. New York: Women's Division, General Board of Global Ministries, the United Methodist Church, 1997.

3. 학술지 논문

김진연. 「현대 디커니스운동과 초기 내한 남감리회 여선교사」. 『한국기독교와 역사』 54 (2021): 67-113.

윤은석. 「해외 유학의 통로로서 십자군 장학생에 대한 역사적 연구」. 『장신논단』 53, no. 3 (2021): 33-61.

4. 학위논문

Doe, Jeremiah W. A Study of the Methodist Crusade Scholarship Program in the United States, 1944-1956. Master's thesis, Atlanta University, 1956.

5. 온라인 자료

American University. "American University, Washington, D.C." https://www.american.edu

Wikipedia "Nathan Scarritt." https://en.wikipedia.org/wiki/Nathan_Scarritt

Scarritt-Bennett Center. "Scarritt College". https://scarrittbennett.org/scarritt-college

United Women in Faith. "Our History". https://uwfaith.org/who-we-are/our-history/

University of Illinois at Chicago. "Elizabeth E. Marcy Home Collection". UIC Library Special Collections. https://archivesspace.uic.edu/repositories/2/resources/1080

III.
사회사업가 문인숙, 태화기독교사회관에서 실천가로 성장하다

1950년대 태화기독교사회관(이하 태화)[180]은 기독교 기관으로서의 정통성과 비전을 지켜내면서, 동시에 한국전쟁으로 피폐해진 지역사회를 복구하고 재건해야 하는 당면과제를 안고 있었다. 무너진 공동체를 다시 일으키는 과정에서, 태화는 이 사명과 과업을 함께 짊어질 수 있는 젊고 역량 있는 기독교 사회사업가를 절실히 필요로 했다. 바로 그 시기에 문인숙이 태화에 입사하여 그녀의 사회사업 실천가로서의 인생을 시작하였다.

　문인숙 스스로 "태화가 나를 키워주었다"라고 회고할 만큼, 1954년부터 태화에서의 5년이란 시간은 뜨겁고도 강렬했다. 그녀는 프로그램 책임자로서 주민들과 호흡하며 사회사업의 기초부터 실천현장을 몸으로 익혀나갔다. 퇴임 이후에도 태화의 각종 사업 위원장과 재단 이사장으로 활동하며 태화의 역사와 발자취를 함께 했으며, 태화가 한국의 대표적인 사회복지관으로 자리매김하는 과정에서 태화의 정신과 비전을 이어가는 구심점이 되었다.

　이 장에서는 문인숙 사회사업 실천의 출발점이 되었던 태화에서의 활동을 살펴본다. 먼저 태화의 성격과 운영 원리를 알아보고, 이어서 문인숙이 현장에서 펼쳤던 구체적인 실천의 발자취를 따라가 보겠다.

---

[180] 1921년 설립된 태화기독고사회관은 시기별로 태화여자관, 태화사회관, 태화기독교사회복지관 등 다양한 명칭으로 불려왔다. 본 글에서는 문인숙의 활동 시기에 사용된 '태화기독교사회관'이라는 명칭을 사용하였다. 태화기독교사회관의 역사, 기관의 성격 및 사업 변천 등에 대해서는 이덕주·최태욱, 『태화 100년사(1921-2021)』(서울: 사회복지법인 감리회 태화복지재단, 2021) 참조.

1. 문인숙, 태화기독교사회관이 원했던 인물

1954년, 마시센터에서 실습을 하고 있던 문인숙은 미감리교 여선교부의 한국 담당 총책임자인 빌링슬리로부터 태화 입사를 제안받았다. 당시 태화의 6대 관장이던 빌링스는 전후(戰後) 태화의 재건(再建)을 위해 역량 있는 실천가를 물색하던 중이었고, 빌링슬리와의 협의 끝에 문인숙을 태화 직원으로 맞이하게 된다. 당시 빌링스는 문인숙에게 "감독(Bishop)과 귀국 후 임명을 논의하고 있다"고 밝히며, 문인숙이 단순히 사회사업 실무자가 아니라, 교단 선교정책을 실현하는 주체임을 분명히 하였다.[181] 이러한 임용과정은 선교 본부와 현장의 전략적 조율을 통해 추진된 것이었다.

근무를 시작하기 전, 문인숙은 빌링슬리와 빌링스에게 "한국에서 맡게 될 업무를 보다 정확히 알게 된다면 마시센터에서 그와 연관된 프로그램을 심도 있게 배울 수 있을 것"이라 전하며, 태화에서의 구체적인 역할을 문의하였다. 문인숙은 마시센터장으로부터 자신이 태화에서 맡게 될 업무의 성격에 따라 실습 내용을 조정해주겠다는 약속을 받았던 것이다.[182] 이에 빌링스는 미국에서 뛰어난 집단사회사업 기관인 마시센터에서 문인숙이 훈련을 받고 있다는 것에 매우 기뻐하며 다음과 같이 응답하였다.

181　Peggy Billings, Letter to In Sook Moon, January 1954, 태화기독교사회복지관(내부문건). ※ 모든 서신 자료는 태화기독교사회복지관(내부문건) 소장 자료로, 날짜는 확인 가능한 범위(연·월·일 → 연·월 → 연도)까지만 표기하며, 연도조차 특정할 수 없을 때에만 undated를 사용한다.

182　Margaret Billingsley, Letter to Peggy Billings, January 27, 1954.; In Sook Moon, Letter to Margaret Billingsley, January 29, 1954.

"전쟁으로 인한 지역의 필요와 주민들의 요청을 면밀히 조사 후 프로그램을 결정하게 될 것"이기 때문에, 지금은 마시센터에서 진행하는 집단사회사업의 모든 영역을 배울 것을 문인숙에게 부탁하였다. 더불어 "한국은 여러 분야에서 활동할 수 있는 리더를 필요로 합니다. 실무기술은 매우 중요하니, 가능한 한 많은 역량을 습득해 주시기 바랍니다."라고도 답하였다. 해당 기술과 역량에는 클럽 활동, 체육, 여가 프로그램, 노인복지, 행정 관리, 지역사회 협력, 교회 및 공공기관과의 협력, 캠프 활동 등이 나열되고 있었고, 한국에서 수행해야 할 업무에는 클럽활동, 캠프상담가, 유치원 학부모 모임, 성경공부 혹은 주일학교에서의 종교 활동이 예시되었다.[183]

빌링스가 원하는 인물상은 분명했다. 전후 한국의 상황과 선교기관의 복합적 요구를 소화할 수 있으면서, 현장 대응력과 종합적 실천 능력을 지닌 실천가였다. 동시에 서신 말미에 "한국으로 돌아와 교회를 위한 헌신적인 사역을 이어가려는 당신의 마음에 깊이 감사드립니다."고 밝힌 것으로 볼 때. 문인숙에게 기대했던 바는 앞서 감독 임명과 같은 선상에서 신앙과 실천을 겸비한 실천가였다.

빌링스는 미국에서 태화 사역을 준비하면서, 태화를 미국의 커뮤니티 센터 개념에 기반한 집단사회사업 기관으로 전환하는 계획을 빌링슬리에게 전달한 바 있다. 빌링스는 '목공, 요업, 예술 활동, 음악, 연극, 종교교육, 체육, 요리와 재봉교육 등 프로그램 활동이 치료적 효과와 자립 기반을 동시에 제공할 수 있다'고 생각하였다. 따라서 '태화는 다양한

---

183 Peggy Billings. Letter to In Sook Moon. January 29, 1954.

예술·체육·종교·여성 프로그램이 유기적으로 통합된 커뮤니티 센터로 발전해야 한다'고 구상하였다.[184] 이는 빌링스가 태화를 단순한 여성복지기관이 아닌, 지역사회 기반의 통합형 복지관으로 발전시키고자 했던 장기 전략으로 볼 수 있다.

이러한 빌링스의 생각과 전략은 문인숙의 사회사업가 교육 훈련 내용과 정교하게 맞아떨어졌다. 문인숙이 스칼릿대학 집단사회사업학과에서 수학한 내용은 빌링스가 구상하고 있는 프로그램들과 동일한 것이었다. 이것이 가능했던 것은 빌링스는 1950-1951년에, 문인숙은 1952-1953년에 각각 스칼릿에서 교육 및 훈련을 받은 자들로 스칼릿대학의 철학과 지향점 그리고 교육내용을 공유한 관계이기 때문이었다. 더욱이 문인숙은 마시센터에서 인보관의 전체적 운영상황에 대한 이해와 집단 프로그램 참여를 통한 종합 실무역량을 쌓고 있었다. 나아가 문인숙은 자신이 맡을 태화 업무를 기준으로 마시센터에서의 훈련 방향을 조정하고자 노력했을 정도로 태화에 대한 높은 조직 충성도를 보여주고 있었다.

1954년은 한국전쟁 이후 전 사회가 복구와 재건에 몰두하던 시기였으며, 미감리교 여선교회 또한 '재건과 계획(Rehabilitation and Planning)'을 핵심 의제로 내세우고 있었다. 그리고 '한국 복구의 중심에 교회가 있어야 하며, 이를 위해 훈련된 한국 여성 지도자가 필요하다.'고 보았다.[185] 이같은 정책 기조 속에서 빌링슬리와 빌링스는 문인숙을 단지 유능한 사

---

184 Peggy Billings' letter to Margaret Billingsley, March 2, 1952.
185 Margaret Billingsley, "Japan and Korea," in Fifteenth Annual Report of the Woman's Division of Christian Service, 1955, 96–101. ※ "Annual Report of the Woman's Division of Christian Service"는 최초 각주에서만 전체 서지사항을 제시하고, 이후 반복 인용 시에는 'WDCS, n-th (연도범위)' 형식으로 간단히 표기한다.

회사업 실무자가 아닌, 여선교의 선교 정책과 태화의 복지 철학을 구현할 미래의 기독교 여성 지도자로 내정한 것이다.

이상의 정황을 통해 문인숙은 태화가 처한 역사적·조직적 과제 속에서, 지역사회 중심의 집단사회사업 실천가로서 태화가 추구하던 '한국형 기독교 사회복지'를 구현할 여성 지도자로 기대받았던 것이다. 다시 말해, 문인숙의 태화 합류는 1950년대 한국 사회와 선교계의 요구가 교차하는 지점에서 이루어진 복지 리더십의 탄생이자, 기독교 사회복지 제도화의 한 흐름이라 할 수 있다.

2. 태화기독교사회관, 미감리교 사회복음을 담고 있는 인보관

1921년 설립된 태화는 한국 최초의 본격적인 기독교 사회복지기관이자, 감리교 세계선교의 사회복음 전통이 실현된 대표 기관이다. 그 설립과 성장 배경에는 남감리교 여선교회, 선교 100주년 기념운동, 그리고 스칼릿대학에서 훈련받은 여선교사들의 헌신이 서로 긴밀히 맞물려 있었다.

1) 남감리교 여선교회와 태화의 설립

태화의 기획과 설립은 미남감리교 '사회복음적 사회선교(Social Evangelistic Work)'라는 선교전략[186]과 램버트 감독(W. R. Lambuth)의 현

---

[186] 사회복음주의 선교는 기독교인의 사회책무를 강조한 감리교 신학전통에서 비롯되었다. 감리교는 웨슬리의 사회성화(social holiness) 개념을 중심으로 개인의 구원과 사회의 변혁을 병행할 것을 강

장 실행력, 그리고 초기 여선교사의 실천적 준비가 결합된 결과였다. 1915년부터 여선교사 마이어스(Mattie D. Myers)는 선교 본부에 여성사회관 건립자금을 요청해왔으며, 1919년 램버트 감독의 방한과 함께 본격적으로 추진되었다. 같은 해 9월 감리교 조선연회 직후 이완용 소유의 '태화관'을 매입하여 이를 기관으로 전환했고, 1921년 정식으로 문을 열었다.[187] 당시 선교사들은 태화를 '서울사회복음센터(Seoul Social Evangelistic Center)'로 불렀는데, 이는 사회적 실천을 통해 복음을 구현하고자 한 기관의 정체성을 잘 보여준다.

태화는 남감리회가 1919년 선교 100주년 기념 운동의 일환으로 계획한 열 가지 추진사업 중 '예수의 정신을 사회에 보급할 사(事)'라는 항목을 실현하는 공간으로 기능하였다.[188] 그리고 해당 사업의 하위 항목으로 "예수교의 원리를 가지고 사회의 풍속을 조사할 것"과 "유치원, 서적종람소(書籍縱覽所), 야학교, 운동장, 모친회 등의 설립을 통한 사회개량"이 포함되었다. 이는 태화 사업의 핵심기조로 채택되었으며, 이를 기반으로 지역사회의 구체적 욕구를 사전 조사하고, 이를 토대로 여성교육, 모자보건, 야학, 유치원, 구락부(클럽) 등 다양한 복지사업을 펼쳤다.

조하며, "하나님의 뜻이 실현된 인류사회가 천국임을 믿는다"는 교리 정체성을 지녔다(유동식, 『한국감리교회의 역사 1884-1992』(서울: 기독교대한감리회, 1993), 485-486). 이러한 신학적 전통은 '사회복음'에 뿌리를 두었고, 이는 태화가 초기부터 복음과 복지를 결합한 사회선교를 실천한 사상적 배경이 되었다.

187 유동식, 『한국감리교회의 역사』, 485-486
188 10가지 추진사업은 다음과 같았다. 1. 모든 신자가 하나님께 헌신할 사(事) 2. 가정에 종교와 생활을 개량할 사 3. 불신자에게 복음을 전할 개인적 의무를 실행할 사 4. 주일학교를 발전시킬 사 5. 상당(相當)한 교역자를 수양할 사 6. 학교와 병원 7. 엡웟청년회를 진흥할 사 8. 부인선교회를 확장할 사 9. 예수의 정신을 사회에 보급되게 할 사 10. 신자마다 재정상 의무를 감당케 할 사(梁柱三 편, "宣教百年紀念會歷史," 『朝鮮南監理教會三十年紀念報』, 170 재인용, 이덕주·최태육, 『태화 100년사』, 45-46).

2) 스칼릿 대학과 태화의 조직적 연계

태화의 조직 운영과 지도력은 단지 선교사 개인의 헌신에만 의존한 것이 아니라, 스칼릿 대학이라는 교육기관을 중심으로 한 체계적인 훈련 시스템과 지식 네트워크에 뿌리를 두고 있었다. 1921년부터 1960년대까지 태화의 역대관장들 대부분이 스칼릿 대학에서 훈련받은 이들이었다. 마이어스를 시작으로, 에드워즈, 와그너, 빌링슬리, 올리버, 빌링스, 그리고 이후 문인숙, 김선심, 남경현까지 모두 이 계보에 속한다.

마이어스의 태화 설립에 대한 의지는 스칼릿 대학의 설립자 베넷의 1916년 한국 방문으로 이어졌고, 사회학 교수 하웰 역시 1919년, 1922년, 1930년에 잇따라 한국을 방문하며 태화 설립과 활동을 적극 지원했다.[189] 태화의 역대 관장들은 태화 운영과 관련하여 스칼릿대학 교수들과 긴밀히 서신을 주고 받으며 프로그램 자문을 구했고, 이를 통해 미남감리회 여선교회와 스칼릿의 복지 이념을 태화에 이식하고 실천하는 데 핵심적인 역할을 했다.[190] 이러한 흐름은 곧 남감리회의 사회복음적 이상과 스칼릿대학의 실천이론이 현장에서 구체화 된 모습이었다.

---

189 김진연, 「현대 디커니스운동과 초기 내한 남감리회 여선교사」, 『한국기독교와 역사』 54 (2021), 92–94.

190 WDCS, 15th (1953–1954); Margaret Billingsley. Letter to Bessie Oliver. 19490221.; 김진연, 「현대 디커니스운동」, 92–94.

3) 사회복음주의 사회사업 강화

미남감리회 여선교회는 기독교인의 사회적 책무를 강조하는 감리교 사회선교 전통의 영향으로 사회복음에 기초한 전도사업을 전개하였다. 이는 '사회관'을 거점으로 복음을 전하는 '기관교회' 형식으로 나타났다.[191] 태화는 감리교 사회선교의 사명을 실천하는 전진기지로써 사회복음의 실천을 통해 한국 사회복지 실천의 원형을 만들어갔다. 그리고 이러한 정신은 태화의 사업 기획, 대상자 접근, 사업 내용 전반에 반영되었다.

태화는 일제강점기의 제약 속에서도 남감리회 여선교사들이 한국 각지에 세운 지역사회관(여자관)과 마찬가지로 초기부터 복음전도, 여성교육, 사회사업을 세 가지 핵심 가치로 삼아 사업을 전개하였다.[192] 여선교사들은 또한 미국 내 인보관 운동의 영향을 받아 '사회관'을 기독교적 이상과 지역사회 개량을 실현하는 통로로 활용하였다. 이는 '예수의 정신을 사회에 보급하라'는 남감리회의 지향과도 일치하는 것이었으며, 태화는 종교적 공간이자 사회복지 실천공간으로서 기독교적 사회책임의 중심을 형성하였다.[193]

---

191 Bennett, Belle Harris. The Woman Movement in the Methodist Episcopal Church, South. (Nashville: Smith & Lamar, 1918), 92–93, 223–224 재인용, 김진연. 「현대 디커니스운동」, 101–102.
192 미남감리교 여선교회가 설립한 지역사회관은 개성의 고려여자관(1922), 철원여자관(1924), 춘천여자관(M. D. Myers, 1925), 그리고 원산의 보혜여자관(1926) 등이 있었다(황미숙, 『내한 미국감리회 선교사들의 사회복지사업(1885–1960)』 [서울: 동인, 2020], 117).
193 Bennett, Belle Harris. The Woman Movement in the Methodist Episcopal Church, South. (Nashville: Smith & Lamar, 1918), 92–93, 223–224 재인용, 김진연. 「현대 디커니스운동」, 67–113, 92–94.

1933년 제4대 관장으로 빌링슬리가 취임하면서 태화의 사회사업은 전문화와 제도화의 길로 본격적으로 들어섰다. 그녀는 기관명을 '태화여자관'에서 '태화사회관'으로 변경하고, 기존의 교육 및 위생 사업을 외부 기관에 이양하면서 사회사업 중심의 조직으로 재편하였다.[194] 이후 신관을 건립하여 다양한 클럽사업, 아동복지, 목욕서비스, 모자보건 프로그램 등을 운영하였다. 이러한 방향 전환은 단순한 사업 재조정이 아니라, 기독교 사회선교의 한 양태로서 '사회복음' 정신을 조직적으로 실현하고자 한 태화의 의지를 반영한 것이었다.

4) 기독교 사회관에서 전문 사회복지관으로 발전

태화는 1921년 설립 이래 기독교 신앙과 사회복지 실천이 융합된 국내 최초의 기독교 인보관으로 기능하였다. 복음 전도, 여성 교육, 지역사회 조직, 사회사업을 통합한 이 기관은 특히 해방과 한국전쟁기를 거치며 더욱 전문화된 복지조직으로 성장해갔다. 이러한 성장은 세 명의 여성 관장, 곧 빌링슬리, 올리버, 빌링스의 리더십과 실천을 통해 실현되었다. 이들은 모두 문인숙이 태화에서 접하고 영향을 받은 이들이기도 했다. 본 장에서는 이들 3명 관장의 태화와 사회사업에 대한 생각과 실천을 살펴봄으로써 문인숙이 습득했을 사회사업의 철학과 비전을 가늠해보고자 한다.

---

194 '태화의 설립 초기부터 일제강점기까지의 사업에 대해서는 이방현·이방원, 『한국사회복지역사』, (서울:신정, 2017), 378 – 383 참조

(1) 마가렛 빌링슬리: 기독교 사회복지를 지향한 여선교회 최고 자문가

빌링슬리(Alice Margaret Billingsley, 1903-2003)[196]는 1927년 한국으로 파송된 남감리교 여선교사로, 1933년 11월부터 1940년 11월까지 태화의 제4대 관장을 역임하였다. 이후 미감리교 해외사업부에서 일본과 한국 총괄책임자로 활동하면서, 1940년대 후반부터 1960년대 중반까지 해방과 한국전쟁이라는 격동기 속 한국 감리교와 여성 선교기관의

〈사진 III-1〉 제4대 태화 관장, 마가렛 빌링슬리[196]

재건 사업에 관여하였다. 그는 한국 선교에 대한 행정적 승인이나 단순한 조언자의 역할을 넘어, 실질적이고 전략적인 사업 방향을 제시한 인물이었다. 특히 태화와 관련해서는 사업 전반에 걸쳐 공식 자문역으로 참여하며 큰 영향력을 행사하였고, 후임 관장으로 활동한 올리버와 빌링스 역시 기관 운영의 방향, 신규 사업 구상, 한국 교회와의 관계 등 다

---

195 태화기독교사회복지관 제공
196 빌링슬리(Alice Margaret Billingsley, 畢蓮史, 필련사, 1903.6.23.-2003.9.23.)는 1940년 조선총독부에 의해 강제 출국된 뒤 본국으로 돌아가, 1947년부터 1964년까지 미감리교 여선교회 해외사업부(Department of Work in Foreign Fields) 총무로 재임하면서 한국을 비롯한 아시아 지역의 기독교 교육 및 의료 선교 활동을 지원하였다. 한국에서는 일제와 한국전쟁으로 파괴된 교회 재건을 위해 200만 달러 지원을 주선하였고, 감리교신학대학, 이화여자대학, 이화여고, 배화여고 등 학교 재건을 위해 400만 달러 모금을 이끌었으며, 태화사회관을 비롯한 사회관의 재건과 신설에도 힘을 보탰다. 1964년에는 미연합감리교 해외선교부 아시아지역 총무로 취임하였고, 원주기독병원과 인천기독병원 설립, 재미이화여대 재단 이사, 감리교해외구호위원회(Methodist Committee for Overseas Relief) 대표위원, 십자군장학금위원회(Crusade Scholarship Committee) 위원, Joint Committee on Christian Education in Foreign Fields 대표위원 등으로 활동하였다. 이 같은 공로로 1957년 이화여자대학교에서 명예문학박사 학위를, 1966년 연세대학교에서 명예법학박사 학위를 받았다(Ancestry.com; 기독교대한감리회역사정보자료실, https://his.kmc.or.kr/foreign-missionaries (검색일자. 2025년 4월 20일); WDCS, n-th (1949-1963).

양한 부분에서 그의 조언과 협조를 구하였다.

태화는 해방과 한국전쟁을 거치며 기관 정체성과 방향성을 새롭게 규정해야 하는 도전에 직면하였다. 이러한 전환기 속에서 태화가 지향해야 할 길에 대해 빌링슬리는 분명한 원칙을 제시하였다. 빌링슬리는 빌링스에게 "센터의 명칭을 '태화기독교사회관(Tai Wha Christian Community Center)'으로 유지하는 것이 좋겠습니다. … '기독교(Christian)'라는 단어가 계속 포함되어야 하며, 앞으로도 이를 유지하는 것이 중요합니다."라고 전하며, 태화의 정체성에 대한 여선교회의 확고한 의지를 드러냈다. 동시에 빌링슬리는 '기독교 복지관'이라는 정체성을 지키기 위해 외부 단체와의 협력을 허용하면서도, YMCA, YWCA, 스카우트 등의 단체가 태화 내 독립적으로 공간을 사용하는 것을 경계하였다. 이는 태화가 단순한 지역사회기관이 아니라, 복음적 윤리를 중심에 두고 사회복지를 실천하는 기관으로 남아야 한다는 확고한 인식에 기반한 조치였다.[197]

이러한 정체성 수호의 원칙은 빌링슬리가 이해한 복지관의 성격과 철학과도 맞닿아 있었다. 그녀의 복지관(福祉觀)은 시혜적 차원의 복지가 아니라 기독교 정신과 지역사회를 기반에 두고 자립과 공동체 회복을 지향하는 예방적 실천에 가까웠다. 빌링스에게 직원 교육과 관련하여 "커뮤니티 센터의 목적과 운영 방식을 논의하는 시간을 통해 커뮤니티 센터가 어떻게 예수의 가르침을 실천하는지, 어떻게 복음 전도의 역할을 수행하며, 어떻게 새 신자와 지역 주민들을 교회로 인도하는지, 그리고 어떻게 사회적·영적·경제적 문제를 예방하는 역할을 하는지를 보여

---

[197] Margaret Billingsley Letter to Peggy Billings, September 8, 1953.

줄 수 있습니다."[198]라고 조언하였다. 이어서 "사회복지는 기독교적 윤리와 태도에 기초한 예방적 복음 실천이 되어야 한다"[199]며 그의 입장을 반복적으로 전하였다. 또한 그녀는 복지조직 운영의 근간으로 여성 지도력의 중요성을 강조하였다. "너무 많은 남성 중심 위원회를 구성하면 사회복지에 대한 이해 부족으로 적절한 지원을 받기 어려울 수 있습니다"[200]라는 지적은, 태화 운영이 감리교 여성부와 훈련된 여성 실천가들에 의해 주도되어야 한다는 그녀의 철학을 보여준다. 실제로 그녀는 이 사회에 "감리교 여선교회와 선교부 대표 각 2명과 함께 이화여자대학교에서 사회복지에 대한 이해가 깊은 여성 지도자를 찾을 것"을 제시하였다. 이와 같은 빌링슬리의 지침은 이후 태화의 운영위원회 구성에 그대로 반영되어 여선교회 추천 인물로 문인숙이, 이화여자대학교에서는 사회복지학과 교수 이명흥이 다년간 활동하였다. 이상의 내용을 종합적으로 볼 때, 빌링슬리의 복지 실천은 '기독교-여성중심-예방적 사회사업 실천'이라는 삼각구조를 구성하였다고 볼 수 있겠다.

그의 조언은 추상적 지침에 머물지 않고 구체적인 실천으로 이어졌다. 그는 집단사회사업 실천을 장려하고, 프로그램 매뉴얼 개발을 지원하며, 기관 간 협력체계를 마련하도록 이끌었다.[201] 이러한 조언은 태화 관장들과의 서신과 여선교회 보고서에서 꾸준히 확인되며, 태화가 정체성을 지키면서도 시대적 요구에 능동적으로 대응할 수 있도록 하는 데

---

[198] Margaret Billingsley, Letter to Peggy Billings, December 16, 1955.
[199] Margaret Billingsley, Letter to Peggy Billings, January 25, 1956.
[200] Margaret Billingsley, Letter to Peggy Billings, February 8, 1953.
[201] Margaret Billingsley, Letter to Peggy Billings, February 9, 1955.; Margaret Billingsley, Letter to Peggy Billings, January 10, 1959.

크게 기여하였다. 이는 빌링슬리가 한국적 조건과 여성복지 중심성을 고려한 제도적 조정자로서의 면모를 보여주는 것이었으며, 태화가 한국 사회복지 실천의 대표적 기관으로 자리매김하는 데 중요한 토대가 되었다.

(2) 베시 올리버: 1950년 전후 혼란기, 인보관 모델을 구상한 실천가

올리버(Bessie Orena Oliver, 1888-1974)[203]는 1912년부터 1957년 은퇴할 때까지 일제강점기, 한국 해방 그리고 한국전쟁을 모두 한국과 함께 한 한국 전문 선교사로 태화 제5대 관장(1947.06~1950.)을 역임했다. 태화로 부임한 올리버는 해방 후 불과 몇 년 만에 발발한 한국전쟁의 위기 속에서 태화의 역할과 운영 방식을 재정립해야 하는 과제에 직면했다. 태화

〈사진 III-2〉 제5대 태화 관장, 베시 올리버[203]

의 재개관을 준비하던 그녀는 빌링슬리에게 "시카고의 헐하우스를 비롯해 미국 내 다른 사회복지기관에서 발간하는 카탈로그와 주문서가 꼭 필

---

202 태화기독교사회복지관 제공
203 올리버(Bessie Orena Oliver, 1888.9.4. - 1974.7.13.)는 1912년부터 1957년까지 45년간 한국에서 사역한 미남감리회 파송 여성 선교사였다. 춘천, 철원, 서울, 원산 등지에서 여성과 아동을 위한 도시·지방 전도와 교육사업을 펼쳤고, 한국전쟁 이후에는 대전 형무소에서 여성 수감자들을 돌보며 복음과 사회복지의 접점을 실천한 인물이다. 일제 말기 강제 출국을 당해 한국을 떠나 있을 때 "마음은 여전히 한국에 있다"고 고백하며, 다시 돌아갈 날을 기다릴 만큼 한국을 깊이 사랑한 인물이었다(Ancestry.com.; The Macon Telegraph. "Miss Bessie Oliver to Speak at Centenary Methodist." July 26, 1912.; The Kerrville Times. "Korean Missionary Speaks at Center Point Church." July 29, 1943.; The Columbus Ledger. "Methodist Missionary Will Lead Study Group." February 17, 1962.; The Macon News. "Miss Bessie Oliver Dies; Was Missionary to Korea." July 14, 1974.

요합니다. 구해주실 수 있다면 큰 도움이 되겠습니다. 저희는 이를 참고용으로 활용하고 파일로 보관하려고 합니다."[204]라고 요청했다. 올리버는 혼란한 한국 상황에서 태화가 "사람들이 희망을 찾고, 도움을 받을 수 있는 피난처"로써의 역할과 책임을 지녀야 한다고 생각했고,[205] 이를 실현하기 위한 방안으로 헐하우스(Hull House)를 모델로 삼았다고 할 수 있다.

헐하우스는 시카고에 있는 유럽 이민자들의 지역 공동체로의 정착과 시민적 통합을 지원하고, 빈민·노동자·여성·아동 등 사회적 약자를 위한 종합적 복지서비스를 제공하는 복지기관이었다.[206] 올리버는 헐하우스의 '자립'을 통한 공동체 정착과 시민통합이라는 지향점을 태화의 맥락에 맞게 적용하고자 했던 것으로 보인다. "센터의 모든 교육 프로그램이 점차 확대되고 있으며, 특히 저소득층 아동과 여성들을 위한 지원이 시급합니다."[207]라는 올리버의 진술을 통해, 그리고 당시 태화에서 실시하였던 아래와 같은 프로그램들을 통해 그 사실을 확인할 수 있다. 아동과 여성을 대상으로 사업을 펼쳐 온 태화의 전통을 이어가면서, 이들에게 제공된 사업은 '자활'과 '자조'의 성격을 지니고 있었다.

- 1950년: 서대문형무소 내 여성 수감자 대상 종교교육 및 재활 프로그램 개시, 모자 클리닉, 예방접종, 보건 프로그램 정비, 저소득 여

---

204 Bessie Orena Oliver, Letter to Margaret Billingsley, April 12, 1949.
205 Bessie Orena Oliver, Letter to Margaret Billingsley, April 15, 1949.
206 헐하우스는 제인 애덤스가 시카고에 설립한 대표적인 사회개선 운동의 거점으로, 여성, 아동, 노동자, 이민자 권리를 위한 활동에서 핵심 역할을 했다. 헐하우스에 대한 자세한 사항은 제인아담스 헐하우스 공식 웹사이트(https://janeaddamshullhouse.org/)와 '박병현, 「가난한 사람들의 선한 이웃 제인 애덤스의 생애: 헐하우스, 위험한 인물, 문학과 예술」, 『끝나지 않은 여정』 (서울: 양서원, 2020) 참조.
207 Bessie Orena Oliver, Letter to Margaret Billingsley, March 24, 1950.

성 대상 재봉 및 뜨개질 훈련 사업 개시
 -1951년: 여성클럽 및 어머니 모임 구성, 지역사회 내 자조조직 기반 조성

 사실 태화를 인보관 형태로 운영하고자 한 것은 올리버가 처음은 아니다. 태화는 설립 초기부터 한국에 인보관 설치를 계획한 남감리회의 의지에 따라 설립된 기관이었기 때문이다. 따라서 올리버가 미국 내 인보관 중에서도 헐하우스를 좀 더 유념하였던 것으로 판단하는 것이 적절하다.
 인보관의 '정착(settlement)'이라는 개념은 사회역사적 맥락에 따라 그 의미를 달리할 수 있다. 미국 인보관의 자립을 통한 '정착'이 유럽 이주민의 미국 내 시민적 통합을 의미한다면, 태화 설립 당시 '정착'은 일제로부터의 '자주독립'을 의미할 것이다. 그리고 올리버의 실천 속에서의 '정착'은 해방 이후 분단과 전쟁의 폐허 속에서 삶의 기반을 상실한 이들이 신앙에 기반한 공동체 안에서 새로운 정체성과 생활 기반을 회복해 나가는 과정을 지칭하는 것으로 재맥락화될 수 있어야 할 것이다.
 덧붙여 올리버는 인보관을 운영하기 위한 사회복지의 역할을 중요하게 여겼던 것으로 보인다. 올리버는 사회복지부 운영을 위한 자금을 모금하면서 사회복지 전문가를 직원으로 채용해야 한다는 생각을 지속적으로 하고 있었다.[208] 그리고 "서울시장(이기붕)과의 긴밀한 협력 하에 태

---

208 Bessie Orena Oliver, Letter to Margaret Billingsley, April 12, 1949.; Bessie Orena Oliver, Letter to Margaret Billingsley, June 27, 1949.; Bessie Orena Oliver, Letter to Margaret Billingsley, 1950.

화 사업을 재편하고 있다"[209]는 내용의 서신에서 태화가 단순한 교회 선교기관이 아니라, 지역사회와 공공 네트워크 안에서 복지 기능을 수행하는 기관으로 자리매김하였음을 보여준다. 그녀의 이러한 실천은 이후 빌링스의 조직 전문화 노력으로 이어지며, 태화가 헐하우스를 넘어선 한국형 복지기관으로 자리잡는 기반이 되었다.

(3) 페기 빌링스: 한국 사회변동기, 복지조직 전문화의 설계자

빌링스(Peggy Marie Billings, 1928-2019)[211]는 한국전쟁 시기인 1952년 1월, 스칼릿대학에서의 훈련을 마치고 곧이어 태화로 파송을 명(命) 받은 사회복지 분야 선교사이다.[212] 그리고 그

〈사진 III-3〉 제6대 태화 관장, 페기 빌링스[211]

---

209 Bessie Orena Oliver. Letter to Margaret Billingsley. March 24, 1950.
210 태화기독교사회복지관 제공
211 페기 빌링스(Peggy Marie Billings, 邊英淑, 변영숙, 1928.09.10.-2019.07.19)는 역대 태화 관장 중 최장기 재직자(9년 10개월)로, 재임 기간 동안 전쟁고아 구호, 여성과 아동 대상의 사회복지 사업, 가정상담, 유아 보육, 장애인 프로그램 등 다양한 분야를 개척하며 전후 한국의 사회복지 기반 재건에 크게 기여하였다. 귀국 후에도 북미한국인권문제연합회 회장, 연합감리교회 세계선교회 부총무 등으로 활동하며 한국 인권 문제에 지속적인 관심을 보였다. 그는 생애 말년까지 "한국에서 보낸 시간이 내 생애 가장 아름다운 날들이었다"고 회고하며, 특히 북한 어린이 인권 문제를 위해 살고 싶다고 밝혔다(https://www.ancestry.com ; 518재단, "페기 빌링스(Peggy Billings) 태화사회관 6대 관장 주요 이력" 태화복지재단, 2019년 7월 22일..; 기독교대한감리회역사정보자료실. "감리교 외국인선교사 DB" https://his.kmc.or.kr/foreign-missionaries. (검색일자. 2025년 4월 20일).
212 1952년 태화에서 사회복지를 실천할 선교사로 파송되었으나, 전쟁 시기 군사 당국의 허가를 기다리며 일본 히로시마에서 4개월을 보낸 뒤 한국에 입국하여 부산에서 20개월간 사역하였다. 이후 1954년에 이르러서야 태화의 관장으로 부임할 수 있었다(The Commercial Appeal. "Missionaries Named by Methodist Board, Deaconesses Also Among 79 Commissioned by Church." January 19, 1952.; News and Record. "Koreans Show Fondness For Methodists." November 18, 1956.).

녀의 나이 26세에 제6대 태화 관장(1954.09~1963.06)이 되었다. 그동안 태화 관장으로는 타 지역, 타 기관에서 선교사역의 경험을 지닌 베테랑들이 배정되었던 것에 비해 빌링스의 관장 임명은 매우 이례적인 일이었다. 이는 미감리교 여선교회가 스칼릿대학 시절부터 세계학생사역기금 캠페인(World Student Service Fund Campaign), 여가프로그램위원회(Leisure Time Committee), 사회생활위원회(Social Life Committee) 등의 위원으로 매우 적극적인 활동을 보인 빌링스를 유심히 살피며[213] 그녀가 앞으로의 태화 사역에 적합한 인물로 판단한 것으로 보인다. 빌링슬리가 1959년 빌링스에게 "제가 당신을 얼마나 존경하는지, 그리고 한국에서 당신이 기여할 수 있는 부분에 대해 얼마나 큰 신뢰를 가지고 있는지를 꼭 전하고 싶었습니다. … 저는 당신을 좋아하고, 존경하며, 깊이 신뢰합니다." 라는 고백의 서신을 보낸 것을 볼 때 빌링스는 그 기대에 부응했던 것으로 보인다.[214]

빌링스는 한국으로의 사역을 출발하기 전, 미국의 인보관 개념을 적용한 태화 사업을 아래와 같이 구상한 바 있다. 이는 올리버의 태화 운영과 맥을 같이하는 것으로 당시 미국에서 활발하게 전개되고 있던 인보관 사업을 근거로 둔 구상이었다.

" … 센터의 정례적인 사업 외에도 몇 가지 새로운 사업을 구상해 보았습

---

[213] The Tennessean. "Fund Campaign Opens." January 28, 1951.; The Tennessean. "Vespers Program Highlights Student Service Fund Drive." February 4, 1951.; The Tennessean. "Dr. Stuntz Will Address Oklahoma WSCS Group." April 22, 1951.
[214] Margaret Billingsley. Letter to Peggy Billings. January 10, 1959.

니다. … 기술공예부, 요업, 조각과 같은 예술 활동은 치료적 효과가 있을 뿐 아니라, 때로는 단순한 취미를 넘어 평생의 직업으로 이어지기도 합니다. … 음악부에서는 캠핑, 음악 감상, 청소년 그룹 활동 등을 비롯해 녹음기를 활용한 동서양 음악 교육과 계몽 활동, 레크리에이션 교육을 진행할 수 있습니다. … 또한 연극부, 종교부(성경공부를 통한 신앙교육), 운동부(구기 종목 중심), 가사부(요리와 재봉 교육) 등의 프로그램도 계획하고 있습니다. … 다만, 이런 구상이 미국 지역사회센터의 개념을 지나치게 적용한 것은 아닌지 고민이 되기도 합니다.…"[215]

그러나 빌링스는 태화에서 근무를 시작한 뒤에는 태화 사업의 우선순위와 자신의 역할을 변경하였다. 빌링스의 임기는 한국전쟁의 후유증, 도시화와 산업화의 초기 단계, 4·19 혁명, 그리고 한국 교회 내 자립 논의가 활발해지던 시기와 정확히 겹친다. 더불어 미감리교 여선교회의 정책도 기존의 직접지원 방식에서 현지 지도자 양성 및 제도 차원의 지원 중심으로 재편되고 있었다. 이러한 전환기에 빌링스는 변화하는 선교 환경에 적극적으로 대응하였다. 빌링스는 전후복구사업이 한국인의 필요에 따라 수립되어야 함을 알고 있었고, 자신의 후임으로 한국인 관장이 세워져야 한다고 판단하였다. 그리고 한국 내 기독교 공동체 조직의 비효율성을 비판하며, "내가 진정 기여할 수 있는 부분은, 개별적인 선교활동이 아니라 효율적인 조직 구조를 세우는 일인지도 모르겠습니다. 단순히 클럽 활동이나 개별 프로그램을 운영하는 것보다, 지

---

215 Peggy Billings, letter to Margaret Billingsley, March 2, 1952. 발췌인용.

속 가능한 방식으로 선교 구조를 개선하는 것이 장기적으로 훨씬 더 의미 있는 기여가 될 것입니다."[216]라고 하였다. 이는 전쟁 이후 혼란 속에서 사역의 연속성과 효율성을 회복하려는 현실적 고민에서 출발한 것으로, 빌링스 스스로 자신의 역할을 조직 설계자로 설정하였음을 드러낸 것이다.

전쟁은 태화의 건물과 시설뿐만 아니라, 운영 체계와 실무자 조직에도 심각한 타격을 입혔다. 빌링스는 이러한 현실 속에서 태화의 복원은 물리적 재건에 그칠 수 없으며, 기능적이고 체계적인 복지 행정의 확립이 필요하다고 보았다. 이를 위해 그녀는 여선교회의 빌링슬리와 더불어 일본에서 지역사회센터를 운영하던 페인(Mildred Anne Paine)[217]과 교류하며[218] 현대적 조직운영 기법을 도입하였다. 구체적으로는 행정구조 개편, 업무 분장의 명확화, 직무 기술서(Job Description) 작성, 직원계약서와 인사기록 정비, 퇴직계획 마련 등을 추진하였다. 빌링스는 "업무와 역할을 명확히 하지 않으면 실무자들이 방향을 잡지 못하고 혼란에 빠질 수밖에 없다"고 강조하며, 이러한 조치들이 직원들의 효과적 업무 수행과

---

216 Peggy Billings, letter to Margaret Billingsley, December 9, 1952.
217 밀드레드 앤 페인은 미국 캔자스 출신으로, 스칼릿대학에서 학사 및 석사 학위를 취득한 미감리교 선교사이다. 여선교회는 1923년 관동대지진으로 심각한 빈곤과 실업에 처한 도쿄의 지역사회를 돕기 위해 1928년 페인에게 도쿄 히가시(동부) 지역의 새로운 커뮤니티 센터인 '아이 케이 가쿠엔(愛恵学園, Ai Kei Gakuen)'의 설립과 감독하는 책임을 맡겼다. '아이 케이(Ai Kei)'는 일본어로 '사랑의 집'을 의미하며, 에는 센터의 설립 목적과 정신을 반영하고 있다. 1930년 정식 개관을 한 이 기관은 인보관 운동과 디커니스 운동의 정신을 반영해 지역 주민과 함께 살아가며 아동과 여성의 돌봄과 자립을 돕는 복지 실천의 장이었다("1928-1931 Mildred Anne Paine," Archive of Oxford Group - Toyohiko Kagawa Connected Missionary to Japan. 愛恵福祉支援財団. "沿革." 愛恵福祉支援財団. https://www.aikei-fukushi.org/ (검색일자. 2025년 4월 14일).
218 Margaret Billingsley Letter to Peggy Billings, August 4, 1955.

책임 의식을 높이는 기반이 된다고 보았다.[219] 이러한 시도는 전쟁으로 붕괴된 태화의 복지 기반을 다시 세우려는 구조적 재건의 일환이었다.

빌링스는 태화의 사회복지 실천의 신뢰를 회복하고 기관의 정체성을 세우기 위해 프로그램의 전문화를 꾀하였다. 그 첫 번째로 직원 역량강화를 생각하였다. 빌링스는 "한국의 사회사업이 보다 구체적인 가치와 체계적인 시스템을 기반 위에 실용적인 접근방식으로 발전해야 한다"고 보았다.[220] 이를 위해서 워크숍, 연구그룹조직 등과 같은 종사자 교육(In-service training)을 필수사업으로 간주하고 해당 사업을 위한 예산을 책정하였다.[221]

두 번째로는 지역사회의 욕구에 기반한 프로그램들을 지속적으로 개발하고자 노력했다. 대표적인 예로 "직업훈련 프로그램을 직조, 도예, 목공예 분야에서 개발"하고자 했으며, 태화를 '가족생활운동'[222]의 거점지로 활용하고자 했다.[223] 또한 당시 유행했던 라우바흐 방식의 문해교육[224]을 태화 사업에 접목하기 위해 지역조사와 직원들이 라우바흐 문

---

219 Peggy Billings, Letter to Margaret Billingsley. 1954. (1)
220 Peggy Billings, letter to Margaret Billingsley. 1954. (1)
221 Peggy Billings, Letter to Margaret Billingsley. April 20, 1959.; Peggy Billings, Letter to Woman's Division of Christian Service (WDCS), ca. 1960.
222 '가족생활운동(Home and Family Life Movement)'은 1950–1960년대 국제선교협의회(IMC)의 지원 아래 전개된 기독교 사회운동으로, 미감리교 선교사 하이바우(Irma Highbaugh)의 주도로 한국에 도입·확산되었다. 1954년 마닐라 세미나와 하이바우의 방한을 계기로 확산되었으며, 『기독교 가정』(1957–) 발간과 태화의 국제세미나 등을 통해 전쟁 후 한국 사회의 재건에 기여하였다(Dana L. Robert, "Irma Highbaugh and the International Missionary Council: Home and Family Life in East Asia," International Bulletin of Mission Research 42, no. 1 (2018): 45–54. https://doi.org/10.1177/2396939317739820).
223 Peggy Billings, letter to Margaret Billingsley. January 28, 1955.
224 라흐바흐 방식의 문해교육(Laubach Method of Literacy Education)은 미국 선교사 라우바흐(Frank C. Laubach, 1884–1970)가 창안한 학습자 중심의 실용적성인 문해교육법으로, "Each One

해 교육팀의 교육에 참가하도록 한 뒤 사업을 실시하였다.[225] 그리고 실시했던 사회사업에 대한 평가와 개선하는 절차를 가졌다.[226] 이러한 빌링스의 모습은 그가 매우 전략적이고 체계적인 접근방식으로 문제를 해결하는 사고 유형의 지도자였음을 보여준다. 그녀가 빌링슬리에게 보낸 서신들은 복지 전문화에 대한 철학과 전략이 담긴 일종의 정책 기획 문서들이었고, 빌링스의 서신들은 여선교회가 1960년대 한국 사회에서 추구해야 할 지향점을 제시하고 있었다. 그것은 기독교 사회복지 분야에 있어서 보다 강력한 책임감을 갖고 한국 감리교가 아직 감당하지 못하는 실험적인 사회복지서비스 분야를 개척해야 한다는 것이었다. 동시에 한국 감리교회와의 협업과 한국 현지 지도자 중심의 사업 전개를 중요하게 생각하였다.[227]

실제 빌링스는 1959년부터 한국 감리교 사회사업부에 주3회 출퇴근을 하면서 사업부의 목사와 함께 타 지역의 사회사업기관 설립에 참여하였다.[228] 그리고 실무자 양성과 리더십 발굴에도 힘썼다. 이는 그녀가 단순히 태화의 현장 책임자에 머무르지 않고, 미감리교 여성부 전체의 해외사업 전략 형성에까지 적극적으로 기여하였음을 보여준다.

Teach One(한 사람이 한 사람을 가르친다)"는 철학 아래 20세기 전 세계에 확산되었다. 이 방식은 실생활 단어 중심 학습, 현지 언어 사용, 보조교사 양성을 특징으로 하며, 한국의 해방 후 농촌 문해교육과 여성교육에도 영향을 주었다(Frank C. Laubach, Toward a Literate World, Syracuse: Syracuse University Press, 1960.; ProLiteracy, "Our History," https://www.proliteracy.org (검색일자, 2025년 4월 4일).

225 Peggy Billings, Letter to Margaret Billingsley, February 18, 1955.; Peggy Billings, Letter to Margaret Billingsley, March 16, 1955.
226 Peggy Billings, Letter to Margaret Billingsley, April 20, 1959.
227 Peggy Billings, Letter to Margaret Billingsley, April 20, 1959.
228 Peggy Billings, Letter to Margaret Billingsley, February 7, 1959.

이상의 모습에서 빌링스는 단순한 현장 실천가가 아니라, 한국 사회와 교회의 복합적 조건을 신학과 사회복지 이론 속에서 성찰하는 전략적 사고의 실천가였다고 평가할 수 있겠다. 그녀는 자신의 한국에서의 경험을 기반으로 한국 사회 속에서 기독교 사회복지관이 어떠한 역할을 감당해야 하는지에 대한 신학적이고도 실천적인 종합적 통찰을 아티클로 작성하기도 하였다.[229]

빌링슬리, 올리버, 빌링스는 각기 다른 시기와 역사적 맥락 속에서 태화를 이끌며, 조직의 성격과 방향성을 심화시키고 재구성한 인물들이다. 세 인물의 활동은 단순한 연속성이 아니라, 시대적 도전에 대한 응답과 전략적 전환의 축적이자 전환이었다. 이들은 인보관의 전통을 기초로 하되, 그것을 한국 사회의 역사적 현실과 교회의 신학적 요구에 맞게 변형하고 확대하였다.

빌링슬리는 태화 설립 초기의 복음 전도와 여성·아동 대상 교육, 의료, 상담 사업의 기틀을 재정립하면서, 기독교 신앙과 여성 중심 운영, 그리고 예방적 사회사업 실천이라는 철학을 통해 태화의 정체성을 분명히 하였다. 그는 태화를 단순한 선교회 혹은 교회부속 기관이 아니라 신앙과 실천이 통합된 공동체 복지의 장으로 재정의하며, 여성 지도력을 중심으로 한 조직문화를 지향하였다.

올리버는 이러한 기반 위에서 헐하우스를 모델 삼아, 해방 이후 대규모 피난민과 도시 빈곤층, 그리고 한국전쟁의 혼란 속에서 태화의 역할

---

229 Peggy Billings, "The Role of Christian Social Centers in Korean Society(한국사회에서의 기독교 사회관의 역할)." Paper presented on July 16, 1965.

을 확장하였다. 그녀는 아동, 여성, 수감자, 빈민 등 취약계층을 중심으로 실천적 복지사업을 전개하며, 서울시와의 협력 속에서 공공조직과 연계된 기관으로 태화를 발전시켰다. "서울시장 이기붕과의 긴밀한 협력 하에 태화 사업을 재편하고 있다"는 그녀의 언급은 이러한 행정 네트워크 구축의 단면을 보여준다.[230]

빌링스는 이러한 실천 기반을 체계화하고 제도화함으로써 태화를 '사역의 공간'에서 '구조화된 전문 복지기관'으로 전환시켰다. 그녀는 조직 개편, 직무기술서 작성, 평가체계 구축 등 현대적 조직운영 기법을 도입해 전쟁 이후의 혼란 속에서도 복지의 신뢰성과 지속성을 확보하고자 하였다. 또한 여선교회 및 한국 감리교회와의 협업을 통해 자립 기반을 설계하고, 이화여대 사회사업학과와의 협력을 통해 실무 인재 양성에도 힘썼다.

이처럼 빌링슬리, 올리버, 빌링스의 연속적이고도 단계적인 리더십은 태화를 단순한 선교 기반의 인보관에서 전문화된 기독교 사회복지기관으로 전환시키는 데 결정적인 역할을 하였다. 특히 1950년대 후반부터 1960년대 초까지 폐기 빌링스가 추진한 조직 개편과 제도화 작업은, 전쟁의 잿더미 속에서 무너진 태화의 복지 기반을 회복하고, 그 위에 새로운 복지 실천 구조를 설계한 '재건'의 과정이었다.

이러한 조직적, 사상적 기반 위에 등장한 인물이 바로 문인숙이다. 그는 외국 선교사의 지도 아래 실무자로 시작했으나, 점차 독립적 지도자로 성장하며 태화가 '한국인 주도 복지기관'으로 자리매김하는 데 있어

---

230 Bessie Orena Oliver, Letter to Margaret Billingsley, October 24, 1950.

결정적인 전환점을 마련한 인물이다.

3. 문인숙, 태화가 육성한 미래의 사회사업 지도자

1954년 8월, 문인숙이 입사했을 당시 태화는 한국전쟁으로 파괴된 모든 인적, 물적 자산을 복구하기 위해 분주했다. 본관 건물은 미정보부가 차지하고 반환하지 않고 있었고, 직원 숙소도 마련되지 않았다. 공간이 마련되지 않았으니 진행되는 사업도 있을 수 없었다. 따라서 문인숙은 1920년대 태화 설립 당시 선교사들이 했던 사업수행을 위한 건물확

〈사진 III-4〉 제7대 태화 관장, 문인숙[232]

보, 인력 구성, 지역사회의 욕구에 부합하는 사업실시를 위한 지역사회 조사와 사업계획 및 실시 등 모든 것을 수행해야 했다. 비록 당시 태화 상황은 열악하였어도 미래는 불투명하지 않았다. 태화 관장을 역임했던 빌링슬리가 여전히 태화에 대한 사랑과 관심을 갖고 미감리교 여선교회 해외선교부의 한국 사업 총괄 책임자로 있었고, 젊고 패기 있는 빌링스가 관장으로 재직하면서 열성적으로 사업에 임하고 있었기 때문이었다.

미감리교 여선교회는 직원의 역량강화를 매우 중요하게 생각하였고, 문인숙을 태화로 배치하면서 그녀를 육성할 책임자로 빌링스를 선택하였다.[232] 빌링스는 문인숙보다 2년 선임자였지만 직원을 양성하기 위한

---

231 태화기독교사회복지관 제공
232 Margaret Billingsley, Letter to Peggy Billings, August 11, 1954.; Margaret Billingsley, Letter to

자신만의 계획을 세우고 있었다. 빌링스는 이와 관련하여 빌링슬리에게 다음과 같은 서신을 보냈다.

" … 한국의 사회사업은 보다 실용적인 접근 방식으로 발전해야 한다고 생각합니다. … 저는 문인숙이 사회사업을 단순한 이론이 아니라 구체적인 가치와 체계적인 시스템에 기반해 운영해야 한다는 점을 이해하길 바랍니다. 특히, 조직 내에서는 체계적인 회계 관리, 각 직원의 업무와 상호연관성에 대한 명확한 이해, 그리고 인간관계의 중요성을 올바르게 설정하는 것이 필수적입니다. 제 관점에서 우리의 일은 단순한 '소명'에 머무르지 않고, '비즈니스'의 개념을 적용할 필요가 있습니다. … 저는 이러한 구조적 접근 방식을 레크리에이션과 체육 활동에도 적용할 계획을 세우고 있습니다. … 나아가 체육과 레크리에이션 활동 역시 신앙적 가치를 고려해야 합니다. … 문인숙은 회계장부 정리를 통해 이에 관한 훈련을 받을 예정입니다.…"[233]

이상의 내용에서 빌링스가 갖고 있던 이상적인 기관과 직원의 모습은 다음과 같다. 기관은 직원들이 조직 구조 속에서 자신의 역할을 이해하고 수행할 수 있도록 전체적이고 통합적인 시각을 제시하고 이끌어줘야 한다. 그리고 태화 직원은 신앙적 가치, 즉 사회복음을 구현한다는 소명의식을 갖고 사회사업 프로그램에 임해야 하며, 프로그램을 운영할 때에는 비즈니스 마인드를 갖고 실용적으로 접근해야 한다. 그렇게 구현된 태화는 "사람들이 편안하게 자신을 드러낼 수 있는 건전한 환경이 되

Peggy Billings. 1954. (3).
[233] Peggy Billings. Letter to Margaret Billingsley. 1954. (1). 발췌인용.

어주고, 그들의 개성을 더욱 온전하게 펼쳐갈 수 있도록 도우며, 하나님 사랑의 온전한 힘이 삶 속에서 작용하도록 돕는" '영적 공동체의 공간' 이 될 수 있다고 생각했던 것 같다.[234] 빌링스는 이와 같은 생각을 갖고 문인숙을 훈련시키고자 했다.

빌링스는 문인숙에 대한 첫인상을 "현재 그녀의 태도는 여전히 다소 소극적이지만, 점진적인 발전도 긍정적인 변화라고 생각합니다."[235]라고 돌려서 표현을 했지만 본인이 기대했던 모습은 아니었던 것 같다. 그러나 함께 사업을 시작한 2-3개월 만에 "저는 문인숙과 같이 있는 것이 기쁩니다. 문인숙이 나에게 큰 도움이 되고 있으며, 그녀가 이곳에서 일하는 것이 자랑스럽습니다.",[236] "저는 참으로 행복합니다. 문인숙은 제게 큰 도움이 되고 있는데, 그녀가 이 일을 계속한다면 무한한 능력을 발휘할 것으로 확신합니다."[237] 등 문인숙에 대한 인식이 획기적으로 변화하였다. 빌링스는 1956년 미국으로 안식년을 떠났을 때 한국에서의 사역을 발표하는 자리에서 "문인숙의 도움으로 태화의 지역사회프로그램이 시작되었다."고 할 정도로 문인숙의 태화 재건에 대한 기여도를 높이 평가했다.[238] 그리고 문인숙을 "자신의 능력을 발전시키고 전문성을 키우기 위해 노력한" 인재로 보았던 빌링스는 여선교회에 "수행하는 업

---

234 Wesleyan Service Guild Newsletter. "Special Interests." (October 1956): 33 – 34.
235 Peggy Billings. Letter to Margaret Billingsley. 1954. (1)
236 Peggy Billings. letter to Margaret Billingsley, November 9, 1954.
237 Peggy Billings. letter to Margaret Billingsley, December 9, 1954.
238 Chattanooga Daily Times. "Miss Billigs [sic], Korean Missionary. To Speak at Centenary Tomorrow." March 1, 1958 (7).

무의 가치와 그 직무에 필요한 자격을 고려"한 공정하고 현실적인 급여 지급을 통해 태화에서 지속적으로 근무할 수 있도록 해야 한다고 요청하였다.[239] 이는 문인숙이 얼마나 적극적으로 사업에 참여하였는지, 그리고 빌링스가 그토록 간절히 원했던 태화가 필요로 하던 직원이었음을 보여주는 대목이라 할 수 있겠다.

문인숙의 첫 업무는 아마도 사업 공간을 마련하는 것이었을 거다. 문인숙은 빌링스와 함께 태화 본관이 아직 반환되지 않았던 1954년 가을, 전국여성단체총연합회 3층에 임시 사무실을 마련하였다.[240] 그곳에서 문인숙은 태화가 처음 개소했을 때부터 중점사업으로 운영한 클럽사업, 그 중에서도 소녀들과 고등학생을 위한 클럽을 담당하였다.

"가을에 서울에서 계획하고 있는 사업은 세 가지입니다. ① 태화 주변의 10대 소녀들을 대상으로 문맹교육반을 조직하는 일입니다. 이때 소년들도 함께 참여할 수 있을 것입니다. ② 문인숙으로 하여금 인근 소녀들이나 기독교계 고등학교 학생들을 위한 클럽을 시작하도록 하는 일입니다. ③ 제가 대학들을 방문하여 학생 클럽과 접촉하면서, 그들이 필요로 하는 것이 무엇인지 파악하려 합니다."[241]

" … 사람들은 어떤 형태로든 자발적인 클럽 조직을 통해 도움을 받을 필

---

239 Peggy Billings, Letter to Margaret Billingsley, 1954. (2).
240 1954년 9월, 미군 정보부대로부터 태화사회관의 사택을 반환받아 사업을 재개할 때, 사택의 훼손 정도가 심각하여 사무실 임대를 해야만 했다(안신영, 『태화기독교사회관 50년사』 (서울: 태화기독 교사회관, 1971), 89-90).
241 Peggy Billings, letter to Margaret Billingsley, Aug. 25, 1954.

요가 있습니다. 이 과정에서 클럽을 이끄는 동정적이고 경험이 풍부한 지도자(문인숙)를 통해 개인적인 관심과 지도를 받게 될 것입니다. 이러한 이유로 클럽사업은 태화관의 주요 사업이 될 것이며, 이는 동시에 제가 가장 관심을 두고 있는 분야이기도 합니다."[242]

문인숙은 당시 여성을 대상으로 하는 클럽 활동에 관심이 있었고, 이에 빌링스는 사전에 생각한 클럽 외에도 사회소외 계층에 속한 여성들이 실용적인 기술을 배울 수 있는 클럽도 구상하게 되었다. 즉, 문인숙은 태화의 신규 클럽을 구상하고 의견을 개진했던 것으로 보인다.

"… 문인숙은 여성 클럽 프로그램 조직에 관심을 가지고 있으며, 본격적으로 지도할 기능성도 있습니다. … 저 역시 사회적 소외 계층을 여성을 위한 클럽을 시도해보고 싶습니다. 만약 여성들이 실용적인 기술을 배우면서 동시에 클럽활동을 운영할 수 있다면, 그들에게 훨씬 더 의미 있는 경험이 될 것입니다. … 이러한 새로운 프로젝트들이 한국 여성 지도자들에게 실질적인 기회를 제공할 수 있기를 바랍니다. … "[243]

빌링스는 문인숙에게 클럽사업을 맡기고 본인은 대학생 클럽을 개설하기 위한 사전 욕구조사를 실시하였던 것으로 보인다. 그러나 빌링스의 당시 한국어 능력을 고려해볼 때, 문인숙과 동행했을 가능성을 배제

242　Peggy Billings' letter to Friends. September, 1954. 발췌인용.
243　Peggy Billings. letter to Margaret Billingsley, September 27, 1954. 발췌인용.

할 수 없다.[244] 관련하여 추측컨대 태화 본관을 반환하기 위한 각종 행정 작업에도 참여했을 것으로 보인다. 1953년 태화 직원은 문인숙과 빌링스 그리고 시간제 직원 한 명 밖에 없었다.[245] 따라서 대부분의 태화 사업은 관장인 빌링스와 문인숙이 수행해야만 했을 것이다. 이런 상황에서 태화 건물반환을 위해 한국정부와 미군정 사이에서 의사소통과 각종 행정 절차를 밟아야 했던 것은 문인숙이었을 가능성이 매우 높기 때문이다.

문인숙은 또한 선교사 윔즈(Eulin S. Weems)[246]의 업무 일부를 분담하였다.[247] 윔즈는 1954년 5월까지 소속은 태화였다. 그러나 문인숙이 태화에 입사했을 당시 윔즈는 '유린관'(有麟館, The Neighborly House, 보혜관) 소속 선교사로 변경되었으며, 그 이전과 마찬가지로 2개 지역의 복음전도 사역과 함께 여선교부 재정을 담당하고 있었다.[248] 그렇다면 문인숙이 분담한 업무는 윔즈가 미처 마무리 짓지 못했던 클럽을 인수인계 받았거나 혹은 윔즈의 여선교부 재정과 복음전도 사역을 분담하는 것이었

---

244 빌링스는 1954년 8월, 한국 감리교 교육위원회가 주최하는 리더십 훈련 컨퍼런스에 참석하여 "기독교 리더십"을 주제로 강의를 했다. 이때 통역자의 도움을 받았던 것으로 보아 빌링스의 당시 한국어 능력은 원활한 의사소통을 할 수 있을 정도는 아니었다고 볼 수 있다. 그렇다면 한국 기관과의 실무 진행, 프로그램 계획을 위한 전수조사 등에 한계를 갖고 있었다고 예측된다(Peggy Billings. letter to Margaret Billingsley, Aug. 25, 1954.)
245 안신영, 『태화기독교사회관 50년사』, 93; 96.
246 율린 윔즈(Euline Smith Weems, 施律忍, 시율인)은 1925년 한국에 파송된 미국 감리교 여성 선교사로, 감리교 여선교부의 재무관(Treasurer) 직책을 맡고 있었다. 그는 서울 마포 지역에서 복음 전도사역과 사회사업을 병행하였다. 특히 1954년부터는 마포기독교사회관으로 알려진 유린관(The Neighborly House, ᄀoHAY Quan)을 본격적으로 운영하며, 성경교육, 아동복지, 미혼모 지원 등 다양한 사역을 수행하였다. 그녀는 또한 유린관 내에 설치된 영아 보호 시설인 와이트 베이비 폴드(Wyatt Baby Fold)와 구호기구 미감리교 '해외구제위원회' 관련 업무도 병행하는 등 다방면에서 활동하였다(WDCS, 15th (1953-1954).; WDCS, 16th (1954-1955).; WDCS, 17th (1955-1956).; WDCS, 18th (1956-1957).; WDCS, 19th (1957-1958).; WDCS, 20th (1958-1959) 참조).
247 Peggy Billings. letter to Margaret Billingsley, September 27, 1954.
248 WDCS, 15th (1953-1954); WDCS, 16th (1954-1955).

다. 가장 합리적인 추론은 전자가 아닐까 싶다.

이 시기의 사료들을 종합하면, 문인숙은 태화에 입사하자마자 매우 많은 요청을 받았고, 짧은 기간 내에 자신이 맡은 업무들에 적극적이고도 열정적으로 임하며 본인의 역량을 입증해 나갔던 것으로 보인다. 그 과정에서 문인숙은 전쟁으로 폐허가 된 한국사회에 사회사업을 새롭게 복구하고 재건하는 생생한 현장을 이끌어가는 경험을 하게 되었고, 사회사업 혹은 선교에 더 큰 뜨거움을 갖게 했을 것이다. 그 결과, 빌링스는 불과 3개월이 채 되지 않은 시점에서 문인숙에 대해 극찬을 아끼지 않게 된다. 1954년 12월 9일자 편지에서 빌링스는 이렇게 말한다.

"저는 참으로 행복합니다. 문인숙은 제게 큰 도움이 되고 있는데, 그가 이 일을 계속한다면 무한한 능력을 발휘할 것이라 확신합니다. … 그녀는 우리의 기대 이상으로 사업에 깊은 관심을 기울이고 있습니다. 이제 그의 이러한 관심과 책임감을 유감없이 발휘할 수 있는 길을 모색해야 할 것입니다."[249]

〈사진 III-5〉 태화 웨슬레 구락부(1955)   〈사진 III-6〉 태화 쌍둥이사업(1956)[250]

---

249 Peggy Billings, letter to Margaret Billingsley, December, 9, 1954. 발췌인용.
250 위 두 사진 모두 태화기독교사회복지관 제공. 문인숙이 태화에서 현장 실무자로 근무했던 당시 사

빌링스는 같은 서신에서 문인숙의 실질적 업무 기여를 높이 평가하면서 문인숙의 성장을 위한 방안을 아래와 같이 고심하게 되었다.

"… 저는 지금 제가 인숙과 함께 하려는 일이, 당신(빌링슬리)과 제가 도쿄에서 길게 이야기했던 바로 그 일과 같은 성격의 일이라고 생각합니다. 인숙은 이론적 기반을 갖추고 있을 뿐 아니라, 사람들을 진심으로 돕고자 하는 마음도 가지고 있습니다. 다만 그녀에게는 적절한 기록 관리, 합리적인 회계 처리, 그리고 조직 내 인간관계 속에 어떤 요소들이 작용하는지에 대한 이해가 더 필요합니다. 제 생각에, 이것은 매우 실제적이고 타당한 '업무' 영역 가운데 하나입니다. … 저는 크리스가 인숙에게 정확한 회계장부 정리 방법을 가르칠 수 있도록 계획하고 있습니다. … "

위 글의 맥락을 보면 빌링슬리와 빌링스가 문인숙에 대해 스칼릿대학에서 제대로 된 사회사업의 이론적 훈련을 받았고, 사업에 대한 열의도 많은 귀한 인재로 생각하였음을 알 수 있다. 이에 기관 행정과 조직인사 역량을 높이면 책임감 있는 직원으로 성장할 수 있는 여지가 있다고 보고 있었다. '인간관계 속에 어떤 요소들이 관련되는지'를 파악한다는 것은 곧 조직 속에서 사람들과 잘 협력하고 조율할 수 있는 능력, 즉, 사회적 관계에 대한 이해력을 뜻하는 것이기 때문이다. 그리고 1955년도에는 문인숙에게 직원의 역량강화 차원에서 회계장부 정리법을 가르칠 계획을 세웠으며, 태화기독교사회관의 '총무'로 공식 임명하였다.[251]

업사진이다.
251 문인숙이 태화기독교사회관의 총무로 공식 임명된 시기는 명확하지 않다. 『태화 50년사』에서는

1955년 2월 10일, 드디어 미군이 점유하고 있던 태화 본관이 반환되고, 빌링스, 문인숙 등 본관 반환을 위해 노력해던 모든 이가 함께 축하하는 자리를 가졌다.[252] 공간의 확보는 사업을 본격적으로 추진할 수 있는 기반이 형성되었음을 의미했다. 태화는 안정적인 사업 확장을 위해 지속적으로 여선교회에 사회사업가 파견을 요청했지만 쉽지 않았던 것 같다.[253] 이런 상황에서 1956년에는 빌링스의 안식년까지 예정되어 있던 터라 전문 지식과 태화의 선교방침을 따르고 있는 문인숙의 역할은 더욱 중요해졌다.

1954년도는 태화의 기존 사업을 유지하면서 사업공간을 확보하고 차년도 사업계획을 세우는 해였다면, 1955년도는 계획된 사업을 하나씩 실현시켜 나갔던 해였다. 태화 총무였던 문인숙은 직원 숙소에서 선교사들과 함께 거주하며 이러한 변화를 이끌어 나갔다.[254] 한국인이 선교사들과 한 공간에서 머물며 사역에 참여한다는 것은 매우 획기적인 사건이었다. 한국 교회 역사상 한국인 직원이 선교사와 공동체 생활을 하는 것은 처음 있는 일이었기 때문이다. 선교사 혹은 디커니스의 공동체 생활은 감리교 여선교회가 이들간의 협력과 친밀감 그리고 공동체성을 높이기 위한 훈련법이었다. 문인숙이 이러한 훈련에 참여할 수 있었다

1955년에 총무로 발령받은 것으로 기록되어 있다(이덕주, 최태욱, 『태화 100년사』, 93.). 그러나 문인숙 본인은 태화 입사를 위해 한국으로 귀국해 빌링스와 처음 만났을 때 이미 총무로 임명되었다고 진술하였다(임상사회복지실천연구회, 「클라이언트 자기결정을 존중한 사회복지사-문인숙」 90.)

252 Peggy Billings, letter to Margaret Billingsley, February 18, 1955.
253 Margaret Billingsley, Letter to Peggy Billings, January, 1955. January, 1955.; Peggy Billings, letter to Margaret Billingsley, May 9, 1955.
254 Margaret Billingsley, Letter to Peggy Billings, February 9, 1955.; Peggy Billings, letter to Margaret Billingsley, March 16, 1955.

는 사실은 여선교회가 문인숙을 피선교국의 대상으로 인식했던 것에서 나아가 선교사와 동등한 위치의 동역자로 인정했음을 의미한다. 이로써 문인숙은 미감리교 여선교회의 파송 선교사들과의 공동체 생활 속에서 긴밀히 소통하며, 미감리교 사업에 대한 공유와 이해를 높이는데 많은 도움을 얻을 수 있었다.

1955년도 태화가 추진한 사업은 1) 직조, 도예, 목공예 분야에서 직업훈련 프로그램 개발,[255] 2) 가족생활운동의 거점지로써의 활동,[256] 3) 문해교육사업[257] 등이었다.[258] 태화가 구상한 직업훈련 프로그램이나 문해교육사업은 문인숙이 스칼릿대학에서 수강한 과목들로 총무로 있는 문인숙의 직접적인 역할이 있었을 것으로 예상할 수 있다. 문인숙은 총무로서 예산 행정 업무를 수행하면서도, 1954년부터 담당한 클럽과 도서

---

[255] 태화는 직조 사업을 추진하기 위해 직원을 부산의 기독교세계봉사회가 운영하는 직조 작업장으로 견학을 보내고, 채핀 부인(Mrs. Chaffin) 등 관심 있는 인사들을 참여자로 물색하였다. 또한 재정은 미감리교 해외구제위원회의 지원을 받아냈으며, 프로그램 참가자들이 실질적 소득을 얻을 수 있도록 한국 내 공예품 소비 시장을 조성할 필요성까지 고려하였다.

[256] 태화는 가족생활운동을 통해 지역사회의 긍정적 변화를 이끌어낼 수 있다고 보았으며, 예배당을 활용하는 방안까지 검토하였다. 예컨대 '결혼 준비 과정'을 수료한 부부가 태화기독교사회관 예배당에서 결혼식을 올리고자 할 경우 공간을 대여하는 방식이 그것이다. 이는 태화기독교사회관과 연계된 신앙공동체 형성에 기여하는 한편, 사회관이 '기관교회'가 되어야 한다고 보았던 스칼릿대학의 이상을 구체적으로 적용한 실천이었다. 또한 이 사업을 장기적으로 정착시키기 위해, 창시자 하이바우(Dr. Irma Highbaugh) 박사가 한국에 체류하는 동안 태화기독교사회관을 가족생활운동의 중심 공간으로 활용하려는 전략을 세우기도 했다.

[257] 태화는 당시 널리 확산되던 라우바흐 방식의 문해교육 사업의 타당성을 검토하였다. 본관을 반환받은 직후 지역사회 조사를 시작하여, 9세에서 13세 사이의 비문해 아동이 있는 각 가정을 방문하고 그 가정의 필요에 맞는 교육을 제공할 계획이었다. 또한 같은 해 5월 라우바흐 문해교육팀이 한국을 방문할 예정이었기에, 태화 직원들이 이 과정에 참여해 훈련을 받을 수 있도록 지원할 방침을 세웠다.

[258] Peggy Billings. letter to Margaret Billingsley, January 28, 1955.; Margaret Billingsley. Letter to Peggy Billings. February 9, 1955.

관 사업을 주관하면서 현장을 떠나지 않았다.[259] 도서관 사업은 젊은 세대의 교양과 학습공간 마련을 목적으로 하였으며, 이는 태화가 설립 당시부터 추구해 온 '사회교육' 이념을 구현하는 사업이기도 했다. 문인숙은 이 사업을 계획하고 준비하는 과정부터 빌링스와 함께 하였으며, 도서관의 안정적인 운영을 위해 서적 확보 루트를 개발하고, 이에 필요한 예산을 책정하는 등의 실무를 담당하였다.

1956년 여름, 태화는 감리교 여선교회 산하 웨슬리안 서비스 길드(Wesleyan Service Guild)[260]의 '특별중점분야(Special Interests)'[261]에 선정되었다는 뜻밖의 기쁜 소식을 받았다.[262] 감리교 여선교회는 1956년부터 1960년까지의 특별중점분야로 해외 지역 4개국(한국, 볼리비아, 벨기에 콩코, 사라왁)과 사업 영역(공중보건 및 간호교육과 지역사회센터)을 지정하였

---

259 Peggy Billings, letter to Margaret Billingsley, July 12, 1955.
260 웨슬리안 서비스 길드는 1921년 미국 감리교회에서 설립한 단체로, 미감리교 여선교회와 연계되어 직장 여성과 전문직 여성을 위한 선교 및 봉사 조직으로 출발하였다. 특히 기독교 신앙 실천과 사회봉사에 중점을 두었으며, 공중보건, 교육, 사회복지, 여성 지원 활동을 주요 사업으로 삼았다. 현재는 감리교 여성 선교 조직인 유나이티드 위민 인 페이스(United Women in Faith, 구 여선교회와 통합)의 일부로, 세계 여러 나라에서 여성 및 아동 복지, 공중보건, 교육 지원 등의 활동을 이어가고 있다(The United Methodist Church, "About United Women in Faith," https://www.umc.org (검색일자. 2025년 4월 15일)).
261 제2차 세계대전이 끝나갈 즈음 미감리교 여선교부는 세계 복구와 선교에 대한 책임성을 갖게 되었다. 그에 따라 1944년, 웨슬리안 서비스 길드의 '특별중점분야'를 마련하여 직장 여성들의 해외 선교지나 특정 분야에 대한 깊은 관심과 후원을 제도화하는 노력을 시작하였다. 즉, 단발적 후원에서 나아가 특정 지역을 '특정 관심국'으로 삼고 지속적으로 기도, 재정 후원, 정보 교류를 통해 세계 선교에 동참할 수 있는 방식을 마련하였다(WDCS, 10th (1949-1950), 226-227, 248). 총회 상임위원회에서 4년마다 '특별중점분야'를 결정하는데 1956년에는 태화기독교사회관과 강릉 지역의 보건사업이 포함되었다("Special Interests," Wesleyan Service Guild Newsletter, June 1956).
262 Margaret Billingsley, Letter to Peggy Billings, June 15, 1956.; Lillian A. Johnson, Letter to Peggy Billings, September 1956.

다. 그리고 태화가 이 가운데 한국의 지역사회센터로 선정된 것이다. 이는 태화가 그동안 기울여 온 노력에 대한 토닥임이었고, 앞으로 추진할 사업에 대한 든든한 응원이었다.

빌링스는 1957년 『The Methodist Woman』[263]에 특별중점분야 선정에 대한 감사의 마음과 태화 소식을 전하는 글을 기고하였다. 기고문에는 1955년 2월, 태화 본관으로 재입성한 뒤 1년간의 사업성과가 아래와 같이 실려 있었다.

- 그룹 수 : 4개에서 36개로 증가
- 회원 수 : 65명에서 500명이 넘는 인원으로 증가
- 집단사회사업 : 대상의 연령대 확대로 전 연령을 대상으로 사업 실시
- 직원 수 : 2명에서 10명으로 증가(전임 직원 2명, 시간제 직원 4명, 자원봉사자 4명, 현장 실습생 3명)
- 가정방문 프로그램 : 전쟁 기간 동안 단절되었던 지역사회와의 연결을 회복
- 조직구조 정비 : 급여 체계와 퇴직 계획 수립. 직원 주거 공간 확보를 위한 계획수립, 직무 설명서와 직원 계약서 작성. 지도감독 책임의 명확화. 센터운영방침 수립, 건물보수완료

그러나 빌링스가 진정으로 전하고 싶은 태화의 정신과 실체는 외적으로 드러나지 않는 태화의 내적인 모습이었다. 긴 글이 되겠지만 태화를

---

[263] "Special Interests", The Methodist Woman, February 1957. 발췌인용.

이해하고, 문인숙이 어떠한 문화 속에서 성장하였는지 비춰볼 수 있는 중요한 사료라 생각되어 싣는다.

"진정한 가치가 있는 것들은 눈에 보이지 않습니다. 제가 말하고자 하는 것은 바로 그 '보이지 않는 것들'—이곳에 있었기에 더 나았다고 느끼게 만드는 무형의 가치들입니다. 저는 사람들에 대해 이야기하려 합니다. 우리의 일은 숫자나 통계, 부동산이나 시설이 아니라, '사람들과 함께하는 일'이기 때문입니다. … (태화 사례 소개) … 제가 떠올리는 여러 일들 뒤에는 서로를 알고 신뢰하기까지 쌓아온 긴 시간이 있습니다. 저는 이러한 작은 사건들과 그 속에 담긴 감정들을 어떤 성과보다도 소중히 여깁니다. 미소 한 번, 길에서의 우연한 만남, 모임이 끝난 뒤의 가벼운 대화—겉으로 보기엔 사소해 보이지만, 시간이 흐르면 하나의 무늬처럼 얽혀 결정적인 순간에 누군가의 마음을 움직이는 힘이 되곤 합니다. … 집단사업에서 진보를 측정하기 어려운 이유는, 우리가 다루는 것이 생각과 이상(理想)의 영역이며, 인간의 인격 성장은 눈금으로 잴 수 없는 것이기 때문입니다. … 우리는 이기고자 하는 믿음을 가르치고 삶으로 살아내고자 합니다—그 믿음은 인간 경험 속에서 드러나는 보이지 않는 것들의 참된 가치에 뿌리내린 믿음입니다."

유사한 시기 빌링슬리의 글에서도 빌링스가 위의 글에서 밝힌 생각과 유사한 지향점이 발견되며, 이는 여선교회가 추구하는 사회관 선교의 본질로 이해된다.

"… 여성부가 설립한 지역사회센터들은 신체적, 정신적, 영적으로 도움이 필요한 사람들에게 중요한 도움을 제공해 왔다. 이곳의 프로그램은 모든 연령과 계층, 성별을 포괄하며, 기독교적 삶의 의미를 강조하는 동시에 타인에 대한 관심을 나눔으로 실천하는 방법을 배우도록 이끈다. 또한 교회 공동체와의 연결을 돕는 통로가 되며, 혼란스러운 세상 속에서 등대와 같은 역할을 수행한다."[264]

빌링스는 1956년 10월, 약 15개월간의 안식년[265]에 들어가면서 직원들과 업무조정을 하였고, 당시 총무였던 문인숙은 관장 대행으로서 빌링스의 업무 일부를 담당하게 되었다.[266] 문인숙이 관장 대행이 될 수 있었던 것은 여선교회의 한국인 지도자 양성 정책과 더불어 그녀가 태화의 창립이념을 내재화한 인물이었기 때문이었다. 또한 태화에 대한 열정과 헌신, 강화된 업무역량을 모두 갖춘 인물이었기에 가능한 일이었다. 실제로 빌링스는 안식년을 마치고 돌아온 1958년 봄에도 문인숙에게 계속 관장직을 수행해 줄 것을 요청하였고, 여선교회의 제19차 연차보고(1957-1958)에는 문인숙이 관장(director)으로 명시되어 있었다.

---

[264] WDCS, 22th (1960-1961) 54.
[265] Peggy Billings, Letter to Lillian A. Johnson, September 11, 1956.; 빌링스는 1956년 10월부터 시작된 안식년 동안 뉴욕에 있는 감리교 선교부 사무국에서 한국 및 일본과 관련된 업무를 보면서, 순회강연을 다녔다. 동시에 컬럼비아 대학교 사범대학에서 교육학 석사학위를 취득하였고, 뉴욕사회사업학교(New York School of Social Work)에서도 공부하였다. 미국에서 1958년 5월까지 활동했던 것으로 확인된다(Enterprise Journal, "McComb Missionary Tells of Four Years in Korea," November 21, 1956 (1).; The News and Advance, "Wesleyan Service Guild State Meeting May 4-5," April 28, 1957.; Bristol Herald Courier, "Two Circles Entertained at Emory, Va," June 27, 1957.; Chattanooga Daily Times, "Miss Billings [sic], Korean Missionary, To Speak at Centenary Tomorrow," March 1, 1958 (7).; The Farmington News, (untitled), May 9, 1958 (6).; The Commercial Appeal, "Miss Peggy Billings in Korea, Miss Billings Completes First Book on Far East," January 23, 1962.)
[266] Peggy Billings, letter to Margaret Billingsley, Feb. 29, 1956.

문인숙의 관장 재임 시기와 기간은 명확하지 않다. 현재 공식 기록에 따르면 그녀는 1963년 7월 한국인 최초의 관장으로 임명되어 1964년 4월까지 근무한 것으로 되어 있다.[267] 그러나 아래의 제19차 연차보고서 기록을 살펴보면, 이러한 공식기록에 대한 재검토가 필요하다.[268]

"… 문인숙은 태화기독교사회관 관장으로 임명되었다(Miss In Sook Moon, a Crusade Scholar, was appointed director of the largest and first social welfare institution in Korea, the Tai Wha Christian Community Center.). … 문인숙은 미국에서 사회사업을 전공하였으며, 이 직무를 수행할 충분한 준비가 되어 있다. 또한 전임 관장 페기 빌링스가 안식년으로 미국에 머무르는 동안 관장대행으로 일해왔다(She served as acting director while Miss Peggy Billings was on furlough). 빌링스가 복귀했을 때, 문인숙에게 계속 관장직을 맡을 것을 제안하였고, 현재 빌링스는 프로그램을 담당하고 있다."[269]

"appointed"는 공식적으로 직책에 지명·임명되었다는 행정적이고 제도적인 표현으로, 해당 문장은 문인숙이 정식으로 관장이 되었음을 분명히 하고 있다. 그리고 'acting director'는 "관장 대리", 즉 임시로 직무를 수행한 사람을 뜻하고, "served as"는 공식 임명이 아니라 역할을 수행했다는 의미이므로 정식 임명과는 구별된다. 그리고 연차보고서에도 문인숙은 관장(director)으로 소개되고 있으며, 그 아래 빌링스를 포함한

---

267 이덕주·최태욱, 『태화 100년사』, 940-943.
268 WDCS, 19th (1957-1958), 135-136.
269 WDCS, 19th (1957-1958), 28.

선교사 3명 (Dorane Lowman, Ruth Stewart, R.N.)을 두고 있었다. 즉, 문인숙이 한국인 최초의 관장이 된 시기는 빌링스가 안식년을 다녀온 1958년 6월로 앞당겨질 수 있다. 문인숙의 첫 관장 재임 기간은 그녀가 1959년 8월 결혼 후, 미국으로 출국했음을 고려할 때, 1958년 6월부터 1959년 7월까지로 추정할 수 있다. 다만 이를 공식적으로 확인할 수 있는 자료가 더 필요하므로, 현 단계에서는 문인숙의 첫 관장 시기를 1963년으로 기록하고자 한다.

문인숙은 관장 대행 시기 감리교 계통 사회관들의 연합체를 결성하는 주요한 사업을 수행하였다.[270] 1958년 1월 22-23일, 태화에서는 '제1회 전국기독교사회관 직원강습회'가 열렸다. 이번 강습회에는 태화를 포함해 총 7개 기관이 참여하였다(이화여대부속사회관, 인천기독교사회관, 마포기독교사회관, 대전기독교사회관, 군산기독교사회관, 부산기독교사회관). 각 사회관 현황이 소개되었고, 사회사업가들 간의 친교 시간이 마련되었으며, 사회사업 전문가들이 강연과 토론도 이어졌다. 강연에서는 '앨럼페이(N. Alampay)가 정신위생, 김폴린이 종교교육, 한응수가 보건위생, 애덤스(L. Adams)가 지역발전, 김옥라가 걸스카우트, 이정욱이 연극과 기독교 교육, 박보희가 가정상담을 주제로 각각 발표하였다.'[271] 특히 미국의 여류 사회사업가 새처(Grace Thatcher)의 강연은 직원들의 뜨거운 호응을 불러냈다고 한다.[272]

---

270 이덕주·최태욱, 『태화 100년사』 235-239; 기독교대한감리회 사회관연합회의 설립과정, 목적과 사업 등에 대해서는 이덕주·최태욱, 『태화 100년사』를 참조.
271 「전국기독교사회관직원강습회회록」, 1958 재인용, 이덕주·최태욱, 『태화 100년사』 237.
272 새처는 미감리교 디커니스로 안식년 동안 한국에 머물며 현직 사회복지사들을 위한 종사자훈련

이를 계기로 연합체 구성을 위한 '임시 감리교사회사업가 회의'가 1958년 4월 20~21일 태화사회관에서 개최되었다. 첫날 회의에서는 연합회를 통해 상호 협력하고 더 큰 유익을 얻기 위해 '감리교 사회사업가협회'(가칭)를 조직하기로 하였으며, 준비위원으로 강유두(회장), 이옥실(서기), 문인숙이 선임되었다.' 이후 이 협회는 1959년 1월 17일 태화사회관에서 군산기독교사회관을 제외한 6개 사회관이 참석한 가운데 '기독교대한감리회 사회관연합회'(The Federation of Korean Methodist Social Centers)로 발전하였다. 이때 초대 회장으로 문인숙이, 부회장으로 빌링스가 선출되었다. 정관에 따르면 회장은 2년마다 홀수 해에 선출하도록 되어 있었으나, 1959년 문인숙이 결혼하면서 부회장이었던 빌링스가 차기 회장으로 활동하게 되었다.

〈사진 III-7〉 태화 고문위원들과 함께한 문인숙
(오른쪽에서 두 번째)[274]

(in-service training)을 지원하였다. 그녀는 사회복지센터 종사자 모임에서 다음과 같이 강조했다. '사회복지센터에서 일하는 사람들은 특권을 부여받은 존재이지만, 동시에 막중한 책임을 지고 있으며, 하나님께서 그들을 이 사역을 위해 부르셨다는 사실을 잊지 말아야 한다'. 그리고 '한 나라의 모든 사회발전은 언제나 막대한 대가를 치른 결과, 즉 평생을 바쳐 자신이 가진 최고의 것을 드리는, 헌신되고 성별된(consecrated) 사람들의 삶의 대가'임을 덧붙였다. 이에 기반하여 그녀는 사회복지센터에서의 사역은 다음과 같은 사명을 포함한다고 했다. ; (1) 고통 속에서도 웃음과 기쁨을 주는 일, (2) 기도하며 하나님으로부터 영적 힘을 얻는 일, (3) 가족 전체에 대한 관심, (4) 가정생활의 여러 측면—부모교육, 건강, 여가, 경제 상황 등—에 대한 관심, (5) 개인 및 집단을 대상으로 한 활동, (6) 사람들로 하여금 집단 관계 안에서 안정감과 휴식을 주는 일, (7) 타 기관들과의 협력(WDCS, 19th (1957 – 1958), 136–137)

273 임상사회사업연구회 제공. 이 사진은 문인숙과 함께한 인물들의 소속과 촬영 시기, 그리고 모임 성격이 모두 불분명하다. 다만 문인숙과 함께 한 인물들 가운데 차재순(아랫줄 맨 왼쪽), 이명흥(차재순 오른쪽), 김선심(아랫줄 맨 오른쪽)이 확인되는 점을 고려할 때, 이 사진은 태화 고문위원회 사진으로 보인다. 촬영시기는 차재순, 이명흥, 문인숙이 모두 고문위원회 임원으로 활동했던 시기와 김선심의 관장 재임 기간이 겹치는 교차 시점, 즉 1967 – 1970년경으로 추정된다(이덕주・최태욱, 『태

4. 문인숙, 태화의 영성과 실천을 아우르는 지도자

문인숙은 1959년 8월 14일, 미감리교 한국 파송 단기 선교사 진 매튜(Gene Eldred Matthews)[274]와 3년간의 교제 끝에 결혼하였다. 이후 배우자 매튜가 개릿신학교(Garrett Theological Seminary)의 신학과정(Bachelor of Divinity)에 진학[275]함에 따라 부부는 함께 미국으로 출국했고, 이로써 문

화 100년사』, 926-927.).

274 진 매튜(Gene Eldred Matthews, 1933-)는 미국 아이오와 주 와펠로 출신의 감리교 선교사로, 두 차례에 걸쳐 한국에서 사역하였다. 첫 번째 사역(1956-1959)은 아이오와주립대학에서 농촌사회학을 전공한 뒤 스카릿대학에서 단기훈련을 마친 후, 3년간 대전의 기독교연합봉사회에서 농업 선교사로 활동한 시기였다. 이 기간 동안 그는 농촌 지도자 훈련을 위한 실험 농장, 절단 장애인 재활 및 직업훈련, 결핵 환자 요양, 유기 아동 보호, 소년훈련소 운영 등 다양한 사회사업 프로그램에 참여하였다. 또한 감리교 소년학교에서 영어회화 수업을 맡고, 지역 교회의 성경공부반을 지도하였다. 두 번째 사역(1962-1997)은 개릿신학교에서 목회학 석사학위를 취득하고 정식 선교사로 임명된 이후부터 정년퇴임에 이르기까지 이어졌다. 초기에는 감리교 기독교교육부(Board of Christian Education) 부총무로서 7개의 감리교 청소년 센터(Methodist Youth Centers)를 설립하고, 고등학생·대학생을 대상으로 청년 사역을 전개하였다. 순회 찬양팀을 조직하고 각종 교육·번역 업무도 담당하였다. 1970년대 초에는 사역지를 부산에서 서울로 옮겨 감리교 세계선교부 한국 파견 대표로 활동하면서, 한국기독교교회협의회, 한국학생연맹과의 교회연합 활동에 주력하였다. 이 시기 그는 가톨릭 및 개신교 선교사들과 함께 '월요모임'과 '목요기도회'에 참여하여 한국 인권상황을 국제사회에 알리고, 양심수 및 고문 피해자들을 지지·후원하는 등 민주화운동에도 적극적으로 연대하였다(Garrett-Evangelical Theological Seminary, "Distinguished Alum Nomination 2019,"https://www.garrett.edu/distinguished-alums-2019/. (검색일자. 2025년 3월 16일); Gene Matthews, "Young Peoples Work," Korea Calling 5, no. 5 (May 1966), 4.; Gene Matthews, "Methodist Youth Centers in Korea," Korea Calling 12, no. 3 (March 1973), 3-4.; Board of Missions of The Methodist Church, World Division, Work in Korea, New York: Board of Missions, 1963, 28.; The Gazette, "Church Briefs - Gene Matthews Overseas Mission Work," June 23, 1956.; Des Moines Tribune, "Iowan in Overseas Mission Training," July 14, 1956.; The Muscatine Journal, "Ag Missionary Returns From Korea Post," September 14, 1959.; The Muscatine Journal, "Farmers Having Difficult Time in Korea, Says Ag Missionary," September 18, 1959.; The Muscatine Journal, "Wapello Man, Wife, Will Serve in Korean Mission," June 23, 1962.; Alton Evening Telegraph, "Godfrey Methodists to Hear Korea Missionary," October 14, 1967.; The Muscatine Journal, "WSCS Meeting and Letter from Matthews," February 11, 1969.; 서울신문, "해외 민주인사 좌담회," 2003년 10월 1일.; 재외동포신문, "해외민주인사약력," 2003년 9월 23일.; 민주화운동기념사업회, "2003년 해외민주인사 한마당.")

275 Bachelor of Divinity는 현재 M.Div.에 해당. The Muscatine Journal, "Farmers Having Difficult

인숙의 현장 사회사업은 잠정적으로 중단되었다. 매튜는 1962년 6월 학위를 취득하였고, 문인숙 부부는 같은 달 24일 일리노이주 로빈슨의 감리교회에서 선교사로 공식 임명되었다.[276]

문인숙의 선교에 대한 관심은 아주 오래전부터 있었다. 빌링스의 서신에는 문인숙이 선교 활동에 적극적 관심을 보였다는 사실이 기록되어 있고,[277] 스칼릿대학에서 수강한 과목 중 상당수가 선교 관련 과목들이었던 점도 이를 뒷받침한다. 1962년 8월 7일 미감리교 여선교회가 주관한 아이오와주 와펠로의 펠로우십 홀 모임에서 문인숙은 한국의 국토 면적, 산악 지형, 인구 수 등을 포함한 한국의 생활과 풍습을 소개하였고, 진 매튜는 한국 관련 필름과 슬라이드를 상영하며 미국에서의 마지막 일정을 마무리하였다.[278]

부부는 1962년 9월경 한국으로 귀국했다. 그리고 같은 해 10월, 개동교회 목사의 요청으로 한국에서의 첫 공식 사역을 시작하였다. 당시 이 교회에서 사역하던 빌링스가 1963년 미국 출국을 앞두고 대체 선교사를 요청하였고, 지역 감리사(District Superintendent)와 감독의 결정으로 문인숙이 배정되었다. 이후 그녀는 빌링스로부터 개동교회 사역에 대한 인수인계를 받았다.[279] 동시에 문인숙은 미감리교 여선교회의 '신규 파견

Time in Korea, Says Ag Missionary." September 18, 1959.

[276] 태화에 남겨진 문인숙의 이력서를 보면 1960년 개릿신학교에서 수학했다는 기록이 발견된다. 이를 근거로, 그녀가 미국 체류 기간 동안 감리교 선교 교육과정에 참가하여 감리교 선교사로 임명받았을 가능성이 제기되지만, 이를 입증할 수 있는 구체적인 자료는 아직 발견되지 않았다(The Muscatine Journal, "Wapello Man, Wife, Will Serve in Korean Mission." June 23, 1962.).

[277] Peggy Billings, letter to Margaret Billingsley, September 27, 1954.

[278] The Muscatine Journal, "Wapello WSCS Hears Program by Missionaries." August 7, 1962.

[279] Peggy Billings, letter to Margaret Billingsley, October 16, 1962.; Margaret Billingsley, Letter to Peggy Billings, November 27, 1962.

선교사'로서 언어학교(Language School) 과정을 이수하면서,[280] 주1회 이상의 공식사역을 제한하는 언어위원회(Language Committee)의 규정에 따라 태화의 고등학생 영어회화 클럽만 담당하였다. 이는 태화의 실무 공백을 최소화하기 위한 조치였다. 빌링스는 문인숙의 언어과정이 종료되는 대로 자신이 맡아온 성경공부반(the Bible classes)을 인계하고, 그 밖의 여러 사역도 그녀에게 맡길 계획이었다. 성경공부반은 문인숙이 특히 희망하던 사역이기도 하였다.

1963년 6월 빌링스가 미국으로 귀국하면서 문인숙은 1년간 태화 관장직을 맡게 되었다. 이는 그녀의 역량이 두 가지 측면에서 인정받았기 때문에 가능했다.[281] 첫째, 그녀의 풍부한 실무 경험이었다. 문인숙은 1949년부터 1959년 결혼 전까지 유학 기간을 제외하고 줄곧 태화에서 활동하며 태화의 정신과 사업 방향을 누구보다 잘 이해하고 있었고, 이미 관장대행을 역임한 바 있어 지도자로서의 역량을 충분히 입증하였다. 둘째 선교부와의 협력 역량이었다. 문인숙은 여선교회와 한국 교회 관계를 이해하고 이를 조정할 수 있는 적임자로 평가받았다. 1950년대 중반 이후 한국 교회는 민족주의와 자립 의식이 고양되는 가운데 선교사 중심 구조에 대한 비판을 제기하기 시작했다. 이에 여선교회는 선교사의 위치를 '보이지 않는 동역자'로 재정립하고, 빌링스와 빌링슬리는

---

280 당대 선교 정책상, 모든 신임 선교사들이 정규 사역에 앞서 6개월~2년간 집중 한국어 훈련을 받는 언어학교(Language School for Missionaries 또는 Korean Language Institute)에 등록해야 했으며, 언어학교 과정이 끝나기 전에는 정규 사역 배정이 제한되었다. 실제 1959년 미감리교 여성부 연차보고서에 따르면, 한국에서 사역 중이던 미국 선교사 중 Kathleen Crane, Dorothy Hubbard, Jean Marie Powell 등이 'Language Study(언어공부)' 중인 상태로 명시되어 있다.
281 S. M. Moore, Letter to Bishop Hwan Shin Lee, June 4, 1963 재인용, 이덕주·최태욱, 『태화 100년사』, 254-255.

구조 개편, 현장 중심 협력, 한국 지도자 존중 및 갈등 회피 전략을 구상하였다.[282] 문인숙은 이러한 갈등의 맥락을 누구보다 잘 이해하고 있었고, 차세대 한국인 지도자로 육성된 인물이기도 했다.

문인숙은 관장 재임 중 태화의 사업방침을 ① 교회·여선교회와의 긴밀한 연계, ② 직원의 교회 참여 장려, ③ 사회사업 전문 선교사와의 협력 유지를 방침으로 제시하였다.[283] 이는 빌링스가 강조해 온 지역 복음 선교 및 사회사업 실천의 방향과 일치하며, 문인숙이 그 정신을 계승하고 실천하려 했음을 보여준다. 1964년 6월 미국 연수를 마치고 귀임한 제8대 태화 관장 김선심[284]에게 업무를 인계[285]한 이후에도, 문인숙은 선교사 자격으로 각종 위원회·이사회 활동을 이어가며 태화의 정체성과 방향 정립에 기여했다.[286]

복지관 기능의 확장과 지역기반 강화를 추진하던 1960년대 후반부터 1970년대까지 문인숙은 고문위원회(1966 – 1967, 1970)와 운영이사회(1971 – 1980)에 참여하였다. 1976년부터는 운영이사회 위원장으로 활동

---

282 WDCS, 16th (1954 – 1955), 122, 137.; Peggy Billings. Letters to Margaret Billingsley. September 14 and November 24, 1960.; Margaret Billingsley. Letter to Peggy Billings. 1961.
283 안신영, 『태화기독교사회관 50년사』 (서울: 태화기독교사회관, 1971), 104.
284 김선심은 1950년 5월 이화여자대학교 한림원 인문학부 영문과를 졸업한 뒤, 1년 반 동안 수도여자중고등학교에서 교편을 잡았다. 1951년 11월부터 1954년 1월까지는 유엔민사원조사령부 번역관으로 근무하였고, 1957년 9월부터 1961년 8월까지 양친회 한국지부에서 복무하였다. 이후 1961년 10월부터 1963년 7월까지 태화기독교사회관 프로그램 총무로 활동하였으며, 1963년 7월부터 1964년 4월까지 미국 연수를 통해 북캐롤라이나 샬럿 베들레헴 사회관에서 사회사업 강습을 받고, 테네시의 스칼릿대학에서 사회사업 과정을 공부하였으며, 미국 내 40여 곳의 사회사업관을 참관하였다. 귀국 후 1964년 5월 태화기독교사회관 관장으로 취임하였다(안선영, 『태화기독교사회관 50년사』, 105).
285 Sun Sim Kim. Letter to Margaret Billingsley. May 7, 1964.; Margaret Billingsley. Letter to In Sook Moon. May 14, 1964.; Margaret Billingsley. Letter to Sun Sim Kim. May 19, 1964.; Margaret Billingsley. Letter to Sun Sim Kim (mentioning In Sook Moon). June 12, 1964.
286 관장 퇴임 이후 문인숙의 태화에서의 행적은 이덕주·최태욱, 『태화 100년사』을 전적으로 참조하였다.

하며 재단 운영에 실질적으로 관여하였고, 1978년 인사동 건물 이전 논의 당시에는 '태화기독교사회관 개발위원회' 위원장으로서 도시계획이 불가능한 상황에서 기존 부지를 활용한 개발 방향을 제시하였다. 이는 이후 지상 12층 규모의 태화빌딩 건립으로 이어졌다.

1980년대 초반은 사회복지법인 설립이 본격화되던 시기로, 태화 또한 법인화를 추진하게 되었다. 문인숙은 이사로서 기관의 제도적 안착과 정체성 유지를 위해 노력하였다. 1981년 태화는 보건사회부의 인가를 받아 법인으로 정식 출범하였지만, 감리교단과 여선교회 간의 이사 구성과 대표성 문제로 긴장이 고조되고 있었다. 이 시기 문인숙은 임원으로서 이사회 갈등을 조율하고 조직 안정화에 기여하였다. 이는 단순한 행정 참여를 넘어, 선교부와 한국 교회의 관계 회복을 위해 고민했던 빌링스의 전략을 현장에서 실천적으로 이어간 것이었다.

특히 태화가 인사동 재개발 이후 신축 건물 완공(1982)을 계기로 조직 구조 및 사업영역의 이원화(복지사업, 수익사업)를 추진하던 전환기에 문인숙은 태화 이사회 내부의 연속성과 신뢰를 유지하는 연결고리였다. 감리교단 내부의 이해 대립, 정부 행정 기준과의 조율, 선교회 파송 이사로서의 자격 등 복잡한 상황 속에서 그녀는 기관의 중립성과 방향성을 조율해 나갔다. 이러한 기반 위에서 문인숙은 1984년 대표이사로 공식 선임되었다.

문인숙은 이 시기 재단 명칭 및 정관 개정, 직제 개편, 목적사업과 수익사업의 이원화 등 법인의 체계 정비를 총괄하며, 감리교단과의 긴장 완화와 재단의 정체성 확보를 동시에 모색하는 조정자로서의 리더십을 발휘하였다. 또한 대표이사로서 보건사회부에 직접 공문을 제출하여 부산사회복지관 등의 시설인가문제에 대응하였고, 민간 복지시설의 운영 현실을 반영한 제도 조정을 요청하기도 하였다.

1990년대에는 태화의 수서 이전 건축을 둘러싼 논의에서 건축분야, 사업분야 이사회 대표로 참여하였다. 김선심 이사, 심순덕 관장과 함께 '사업분야' 위원으로 위촉되어 프로그램 운영과 공간 활용, 부지선정 방향을 검토하였다. 이어 1990, 1992, 1993년에는 '사회복지개발위원회' 위원장으로서 공주 언어치료, 은평 중증장애인 고용프로그램 등과 같은 사회복지관 신규사업을 선정하고 기획하였다. 이러한 모습은 향후 태화뿐 아니라 지역사회복지관이 나아가야 할 방향을 제시한 것이라 하겠다.

1991년 태화사회복지관 창립 70주년 기념식에서 문인숙은 공로 표창을 받았다. 이 표창은 문인숙이 관장 퇴임 이후에도 오랜 기간 이사, 운영위원, 대표이사 등으로 기관에 기여한 공을 인정한 공식적인 평가였다. 이처럼 문인숙은 1960년대부터 1990년대까지 기독교 신앙을 바탕으로 한 사회복지 실천의 전문성과 제도화를 동시에 요구받고 있던 태화에서 복지 실천가, 조정자, 정책 기획자로서 다양한 역할을 수행하면서, 선교사로서의 영성과 사회사업 실천가로서의 전문성을 조화롭게 아우르며, 태화의 정체성을 지켜내는 동시에 새로운 방향을 모색하는 지도자로 활동하였다.

〈사진 III-8〉 태화 창립90주년 기념식에 참석한 문인숙(앞줄 중앙)[288]

---

287 태화기독교사회복지관 제공. 태화 창립90주년을 맞이하여 역대 태화관장들과 함께 찍은 기념사진

5. 문인숙, 태화에서 출발한 지역사회 실천가

본 장에서는 문인숙이 1964년 관장직 인계 이후부터 1970년 2월 서울 복귀 전까지의 부산 시기를 다룬다. 문인숙은 이 시기 사회관 운영이사와 교육복지사, 그리고 개별사회사업가로서 사회사업 '사역'에 참여하였다. 문인숙의 당시 활동을 '사역'이라고 표현하는 이유는 여선교회의 선교사 자격으로 태화의 고문위원, 운영이사로 활동한 이력[288]과 미국 신문에서 발견되는 그녀의 행적 때문이다. 문인숙은 정기적으로 미국을 방문하여, 감리교 모임에서 한국에서의 사역을 보고하는 시간을 가졌다. 신문 또한 그녀의 사회사업 실천을 모두 선교사업의 일환으로 보도하고 있었다.

> "… (태화 근무 이후) 부산으로 이사를 가게 됐어요. 그래서 부산에 가서 부산사회복지관도 운영이사 노릇을 하고 그쪽의 장로교 선교사가 흑인 혼혈아 사업을 했어요. 제가 오니까 저보고 맡을 수 없느냐고 그러더라고요 "Why not?" 그래서 그걸 맡아서 했죠. 그리고 거기 윤락여성재활센터도 있었는데 거기 관여도 하고 …"[289]

이때 부산사회복지관은 '부산기독교사회관'[290]을, 윤락여성재활센

---

[288] 문인숙은 태화기독교사회복지관에서 미감리교 여선교회 선교사 자격으로 고문위원회 위원(1966-1967, 1970), 운영이사회 운영이사(1971-1975), 운영이사회 위원장(1976-1980), 제4대 대표이사(1980.12.20.-1998.10.12.)로 활동하였다(이덕주·최태욱, 『태화 100년사』, 926-927; 930).
[289] 임상사회복지실천연구회, 「클라이언트 자기결정을 존중한 사회복지사-문인숙」, 91. 발췌인용.
[290] 부산기독교사회관은 미감리교 여선교사 타운센트(Millie Townsend)가 한국전쟁 중 아동과 여성을

터는 '자매의집'[291]을, 그리고 혼혈아 사업은 에클레아(Eurasian Children Living As Indigenous Residents, ECLAIR)[292]를 지칭한다.

'부산기독교사회관'은 미감리교 여선교회가 운영하던 기관으로, 문인숙은 이곳에서 운영이사로 활동하였다. 당시 부산기독교사회관의 직원 구성은 선교사 1명, 관장 강유두를 포함한 한국인 상근 직원 9명, 시간제 직원 3명, 시간제 의사 1명, 그리고 종교교육 자원교사 2명이었다.[293] 사회관의 주요 사업으로는 우유 급식소, 산전 및 영유아 클리닉, 유치원, 성경수업을 포함한 종교교육, 12세 이상 청소년을 대상으로 한 야간 문해 교육과 클럽 활동 등이 있었다. 문인숙은 운영이사로서 이와 같은 사회관 사업들을 점검하고 자문하는 역할을 담당하였다.

여선교회 해외지부 한국 총괄책임자였던 빌링슬리가 태화에 제시한 운영이사회 구성 원칙—감리교 여선교회와 선교부 대표 각 2명, 그리고 사회복지에 대한 이해가 깊은 여성 지도자 1명으로 구성—을 고려할 때, 미감리교 여선교회가 운영하던 부산기독교사회관 역시 동일한 원칙을 따랐을 것으로 보인다. 따라서 문인숙은 태화에서와 마찬가지로, 부산기독교사회관 운영이사회에서도 여선교회 대표 선교사 자격으로 참

위한 복지사역을 위해 1952년 '부산기독사회관'이라는 이름으로 설립하였다. 이후 문인숙이 활동했던 시기에는 '부산기독교사회관'으로 운영되었고, 2025년 현재 부산기독교종합사회복지관으로 성장하였다(부산기독교종합사회복지관. "부산기독교종합사회복지관." https://www.bcswc.or.kr (검색일자. 2025년 9월 14일)).

291 Alton Evening Telegraph. "Godfrey Methodists to Hear Korea Missionary." October 14, 1967.
292 에클레아 사업에 대한 상세 내용은 George P. Whitener, 탁연택, 김원규, 「1965년 카바 연찬회 – 프로그램 전개, 양연회 이관, 향후 계획」, 사회·문화 통합 세션, 1965; 임정빈, 「한국 혼혈아에 관한 일고」 (서울: 이화여자대학교 사회사업학과 석사학위논문, 1967) 참조.
293 Board of Missions of The Methodist Church, World Division. Work in Korea. New York: Board of Missions, 1963, 25.

여했을 가능성이 크다. 문인숙은 부산기독교사회관과 이전부터 긴밀한 인연을 맺고 있었기 때문에 운영위원으로서 역할을 수행할 충분한 자격을 갖추고 있었다. 그녀는 태화의 관장대행으로 재직하였던 1958-1959년 당시 부산기독교사회관의 강유두, 이옥실과 함께 기독교대한감리회 사회관 연합회 결성을 위한 준비위원으로 활동한 바 있었다.[294] 이 과정에서 부산기독교사회관 직원들과 교류하며, 사업운영에 대한 이해를 높일 수 있었다. 부산기독교사회관의 운영이사로 활동했던 경험은 훗날 태화에서 고문위원, 운영이사, 위원장을 역임하며 태화사업의 비전 제시, 태화빌딩 건립, 수서이전 등 조직의 주요 의사결정을 주도한 지도감독자로 성장하는 출발점이 되었다. '자매의집'은 한국 감리교 사회사업부가 운영하던 약 80-100명 규모의 시설로, 관장은 추신자였으며, 선교사들 사이에서는 'Methodist Sisters' Home', 'Rescue Home'으로 불렸다. 이 기관의 목적은 비행청소녀(靑少女)들에게 교육기회를 제공하고, 재봉, 미용 등의 직업훈련을 통해 자립할 수 있는 기술을 습득하게 하는 데 있었다. 입소한 청소녀들은 6개월에서 1년 동안 낮에는 학교 수업을 받고, 오후에는 직업훈련을 받았으며, 동시에 의료치료·개인 생활훈련·종교교육도 지원받았다. 퇴소 이후에는 도시 내의 직장이나 견습생 자리에 배치되었고, 일부는 가족과 재결합하기도 했다.[295]

문인숙은 이곳에서 사회복지사이자 교육가로 활동하며[296] 청소녀들

---

[294] 본 책의 III-4 참조
[295] The News of Cumberland County. "Women in the Church." October 7, 1961.; The Muscatine Journal. "Faith United Women Hear About Korea." May 17, 1968.; Board of Missions of The Methodist Church, World Division. Work in Korea. New York: Board of Missions, 1963, 26.; 96.
[296] The Muscatine Journal. "Mrs. Matthews Tells Wapello WSCS of Work in Korea." November 7,

의 생활과 학습을 지도하는 동시에, 기관 운영의 안정적 기반을 마련하기 위해 직접 재정 확보에도 나섰다. 그녀는 안식년 동안 미국으로 건너가 자매의집을 위한 모금 활동을 전개하였고, 그 결과 자매의집은 미감리교 여선교회 산하 '디스트릭트 길드(District Guild)'[297]의 공식 선교 프로젝트로 채택되었다. 이에 따라 기관은 후원금과 물품 지원은 물론 길드 회원들의 기도와 관심, 그리고 연대를 지속적으로 받게 되었다.[298] 이는 단순한 재정적 지원을 넘어 상징적 후원까지 이어지게 한 것으로, 문인숙의 기관 운영을 이끌어가는 행정적 지도력과 국제적 연계 역량을 잘 보여주는 사례가 되었다.

'에클레아'는 1964년 미북장로교 선교사 휘트너(George Pierson Whitener)가 서울에서 시작한 한국 혼혈아동의 자립정착 지원프로그램이었다. 한국전쟁으로 발생한 혼혈아동은 1960년대에도 계속 증가하였고, 이들은 제도적·일상적 차별 속에서 심각한 사회문제가 되었다. 특히 적절한 교육과 직업훈련 없이 성인이 되어 사회에 편입되는 것은 더욱 큰 문제로 인식되었으며, 사회 인식은 극히 부정적이었다. 혼혈아동은 '불가촉천민'으로 취

1967.; The Muscatine Journal. "Mrs. Matthews Tells Oakville Area Women About Korean Life." February 8, 1968 (14).

297 '디스트릭트 길드'는 미국 감리교 여성 조직인 웨슬리안 서비스 길드(Wesleyan Service Guild)에 속한 조직 단위 가운데 하나이다. 웨슬리안 서비스 길드는 기혼 직장 여성을 중심으로 조직된 선교 단체로, 로컬(Local) - 디스트릭트(District) - 컨퍼런스(Conference) - 내셔널(National)의 4단계 구조로 운영되었다. 이 가운데 디스트릭트 길드는 여러 로컬 길드를 아우르는 중간 단위 조직으로, 지역 간 협력 사업, 선교 후원 프로젝트, 교육 훈련 등을 주도하였다. 따라서 특정 기관이 디스트릭트 길드의 프로젝트로 채택되면, 소속된 로컬 길드들이 공동으로 기부·물품 지원·기도·연대 활동을 펼쳤다("By-Laws of the Wesleyan Service Guild." In WDCS, 10th (1949-1950), 321-325; WDCS, 24th (1962-1963) 96.)

298 Chillicothe Gazette. "Wesleyan Guild." November 3, 1966.; The Ironton Tribune. "Guild Donates to Girls Home in Korea." March 10, 1967.

급되었고, 한 전직 공무원은 '모든 혼혈아동을 황해에 던져버리자'라는 발언까지 할 정도였다.[299] 펄벅재단, 홀트양자회 등 여러 기관들은 이러한 사회 분위기 속에서 혼혈아동의 한국 사회로의 통합이 불가능하다고 보고 입양중심의 해결책을 택하였다. 그러나 에클레아의 접근은 달랐다.

에클레아와 다른 기관들의 가장 큰 차이는, 혼혈아동의 정체성을 존중하면서 한국 내에서 교육과 직업훈련을 통해 이들의 개성과 잠재력을 개발하고 사회에 통합되도록 한 '자생적(Indigenous) 인종통합 접근'이었다는 점이었다.[300] 이는 오직 한국에서만 시도되었던 사업으로, 혼혈아동의 사회통합이 불가능하다고 여겼던 기존 입양기관과 정부에 신선한 충격을 주었다. 에클레아는 미국 장로교 해외선교부(Commission on Ecumenical Mission and Relations)의 감독 아래 기독교세계봉사회(Church World Service), 한국 정부, 그리고 아동배치사업소(Child Placement Service)가 협력하여 운영되었다.[301] 그리고 아동배치사업소 탁연택, 서울시 교육감 김원규 그리고 에클레아의 휘트너는 카바연찬회에서 사업 운영실태와 효과성에 대해 발표하기도 했다.[302]

---

[299] ECLAIR. ECLAIR: Program for the Full Integration into Korean Society of Eurasian Children Destined to Remain in Korea. Seoul: ECLAIR, 1965. In ECLAIR Project/Welfare of Mixed-Blood Orphans, 1965-1971, RG 140, Box 16, Folder 45. Presbyterian Historical Society, Philadelphia, PA. ※ ECLAIR(George P. Whitener) 관련 자료는 모두 ECLAIR Project/Welfare of Mixed-Blood Orphans, 1965-1971, RG 140, Box 16, Folder 45, Presbyterian Historical Society, Philadelphia, PA. 소장 문서에서 인용하였다.

[300] George P. Whitener. "The ECLAIR Concept." (undated).

[301] United Presbyterian Church in the U.S.A. Commission on Ecumenical Mission and Relations. "Care of Overseas Orphans and the United Presbyterian Church." (undated).

[302] George P. Whitener, 탁연택, 김원규, 「1965년 카바 연찬회 - 프로그램 전개, 양연회 이관, 향후 계획」; 미장로교는 "고아원을 직접 운영하지 않고, 현지기관 및 협력 기관을 통해 사업을 수행하는 것을 선호한다"는 방침을 갖고 있었다. 따라서 에클레아 사업을 한국기관과 정부와 협력하여 추진했던 것의 연장선으로 본 사업이 장기적으로 한국기구에 이관되어야 한다고 생각하고 있었

휘트너는 에클레아 사업을 추진하기 위해 유능한 사회사업가들의 적극적인 참여가 필요함을 인식하였고 이들의 관심을 촉구하였다. 그리고 1965년 부산지부를 세웠을 때, 부산에 거주하던 문인숙을 찾아가 함께 활동할 것을 제안하였다. 문인숙은 에클레아 철학에 공감하며 개인 자격으로 사업에 참가하였고, 혼혈아동들이 학업을 이어가고 시민의식을 갖춘 사회구성원으로 성장할 수 있도록 지원하는 개별사회사업가로 활동하였다.[303] 문인숙이 에클레아에 참여한 시기는 그녀의 부산 거주시기, 에클레아의 부산사무소 설치시기, 그리고 신문 기사와 휘트너 개인 서신에서 발견되는 문인숙의 활동기록 등을 종합해볼 때, 대략 1965년부터 1968년 초 즈음으로 추정된다.

에클레아 사업을 통해 유추되는 문인숙의 실천은 다음과 같다.[304]
- 부모 및 보호자와의 적극적인 협력관계 유지
- 의복, 학교 입학금, 수업료, 교재 등 재정 지원
- 올바른 용모 관리 습관 등 생활훈련 제공
- 대학 학업 및 직업훈련 연계
- 주말 집단모임 운영

다. 이에 1970년대로 들어서면서 에클레아의 사례관리, 재정, 학교 연계 업무 등이 대한사회복지회(Korea Social Service)를 포함한 한국 기관으로 점진적으로 이전되었다(George P. Whitener. "Summary Report on ECLAIR and the Transition to Korean Agencies." 1971.)

303 The Muscatine Journal. "Mrs. Matthews Tells Oakville Area Women About Korean Life." February 8, 1968.; The Muscatine Journal. "Faith United Women Hear About Korea." May 17, 1968.

304 ECLAIR. ECLAIR: Program for the Full Integration into Korean Society of Eurasian Children Destined to Remain in Korea. Seoul: ECLAIR, 1965.; 문인숙. 「기독교 사회교육사」, 『한국기독교교육사』 (서울: 대한기독교교육협회, 1974), 214.

상기의 모든 서비스들은 개인의 주도성과 책임을 훼손하지 않는 범위 내에서 제공되었다. 주말 집단모임에서는 참가자들이 개인 문제, 종교적 고민, 생활상의 어려움을 나누며 서로 힘이 되는 경험을 가질 수 있었다. 휘트너는 문인숙을 따뜻하고 지혜로운 사회사업가로 보았으며, 그녀의 활동이 혼혈아동에 대한 사회의 부정적 인식을 개선하고 사회통합의 길을 열었다고 평가하였다.

그는 문인숙에 대해 다음과 같이 기록하였다.

"부산의 인숙 매튜스 여사의 활동은 이제 감리교회로부터도 공식적으로 후원받기 시작했습니다. 그녀는 '의미 있는 일을 위해 반드시 큰 자금이 필요한 것은 아니다'라는 사실을 깊이 이해하고 실제로 실천하는 드문 사람입니다. 그녀의 접근은 단순합니다. 사랑 어린 관심에 지혜로운 개별사회사업을 보태어, 닫혀 있던 몇몇 문을 열어가는 것—이것이야말로 이 사역에서 가장 중요한 부분이며 실제로 자원이 필요한 지점입니다."[305]

문인숙의 실천은 매우 인간적이었다. 에클레아의 원칙은 개인의 자립정신을 훼손하지 않는 범위 내에서 서비스를 제공하는 것이었는데, 문인숙은 갈 곳 없는 혼혈아들에게 자신의 집을 개방하고 식사를 제공하기도 했다. 그 중 한 아동은 그녀의 집에서 3년 동안 생활하며 중앙대에 입학하였고, 문인숙을 '어머니'라고 부를 정도로 관계가 깊어졌다.[306] 일

---

[305] George P. Whitener, letter to Newton Thurber, November 2, 1965. 발췌인용
[306] 임상사회복지실천연구회, 「클라이언트 자기결정을 존중한 사회복지사—문인숙」, 91-92.

반적으로 사회사업 실천에서 경계해야 하는 사회사업가의 모습일 수도 있겠지만, 3년간 함께한 경험은 해당 아동의 삶을 변화시키는 계기가 되었고, 결국 그는 대학에 입학하고 자립을 이루었다. 결과적으로 문인숙의 실천은 그 아동의 자립정신을 해치지 않았으며, 오히려 성장과 자립을 가능케 한 밑거름이 되었다. 이러한 문인숙의 실천은 훗날 감리교 선교회의 공식적인 에클레아 참여로 이어지는 기반을 마련해주었다.

문인숙은 1954년 태화기독교사회관에 입사하여 실천가로서의 길을 열었지만, 전후 복구와 조직 재건이라는 기관의 절박한 현실 속에서 행정가로 성장하는 데 더 많은 에너지를 쏟아야 했던 것이 사실이었다. 그러나 부산에서는 기관 책임자로서의 부담을 내려놓고, 다양한 복지 현장을 직접 경험하면서 스카릿과 태화에서 익힌 실천가로서의 정체성과 역량을 온전히 체화해 나갈 수 있었다. 나아가 혼혈아동, 비행청소년, 여성, 빈곤층 등 복합적 사회문제에 대응하며 쌓은 경험은, 훗날 이화여자대학교 사회사업학과 교수로 부임하게 되었을 때, 이론과 실천을 겸비한 교육자이자 실천 지도자로 자리매김하는 데 중요한 토대가 되었으며, 실천과 교육을 잇는 가교가 되어주었다.

한편, 부산에서의 실천은 그녀가 선교사적 정체성을 지닌 복지 실천가로서 수행한 '사역'이기도 했다. 부산기독교사회관에서의 운영위원 활동과 미국에서의 정기적인 사역보고는 선교사로서의 활동이었을 뿐 아니라 문인숙으로 하여금 끊임없이 자신의 실천의 정체성을 정립하도록 요구하는 순간들이기도 했을 것이다. 이러한 상황은 이화여자대학교

사회사업학과 교수로 재직하고 있는 중에도 지속적으로 이어졌다.[307] 이 과정 끝에 문인숙이 도달한 결론은 그녀의 다음 고백에서 엿볼 수 있다.

"난 천당이 있는지 잘 몰라요. 다만, 이 세상에서 그렇게 고생하는 사람을 위해서는 천국이 있어야 한다고 생각해요. 정의롭지 못한 사회만으로 끝난다고 하면 그건 하나님이 하나님이 아니에요, 제가 보기에는. 그래서 그 사람들을 위해서 천당이 있기를 바라요. 그 사람들이 가서 좀 더 편안한 생활을 할 수 있기를 바라는 거죠."[308]

문인숙은 선교사였지만, 신앙의 초점을 하나님의 존재 자체보다는 인간의 삶에 두는 태도를 보였다. 그녀에게 하나님과 천국의 존재 의미는 초월적 영역이 아니라 고통받는 사람들의 삶 속에서 정의가 실현되는 사회를 통해 드러나는 것이었다. 결국 문인숙의 실천 중심에는 '사람'이 있었고, 사람을 위하는 것이 곧 '정의'라고 보았다.

그녀는 '사람 중심의 실천'과 '정의로운 사회를 향한 실천'이 무엇인지 다음과 같이 설명하였다.[309]

---

[307] The Humboldt Republican (Humboldt, IA), "Matthews Couple Reports on Mission Work in Korea," February 20, 1974.; Iowa City Press-Citizen, "WRAC Program to Feature Ewha Professor," November 12, 1979.; The Muscatine Journal (Muscatine, IA), "Wesley to Host Missionary to Korea," July 15, 1983.
[308] 임상사회복지실천연구회, 「클라이언트 자기결정을 존중한 사회복지사-문인숙」, 96. 발췌인용.
[309] 임상사회복지실천연구회, 「클라이언트 자기결정을 존중한 사회복지사-문인숙」, 99-100; 박숙미, 「People 문인숙 교수」, 『Social Workers』, no. 9 (2006): 42-43. 발췌인용.

"사회복지는 기본적으로 클라이언트 오리엔티드(oriented), 그러니까 클라이언트 중심이라고 생각해요. 우리가 누군가를 돕는다는 건, 결국 그 사람들이 '아, 내가 도움을 받았구나' 하고 느껴야 하는 거잖아요. 그래서 사회복지사라면 어떻게 하면 더 클라이언트 중심적인 직업이 될 수 있을까, 그걸 늘 고민하고 연구해야 한다고 봐요. … 사회복지의 기본 초점은 인간의 존엄성이에요. 그런데 그 존엄성이란 걸 사회복지사가 자기 기준으로 단정해버려서는 안 되죠. '이게 너희 욕구야, 이게 존엄성이야' 하고 정해주는 게 아니라, 클라이언트가 스스로 존엄을 어떻게 느끼고 있는지, 그 개념을 먼저 알아야 해요. … 결국 사회복지란 게 클라이언트의 삶이 윤택해지고 존엄이 유지되며 권리가 보장되도록 하는 일인데, 그건 사회복지사의 입장이 아니라 그들의 입장에서 바라보고 존중해줄 때 가능하다고 생각합니다"

그리고 이어서 그녀는 후배 사회복지사들에게 다음과 같은 당부를 하였다.

"사회복지는 돈을 버는 직업이 아니에요. … 사회복지사들은 관계를 맺을 때 무엇보다 따뜻하고 열린 마음을 가져야 해요. 마음이 닫혀 있으면 진정한 관계가 이루어질 수 없거든요. 그래서 늘 자기 마음을 살펴봐야 합니다. 내 마음은 지금 어떤 상태인지, 내가 만나는 사람에게 열려 있는지를 수시로 확인하고 점검해야 한다고 생각해요"

이처럼 문인숙이 생각하는 사회복지사는 클라이언트 중심의 사고와 태도를 추구하며, 따뜻하고 열린 마음으로 클라이언트와 관계를 맺어야 한다. 그리고 클라이언트의 존엄성과 권리가 보장되고 그들의 삶이 윤택해질 수 있는 정의로운 사회구현을 위해 헌신하는 존재였다.

문인숙의 진술은 여러 경험과 겹쳐진다. 문인숙의 아버지가 그녀에게 전해준 "사람은 누구나 1%의 성공 가능성은 있는 것이니까 그것을 믿고 도와주어야 한다"는 가르침이, 스칼릿대학이 실습을 떠나는 학생들에게 와이트먼채플 촛불예배에서 던졌던 "그대들은 인간을 사랑하는가?"라는 질문이, 빌링스가 웨슬리안 서비스 길드에 보낸 편지에서 밝힌 "우리의 일은 결국 사람들과 함께하는 일입니다. 미소 한 번, 길에서의 우연한 만남, 클럽 모임 뒤의 가벼운 대화 …. 겉보기에는 사소해 보이지만, 시간이 흐르면 그것들이 하나의 무늬처럼 엮여서, 결정적인 순간에 준비된 한 사람의 마음을 움직이는 힘이 되곤 합니다."라는 구절이, 그리고 빌링슬리가 연차보고서에 작성한 "지역사회센터들은 기독교적 삶의 중요성과, 타인을 위한 관심의 표현으로서 나누는 법을 배우는 데 중점을 둔다"는 설명이 떠오른다.

이렇게 볼 때, 문인숙의 부산 활동 시기는 단순한 '사역'의 범주를 넘어 신앙을 '사람 중심'의 사회복지 실천으로 구체화하는 시간이었다. 그녀가 자신의 실천 정체성을 정립해가는 이 과정에서 사회복음적 신앙을 몸소 실천했던 가족의 전통과 스칼릿대학의 사람 중심 실천의 가르침, 빌링스와 함께 실천현장에서 체득한 사회사업의 가치와 철학이 교차하며, 신앙적 사역과 전문적 실천이 융합되고 농축되어 갔던 것이다.

❖ 참고문헌

1. 1차사료

1) 국가·학교·기관 공식간행물

「전국기독교사회관직원강습회회록」. 1958.

518재단. 「페기 빌링스(Peggy Billings) 태화사회관 6대 관장 주요 이력」. 태화복지재단, 2019.07.22.

o WDCS Annual Reports (The Methodist Church, Woman's Division of Christian Service)

Tenth Annual Report, June 1, 1949 - May 31, 1950. New York: Woman's Division of Christian Service, 1950. (Contains "By-Laws of the Wesleyan Service Guild," 321 - 325.)

Eleventh Annual Report, June 1, 1950 - May 31, 1951. New York: Woman's Division of Christian Service, 1951.

Thirteenth Annual Report, June 1, 1951 - May 31, 1952. New York: Woman's Division of Christian Service, 1953.

Fourteenth Annual Report, June 1, 1952 - May 31, 1953. New York: Woman's Division of Christian Service, 1954.

Fifteenth Annual Report, June 1, 1953 - May 31, 1954. New York: Woman's Division of Christian Service, 1955. (Contains Margaret Billingsley, "Japan and Korea," 96 - 101.)

Sixteenth Annual Report, June 1, 1954 - May 31, 1955. New York: Woman's Division of Christian Service, 1956.

Seventeenth Annual Report, June 1, 1955 - May 31, 1956. New York: Woman's

Division of Christian Service, 1957.

Eighteenth Annual Report, June 1, 1956 – May 31, 1957. New York: Woman's Division of Christian Service, 1958.

Nineteenth Annual Report, June 1, 1957 – May 31, 1958. New York: Woman's Division of Christian Service, 1959. (Contains "Korea," 131 – 132, 135 – 139, and other articles on Korea, 28, 135 – 137.)

Twentieth Annual Report, June 1, 1958 – May 31, 1959. New York: Woman's Division of Christian Service, 1960.

Twenty-First Annual Report, June 1, 1959 – May 31, 1960. New York: Woman's Division of Christian Service, 1961.

Twenty-Second Annual Report, June 1, 1960 – May 31, 1961. New York: Woman's Division of Christian Service, 1962.

Twenty-Third Annual Report, June 1, 1961 – May 31, 1962. New York: Woman's Division of Christian Service, 1963.

Twenty-Fourth Annual Report, June 1, 1962 – May 31, 1963. New York: Woman's Division of Christian Service, 1964.

2) ECLAIR 묶음

ECLAIR Project/Welfare of Mixed-Blood Orphans, 1965 – 1971. RG 140, Box 16, Folder 45. Presbyterian Historical Society, Philadelphia, PA.

(Contains ECLAIR: Program for the Full Integration into Korean Society of Eurasian Children Destined to Remain in Korea [1965]; George P. Whitener, "The ECLAIR Concept" [undated]; United Presbyterian Church in the U.S.A. Commission on Ecumenical Mission and Relations, "Care of Overseas Orphans and the United Presbyterian Church" [undated]; George P. Whitener, Tak Yun Taek, and Kim Won Kyu, "1965년 카바 연찬회 – 프로그램 전개, 양연회 이

관, 향후계획"; George P. Whitener, "Summary Report on ECLAIR and the Transition to Korean Agencies" [1971]; George P. Whitener, letter to Newton Thurber, November 2, 1965.)

3) 신문 및 잡지

민주화운동기념사업회; 서울신문; 재외동포신문

Alton Evening Telegraph; Bristol Herald Courier; Chattanooga Daily Times; Chillicothe Gazette; Des Moines Tribune; Enterprise Journal; Iowa City Press-Citizen; News and Record; The Columbus Ledger; The Commercial Appeal; The Farmington News; The Gazette; The Humboldt Republican; The Ironton Tribune; The Kerrville Times; The Macon News; The Macon Telegraph; The Muscatine Journal; The News and Advance; The News of Cumberland County; The Tennessean.

Gene Matthews. "Young Peoples Work." Korea Calling 5, no. 5 (May 1966): 4.
Gene Matthews. "Methodist Youth Centers in Korea." Korea Calling 12, no. 3 (March 1973): 3-4.
"Special Interests." Wesleyan Service Guild Newsletter. (October 1956).
"Special Interests." The Methodist Woman. (February 1957).

4) 자서전·구술자료·서신자료

박숙미. 「People 문인숙 교수」. 『Social Workers』, no. 9 (2006): 42-43.
임상사회복지실천연구회. 「클라이언트 자기결정을 존중한 사회복지사-문인숙」. 『사회복지 역사를 세운 실천현장의 인물들』. 서울: 학지사, 2014.

Billings, Peggy. Letter to Lillian A. Johnson, September 11, 1956.

Billings, Peggy. Letters to In Sook Moon, 1954.
Billings, Peggy. Letters to Margaret Billingsley, 1952 – 1962.
Billingsley, Margaret. Letters to In Sook Moon and Sun Sim Kim, May – June 1964.
Billingsley, Margaret. Letters to Peggy Billings, 1953 – 1962.
Johnson, Lillian A. Letters to Peggy Billings, 1956.
Kim, Sun Sim. Letters to Margaret Billingsley, May – June 1964.
Moon, In Sook. Letter to Margaret Billingsley, January 29, 1954.
Moore, S. M. Letter to Bishop Hwan Shin Lee, June 4, 1963.
Oliver, Bessie Orena. Letters to Margaret Billingsley, 1949 – 1950.
※ 서신자료는 모두 태화기독교사회관 소장 문서

5) 사진 및 시각자료

태화기독교사회복지관. 사진자료. 건물 전경 2점, 역대 관장 4점, 프로그램 활동 2점, 창립 90주년 사진 1점 등 총 9장.

임상사회사업연구회. 사진자료. 기념사진 1장.

2. 2차사료

안신영. 『태화기독교사회관 50년사』. 서울: 태화기독교사회관, 1971.

이덕주·최태욱. 『태화 100년사(1921 – 2021)』. 서울: 사회복지법인 감리회 태화복지재단, 2021.

3. 단행본

문인숙. 「기독교 사회교육사」. 『한국기독교교육사』. 서울: 대한기독교교육협회, 1974.

박병현. 「가난한 사람들의 선한 이웃 제인 애덤스의 생애: 헐하우스, 위험한 인물, 문학과 예술」. 『끝나지 않은 여정』. 서울: 양서원, 2020.

유동식. 『한국감리교회의 역사 1884 - 1992』. 서울: 기독교대한감리회, 1993.
이방현·이방원. 『한국사회복지역사』. 서울: 신정, 2017.
황미숙. 『내한 미국감리교회 선교사들의 사회복지사업(1885 - 1960)』. 서울: 동인, 2020.

Bennett, Belle Harris. The Woman Movement in the Methodist Episcopal Church, South. Nashville: Smith & Lamar, 1918.
Board of Missions of the Methodist Church, World Division. Work in Korea. New York: Board of Missions, 1963.
Laubach, Frank C. Toward a Literate World. Syracuse: Syracuse University Press, 1960.

3. 학술지 논문

김진연. 「현대 디커니스운동과 초기 내한 남감리회 여선교사」 『한국기독교와 역사』 54 (2021): 67-113
Robert, Dana L. "Irma Highbaugh and the International Missionary Council: Home and Family Life in East Asia." International Bulletin of Mission Research 42, no. 1 (2018)

4. 학위논문

임정빈. 『한국 혼혈아에 관한 일고』. 서울: 이화여자대학교 사회사업학과 석사학위논문, 1967.

5. 온라인 자료

기독교대한감리회역사정보자료실. "감리교 외국인선교사 DB" https://his.kmc.or.kr/foreign-missionaries

부산기독교종합사회복지관. "부산기독교종합사회복지관." https://www.bcswc.or.kr

愛惠福祉支援財団. "沿革." 愛惠福祉支援財団. https://www.aikei-fukushi.org/

Ancestry.com. https://www.ancestry.com

Garrett-Evangelical Theological Seminary. "Distinguished Alum Nomination 2019." https://www.garrett.edu/distinguished-alums-2019/

Jane Addams Hull-House Association. "Official Website." https://janeaddamshullhouse.org/

ProLiteracy. "Our History." https://www.proliteracy.org

The United Methodist Church (UMC). "About United Women in Faith." https://www.umc.org

IV.
학문적 실천가 문인숙, 이화동산에서 임상사회복지 전문성과 제도화를 이끌다

문인숙은 1970년 이화여자대학교 사회사업학과의 집단사회사업 담당 교수로 임명되면서 실천력을 겸비한 교육자이자 연구자로서 본격적인 행보를 시작하였다.[310] 이는 그녀가 현장에서 쌓아온 경험을 바탕으로 사회사업가를 양성하는 교육자의 길로 들어선 중요한 전환점이었다.

그 전환점에서 문인숙은 교육자로서의 분명한 철학과 정체성을 가지고 있었다. 그녀는 사회사업의 본질을 실천에 두었고, 사회사업학을 '실천학'으로 규정하였다. 문인숙은 이러한 철학을 기반으로 퇴임하는 순간까지 실천을 기반으로 학문적 탐구와 연구 그리고 교육을 일관되게 추구하였다. 이러한 모습은 곧 그녀가 '학문적 실천가(scholarly practitioner)'였음을 드러내고 있다.

본 장에서는 문인숙의 학문적 실천가로서 걸어간 길을 따라가 보고자 한다. 먼저 그녀의 학문적 실천의 토양이 되어준 이화여자대학교 사회사업학과의 성격과 지향을 간략히 짚어볼 것이다. 이어서 집단사회사업 교육자로 출발한 문인숙이 임상사회복지의 교육과 연구로 영역을 확장해 간 과정과 그 과정에서 이루어진 다양한 시도들을 국내외 사회복지 교육의 변화와 실천현장의 맥락 속에서 그 의미를 보고자 한다.

---

[310] 이화여자대학교 사회복지학과는 1947년 기독교사회사업학과로 개설된 이래, 1951년 종교사업학과, 1954년 사회사업학과로 명칭이 변경되었으며, 1995년 사회복지학과로 개편되었다. 문인숙이 교수로 재직하였던 시기의 학과명은 '사회사업학과'였다. 참고적으로 사료에 따라 '과'와 '학과'가 혼용되어 표기되기도 하나, 이미 종합대학 체제에서 설치된 학과였음을 고려할 때 '학과'로 쓰는 것이 타당하다. 본문에서는 문인숙이 근무하던 시기의 공식 명칭인 '사회사업학과'를 대표 학과명으로 사용한다(이화여자대학교 사회복지학과 50년사 편집위원회, 『이화여자대학교 사회복지학과 50년사(1947 – 1997)』, (서울: 동인, 1997), 21 – 25; 한국사회복지사협회 50년사 편찬위원회, 『한국사회복지사협회 50년사(1967 – 2017)』, (서울: 한국사회복지사협회, 2017), 164 – 165; 『이화여자대학교 대학안내』, 1953·1956·"957·1958·1959년도판).

1. 이화, 실천지향의 사회사업 구상

이화여자대학교(이하 이화)는 미북감리교 여선교회가 지향한 여성의 고등교육과 사회참여라는 비전을 바탕으로 설립되었으며, 교육과 운영은 '섬김과 나눔의 기독교 정신' 위에 실시되었다. 사회사업학과 역시 이러한 토대 위에서 제7대 총장인 김활란의 비전에 따라 구상되고 설치되었다.

김활란은 1939년 총장 취임 직후, 1940년 『삼천리』와의 인터뷰에서 이화의 비전을 '종합여자대학' 설립으로 천명하였다.[311] 그녀는 조선 여성에게 사회봉사의 정신이 결핍되어 있음을 지적하면서 이를 해결하기 위한 구체적 실천방안으로 간호학 중심의 '의과'와 함께 '사회사업과' 신설을 구상하고 있음을 밝혔다. 이는 미감리교 여선교회와 이화 고유의 교육철학의 반영이자, 미래 한국 사회를 준비하는 전략적 선택이었다.

김활란이 구상한 사회사업학과의 설치 목적은 "전적으로 예수의 정신, 즉 멸사봉공(滅私奉公), 신애협력(信愛協力), 희생봉사의 정신을 교육하고 함양하려는 것"이었다. 학과 명칭은 '사회사업과' 또는 '종교사업과' 중 하나로 정하고자 했다. 이는 종교적 헌신과 사회적 실천을 분리하지 않고 하나의 사명으로 이해한 관점을 보여주는데, 이러한 사고는

---

311 삼천리는 5개의 주요 사립 전문학교 교장들(보성전문학교 교장 김성수(金性洙), 연희전문학교 교장 원한경(元漢慶), 이화여자전문학교 교장 김활란(金活蘭), 세브란스의학전문학교 교장 오긍선(吳兢善), 대동공업전문학교 교주 이종만(李鍾萬))에게 그들이 구상하고 계획하고 있는 대학 비전이 무엇인지 인터뷰하였다. 1940년대 초 주요 사립전문학교 교장들의 대학 설립 구상은 시대적 공감대 속에서 공통된 방향성을 갖고 있었으면서도, 각 학교의 정체성과 자원, 이념에 따라 구체적 구상과 계획이 뚜렷이 달랐다(「未來의 大學 總長의 大學 創設 雄圖」, 『삼천리』 제12권 제4호 (1940년 4월 1일): 32-58.)

감리교 디커니스 전통과 긴밀히 맞닿아 있었다. 곧 사회사업학과는 기독교 신앙과 윤리를 토대로 자기희생과 공동체 봉사를 실천하는 헌신적 여성 지도자를 양성하는 학과로 기획되었으며, 이는 디커니스 훈련학교가 추구했던 목적과도 일맥상통하였다.

김활란이 설치하고자 한 사회사업학과는 당시 미감리교 여선교회의 디커니스 양성학교였던 시카고 훈련학교와 스칼릿대학을 모델로 삼았을 가능성이 크다. 이는 이화와 미감리교 여선교회 간의 긴밀한 관계, 그리고 김활란이 사회사업학과를 구상했던 시기적 배경 등을 고려할 때 충분히 타당한 해석이다. 따라서 앞으로 설치할 사회사업학과의 성격은 미감리교 여선교회가 지향하는 사회사업과 마찬가지로, 신앙과 실천의 통합, 지역사회 기반 활동, 여성 지도력의 실현, 협력과 연대의 중시, 그리고 급진적 제도 개혁보다는 공동체 회복에 초점을 두었을 것으로 생각된다.[312] 이러한 구상은 1947년 9월, 인문학부 내 '기독교사회사업과'

---

[312] 김활란이 참조했을 미감리교 여선교회 사회사업은 '기독교 신앙을 바탕으로 지역사회의 구체적인 필요에 응답하고, 다양한 계층의 인간 존엄을 회복하려는 실천적 노력의 집합'이라고 정리할 수 있다. 특히 이들의 사회사업은 다음과 같은 특성을 지닌다. 첫째, 신앙과 실천의 통합(단지 물질적 구호나 제도적 복지 제공에 그치지 않고, 그리스도 안에서 인간 개개인의 무한한 가치를 존중하며 복음에 기초한 삶의 회복을 지향), 둘째, 지역사회 기반의 통합적 실천(지역 밀착형 기관을 통해 보육, 교육, 상담, 주택, 위생, 문화활동 등 삶의 전 영역을 포괄하는 다층적 서비스를 제공), 셋째, 여성 지도력의 실현 공간(여성들에게 교육적, 종교적, 사회적 리더십을 실현할 수 있는 장을 제공. 특히 여성 지도자들은 위기 상황에 처한 여성과 아동, 미혼모, 흑인 공동체를 대상으로 돌봄과 상담, 조직화, 생활 지도 등을 수행하며 '실천적 리더십'을 체현), 넷째, 협력과 연대의 방식 지향(감리교회 내부 조직뿐 아니라 타 교단, 정부 기관, 시민 단체와의 협력을 중시), 다섯째, 사회개혁보다는 공동체 회복에 초점(급진적 제도 개편보다는 사람과 사람 사이의 이해, 조화, 공존을 통해 보다 건강한 사회를 만드는 데 방점을 두었으며, 이는 "긴장 대신 이해, 분열 대신 연대를 이루는 리더십"으로 구체화)(Bureau of Social Welfare, The Methodist Church. 5th Annual Report of the Woman's Division of Christian Service, 1944–1945. New York: The Methodist Church, 1945, 27–35.).

* 시카고훈련학교와 스칼릿대학에 대해서는 본문의 「Ⅱ. 2. 문인숙, 스칼릿의 기독교 정신으로 무장된 지역사회중심 사회사업으로의 스며듦」 중 「1) 스칼릿대학의 정신과 지향점」을 참조.

창설로 구체화 되었으며, 이는 곧 이화가 지향하던 실천적 여성 교육의 정점이자, 한국 사회사업 교육의 제도적 출발점이 되었다.

1) 이화 사회사업학과 초기 교수진과 캐나다연합교회 여선교회의 영향

이화 사회사업학과의 초기사업과 운영윤곽은 캐나다연합교회 여선교회(Woman's Missionary Society of the United Church of Canada, 이후 캐나다 여선교회)의 지원과 참여 속에서 구체화 되었다. 특히 캐나다 여선교회 출신인 엘다 대니얼스와 김영운은 기독교사회사업학과 초창기 교수진이 되어 실천 지향적 사회사업학과의 성격을 모색하고 그 기틀을 다지는데 기여하였다.

(1) 엘다 대니얼스: 지역사회기반 현장교육을 이끈 선교사

해방을 맞이한 이화는 종합대학 승격을 앞두고 일제강점기 말 본국으로 강제 귀환되었던 선교사들을 맞이할 준비를 시작하였다. 김활란은 특히 사회사업학, 의학 등 신설 학과를 담당해 줄 선교사가 절실히 필요하다고 생각했다. 그러던 가운데 1947년 1월, 캐나다 여선교회 소속 엘다 대니얼스(Elda Daniels)[313]가 재입국하면서 기독교사회사업학과 설립에

---

313 엘다 대니얼스(Elda Daniels, 결혼 후 Elda Daniels Struthers, 1906–1997)는 1936년 캐나다연합교회(Woman's Missionary Society of the United Church of Canada)에 의해 한국에 파송되어 여성교육과 기독교사회사업을 담당하였다. 1947년부터 이화에 재직하며 기독교사회사업학과와 기독교학과에서 기독교 교육을 담당하였고, 1951년 안식년에는 토론토 에마뉴엘 칼리지에서 수학하며 목사 안수를 받았다. 또한 1954년부터 1961년까지 학교법인 이화학당 이사로 활동하였고, 은퇴 후 캐나다에서 생애를 마쳤다(Elda S. Daniels, "Hands Across the World – Angola to Korea," The

박차를 가할 수 있었다.³¹⁴

대니얼스는 이화 재직 시, 바튼(George Barton)의 『예수의 생애와 가르침(The Life and Teachings of Jesus)』을 교재로 삼아 전문적이고 심화된 성경교육을 제공하였다.³¹⁵ 또한 주1회 '아동 및 청소년 집단사회사업(Junior and Intermediate Group Work)' 세미나를 진행하면서 현장경험을 강조하였다.³¹⁶

대니얼스가 1949년부터 도입한 캐나다 여선교회의 '카라반 사업'³¹⁷으로 학생들은 농촌사회사업을 접할 수 있게 되었고, 이를 통해 현장실습 영역이 확장되었다. 같은 시기 그녀는 기독교사회사업학과 실습의 일환으로 YWCA 지도자들과 협력하여 박보희를 비롯한 6명의 학생들에게

Missionary Monthly 27, no. 5 (May 1952): 207–208; 이화100년사편찬위원회, 『이화100년사자료집』, 112–114). 엘다 대니얼스는 기독교사회사업학과 재직 당시에는 미혼이었으므로, 본문에서는 편의상 처녀 시절 이름인 '엘다 대니얼스'를 사용하였다.

314 "Korea News," The Missionary Monthly 21, no. 12 (December 1946): 548–549; 이화팔십년사편찬위원회, 『이화팔십년사』, (서울: 이화여자대학교, 1967), 325–327.

315 Elda Daniels, "From 'Friendship House', Korea," The Missionary Monthly 23, no. 3 (March 1948): 113.

316 Elda Daniels, "As the Light Shines," The Missionary Monthly 24, no. 6 (June 1949): 250–252.

317 '카라반(Caravan Work)'은 캐나다연합교회 또는 그 여선교회(W.M.S.)가 1930년대 후반부터 1960년대까지 국내외에서 운영한 기독교 교육 및 지역봉사 실천 프로그램으로, 청년이나 신학생, 대학생으로 구성된 소규모 선교팀이 농촌이나 소외 지역을 순회하며 단기 체류형 방식으로 종교교육, 사회봉사, 여성교육, 아동프로그램 등을 수행하는 사역이었다. 이 프로그램은 특히 여성 선교 지도력 훈련과 공동체 기반 실천을 강조하며, 캐나다 내 소수지역뿐만 아니라 해외 선교지에서도 같은 이름으로 전개되었다(Jean Hutchinson, Partners in Mission: The United Church of Canada Overseas Work (Toronto: United Church Publishing House, 1969), 86–91; Bonnie Greene, "A Walk Through the Past: WMS and Christian Education," in Looking Back, Looking Forward: UCC Women's Mission Work, ed. Joan M. Campbell (Toronto: UCC Women's Archives, 1993)). 한국에서는 대니얼스에 의해 1949년 도입되었고 초기에는 한국 장로교 여선교회와의 연계 속에서 시즈되었으며, 이후 전국여선교회(All Korea W.M.S.) 회장이었던 현 여사(Mrs. Hyun)와 대니얼스가 함께 운영하였다. 미감리교 여선교부는 재정과 행정적 지원을 제공했으며, 캐나다교회도 협력하였다(Elda Daniels Struthers, "Caravans in Korea," The Missionary Monthly 35, no. 5 (May 1960): 3–5).

피난민촌 실태조사와 사례연구를 지도하였다.[318] 이는 기독교 사회서비스 개발을 목표로 한 것이었으며, 학생들은 피난민의 생활실태와 문제상황을 조사한 뒤, 이들의 실제 욕구를 반영한 구체적인 복지서비스를 기획·제공하였다. 오락·노동 프로그램, 아동 건강 클리닉, 성인 문해교육 등이 운영되었고, 학생들은 조사에서 실행까지 이어지는 전 과정을 경험할 수 있었다.

대니얼스는 현재 서교동 일대인 잔다리(Chandari)[319] 마을의 사회정착사업에도 학생들을 참여시켰다. 이 사업은 1937년 고황경 자매가 사비로 시작한 것으로, 산전(産前) 및 아기 복지 클리닉, 방문 간호, 위생 교육, 바느질·요리 등 생활기술 교육, 유치원 운영, 보육 및 독서 지도 등 다양한 프로그램을 포함하고 있었다. 이화 학생들은 주민들과 접촉하며 마을의 생활상과 문제를 파악하고 교육·보건·위생 활동을 전개하였다.[320] 이를 통해 도시 빈곤층과는 다른 농촌의 구조적 문제와 생활양식을 이해할 수 있었다.

이러한 활동들은 공통적으로 학생들에게 현장실습의 기회를 제공하는 동시에 실천 지향적 학과 정체성을 강화했다. 특히 카라반 프로그램은 농촌사회사업 교육의 토대가 되었고, 학과가 초기부터 농촌문제에

---

[318] 당시 대니얼스의 지도하에 진행된 피난민촌 실태조사는 영락교회가 이북에서 남하한 피난민들을 보호 관리하고 사회정착을 지원하였던 서울 시내 천막촌으로 서울 용산, 동자동, 청파동 인근 지역이었을 것으로 추정된다(Elda S. Daniels, "Caravans Take to the Road," The Missionary Monthly 24, no. 12 (December 1949): 533–536; Elda S. Daniels, "From Flute Player to Jiggy-Man," Korea Calling 2 (March 1950): 8; Ki Pok, Lee, "Visiting the People Who Live in a Tent," Korea Calling 2 (May 1950): 6; "Story of the Young Nak Church," Korea Calling 2 (June 1950): 6–8).
[319] 국토지리정보원. 『한국지명유래집(중부편)』 제2부 서울특별시. (성남: 국토지리정보원, 2000), 106.
[320] Whang-Kyung Koh. "Welfare Experiment in Korea." The Missionary Monthly 26, no. 10 (October 1951): 441–443.

주목하게 만든 계기가 되었다. 학생들이 공식 실습으로 참여해 조사와 프로그램 운영을 경험하는 기회를 제공했고, 농촌 마을에서의 교육·보건·위생·생활 향상 활동은 학과가 농촌사회사업 관련 과목을 개설하고 농촌문제에 주목하는 계기가 되었다.

아울러 대니얼스는 도심지 실습지 개발에도 힘썼다. 대표적인 예가 태화의 활동이었다. 당시 서울 시내 초등학교는 과밀학급문제로 오전·오후 두 교대 수업이 이루어졌고, 학생들은 수업이 없는 시간 대부분을 특별한 보호나 지도 없이 보내고 있었다. 이에 태화는 가정 지원이 부족한 저학년 여학생들을 대상으로 월요일 오후에 보충학습과 독서지도를 실시하였다. 이화 학생들은 실습의 일환으로 이 프로그램에 참여하였다.[321] 더 나아가 대니얼스는 실습의 지속성과 완성도를 높이기 위해, 캐나다연합교회 및 미군 재건기금과 협력하여, 오늘날 이화여자대학교 종합사회복지관의 전신이 되는 커뮤니티 센터 설립을 주도하였다.[322]

(2) 김영운: 사회사업의 전문화를 강조한 신학자

대니얼스와 함께 실천중심의 학과 정체성을 형성한 또 다른 교수는 '김영운(金英雲)'[323]이었다. 그녀는 기독교사회사업학과 교수로 재직하

---

[321] "TAI WHA CHRISTIAN COMMUNITY CENTER," Korea Calling 2 (April 1950): 3.

[322] Mrs. Elda Daniels Struthers, "Two Queens and a Pear Flower Aglow," Korea Calling 10, no. 9 (October 1971): 1–2.; The Newsletter (Spring 1988): 175–179.; The United Church of Canada Archives, "Struthers, Elda Daniels, 1906–1997," https://catalogue.unitedchurcharchives.ca/struthers-elda-daniels-1906-1997 (검색일: 2025년 7월 4일).

[323] 김영운(金英雲, 1914–1989)은 황해도 해주 출신으로 1937년 가을학기부터 일본 관서학원대학 신학부에서 공부를 시작하여 1943년에 졸업하였다. 졸업 후 여자고등성경학교에서 잠시 교사로 근무한 경력을 갖고 있으며, 해방 후에는 이화 사회사업과 교수로 임용되어 1947년부터 1955년 3월까지 재직하였다(이화100년사편찬위원회, 『이화100년사자료집』(서울: 이화여자대학교 출판부,

던 1948년, 캐나다 여선교회 지원을 받아 토론토에 있는 캐나다연합교회 훈련학교[324] 장학생으로 선발되었고, 그곳에서 '신학'과 '사회사업'을 전공하였다.[325] 김영운은 1951년 여름, 토론토대학교 에마뉘엘 칼리지(Emmanuel College)에서 대니얼스와 함께 신학학사[326]를 취득하였고, 이후 1952년 2월 귀국하여 다시 이화 기독교사회사업학과 교수로 재직하게 되었다.[327]

캐나다 유학시절 그녀는 캐나다 여선교회의 캐나다소녀훈련단(Canadian Girls in Training, C.G.I.T.) 캠프에 한국 대표로 참가하였으며,[328] 귀국 직전 약 두 달간 유럽을 순회하며 전후(戰後) 복지현장을 직접 경험

1994); 김영운, 「하나님의 부르심 따라」, 『증언 2집』 (서울: 선학역사편찬원, 1984), 203-217).

[324] 캐나다연합교회 훈련학교(The United Church Training School)는 1894년 감리교훈련학교(Methodist National Training School)로 설립되었으며, 1925년 캐나다 감리교, 장로교, 회중교가 연합하여 캐나다연합교회가 출범함에 따라 현재의 명칭으로 변경되었다. 토론토에 위치한 이 기관은 연합교회 여선교부 산하 독립기관으로, 여성 선교사, 기독교 교육자, 교회학교 교사, 사회사업자 양성을 주목적으로 하였다. 신학 및 실천교육 과정에서는 토론토대학교와 긴밀히 협력하여, 학생들이 Emmanuel College, Knox College 등 신학대학 강의를 수강하거나 학점을 취득할 수 있도록 하였으며, 일부는 신학학사(Bachelor of Divinity, B.D.) 학위를 받았다. 정규 선교사 후보생들은 약 2년간 성서학, 선교학, 기독교 교육, 교회음악, 사회사업, 현장실습 등의 교육을 받았다. 1960년대 후반, 이 기관은 위니펙(Winnipeg)으로 이전하여, 현재는 기독교연구센터(Centre for Christian Studies)라는 이름으로 캐나다연합교회와 성공회의 지도자 훈련을 이어오고 있다 (Centre for Christian Studies, "Our History," https://ccsonline.ca (검색일자, 2025년 7월 4일); Jean Hutchinson, A Vision for Christian Education: The United Church Training School and Covenant College 1895-1962 (Toronto: United Church Publishing House, 1995)).

[325] Jean Hutchinson, "The United Church Training School," The Missionary Monthly 23, no. 12 (December 1948): 544-545.

[326] 신학학사(Bachelor of Divinity, B.D.)는 당시 북미 신학교육에서 일반적인 전문 신학 학위로, 오늘날의 목회학 석사(M.Div.)와 유사한 전문성·목회 자격을 지닌 학위이다.

[327] Jean Hutchinson, "The United Church Training School 1948-49," The Missionary Monthly 23, no. 12 (December 1948): 544-545.; "Miss Yung Oon Kim," The Missionary Monthly 25, no. 2 (February 1950): 62-64.; "Mostly About People," The Missionary Monthly 26, no. 7 (July 1951): 310.; "Mostly About People," The Missionary Monthly 27, no. 4 (April 1952): 152.

[328] "A Letter of Appreciation From a Teen-Ager's Mother," The Missionary Monthly 24, no. 11 (November 1949): 520.

하였다.³²⁹ 이때 김영운은 전쟁고아와 미혼모, 신체적·정신적 장애를 지닌 여성과 난민, 그리고 산업노동자들이 보호와 자립훈련을 통해 새로운 삶을 모색하는 모습을 관찰하였다. 특히 전문 사회사업가와 교사가 협력하여 아동보호와 여성자립을 지원하는 사례는 그녀에게 깊은 인상을 남겼다.

김영운은 전후 복지 현장경험을 통해 한국 사회의 재건 과정에서도 전문 사회사업 교육과 인력 양성이 시급함을 깨달았다. 이후 1952년 3월, 기독교사회사업학과 학과장으로 재직하던 그녀는 한국 사회사업의 발전을 위해 전문인력의 필요성을 강조하며 사회사업 전공 선교사 파송을 요청하는 글을 미감리교에 제출하기도 하였다.³³⁰

이러한 판단은 당시 국제 교회와 선교회가 공유하던 문제인식과도 맞닿아 있었다.³³¹ 따라서 김영운이 귀국 직후 강조한 전문 사회사업 인력의 필요성은 개인 차원의 문제의식을 넘어, 전후 한국 사회 전체가 직면한 긴급한 시대적 요청이었다. 파괴와 빈곤, 고아와 난민 문제 속에서 교회와 사회는 훈련된 기독교 사회사업가를 절실히 원했으며, 이는 한국 사회복지의 전문적 토대를 마련하는 중요한 전환점으로 작용하였을 것으로 짐작된다.

---

329 "Miss Kim Visits Europe." The Missionary Monthly 26, no. 12 (December 1951): 542–543.; "Miss Kim Visits Europe (continued)." The Missionary Monthly 27, no. 1 (January 1952): 15–16.
330 이화여자대학교 사회복지학과 50년사 편집위원회, 『이화여자대학교 사회복지학과 50년사』, 79.
331 "Our Society at Work in the Conference Branches." The Missionary Monthly 26, no. 7 (July 1951): 329–338.

(3) 대니얼스·김영운의 기반, 캐나다연합교회 여선교회의 복지사역

캐나다 여선교회는 1925년부터 이화와 협력 관계를 맺었으며, 기숙사 3개 동 중 1개를 건립하는 등의 재정지원을 하였다.[332] 또한 김영운, 김영정,[333] 박보희[334] 등 이화인(梨花人)에게 유학의 기회를 제공하여, 이들이 귀국 후 교수진으로 참여함으로써 이화의 교육과 연구 역량 강화에 기여할 수 있도록 하였다. 특히 김영운과 박보희는 캐나다 여선교회가 운영하는 학교의 훈련과정에 참여하면서 지역사회 기반 선교와 사회봉사 중심의 선교 철학을 체득하였으며, 이러한 경험은 귀국 후 이화 사회사업학과의 정체성 형성과 교육과정에 일정한 영향을 미친 것으로 보인다. 이에 캐나다 여선교회의 교육철학과 훈련체계 그리고 그 철학이 반영된 지역사회기반 실천사례들을 고찰하는 것은 이화 사회사업학과의 정체성을 이해하는데 도움이 될 것이다.

① 캐나다연합교회 여선교회의 교육철학과 훈련체계

캐나다연합교회는 여성 전문 사역의 유일한 공식 훈련기관으로 연합

---

332 "Ewha Woman's University," The Missionary Monthly 29, no. 1 (January 1954): 9–11.

333 김영정(1929.10.5.–2021.11.22.)은 함경남도 함흥부 출신으로 이화 영어영문학 학사취득 후 캐나다 연합교회 여선교회 장학금을 받고 토론토대학교 사학 석사를 취득하였다. 이후 이화여자대학교 여성연구소 초대 소장, 초대 한국여성개발원장, 제3대 정무제2장관 등을 역임하였다(이화100년사편찬위원회, 『이화100년사자료집』, 390, 589, 590, 614.; "Our Society at Work in the Conference Branches," The Missionary Monthly 28, no. 12 (December 1953): 565.)

334 박보희(1929–??)는 황해도 출신으로 1951년 이화여자대학교 사회복지학과 제1회 졸업생이다. 캐나다 토론토대학교 사회사업대학원에서 1956년 석사학위를 취득하였고, 컬럼비아대학 사회복지대학원에서 1973년 한국 최초로 사회복지학 박사학위를 취득하였다. 1957년 4월 1일부터 1983년 4월 30일까지 이화 사회사업학과 교수로 재직하며 한국 사회복지교육의 초석을 다졌고, 한국사회복지교육협의회 제10대 회장, UN 아·태 경제사회위원회(UNESCAP) 사회개발정책 담당 등의 활동을 통해 사회복지 저변을 확대하는데 일조하였다.

교회훈련학교(United Church Training School)를 운영하였고,[335] 교회교육, 사회사업, 해외선교 등 다양한 사역 분야의 여성 지도자를 체계적으로 양성하였다. 훈련학교의 교육철학은 신앙과 실천의 통합, 여성 지도력의 배양, 그리고 지역사회 속에서 신앙을 구현하는 삶이었다. 따라서 모든 교육과정은 실천을 통해 신앙을 생활화하고, 지역 공동체에 봉사하는 가운데 지도력을 형성하도록 설계되었다.

교과과정은 성서와 신학, 기독교 교육뿐 아니라 지역사회 자원관리, 여가지도, 공공연설, 수공예, 음악 등 실천 중심의 과목으로 구성되어 있었다. 학생들은 학기 중 매주 8시간 이상 유치원, 주일학교, 병원, 지역사회관 등에서 실습을 수행하였고, 방학 기간에는 전국 각지의 교회, 캠프, 선교지로 배정되어 현장경험을 쌓았다. 그리고 모든 훈련과정은 단계적 책임훈련방식으로 운영되어, 1학년은 관찰과 기초 참여에 집중하고, 2학년은 교육과 조직, 지도책임을 맡아 지도자로 성장하도록 하였다.

이와 같은 교육철학과 훈련체계 속에서 대니얼스와 김영운은 같은 시기에 교회교육 및 사회사업 훈련과정을 함께 받았으며, 이를 통해 캐나다 여선교회가 강조한 선교철학과 지역기반 사업의 방향성에 대한 공통의 이해와 문제의식을 공유하게 되었을 것이다.

② 캐나다연합교회 여선교회의 철학이 반영된 지역사회기반 실천

캐나다 여선교회의 지역사회친교부(Community Friendship Department)는 교회가 지역사회에서 '좋은 이웃'으로 기능하는 것을 핵심 원칙으로 삼

---

[335] "The United Church Training School." The Missionary Monthly 24, no. 6 (June 1949): 254–258.

았다. 이 부서는 이주민, 고령자, 병약자 등 사회적 약자를 환영하고, 그들의 자조적 참여를 장려하였으며, 지역 구성원이 각자의 재능과 기술을 발휘해 공동체 발전에 기여하도록 조직화하였다. 아울러 교회와 지역기관 간 협력을 통해 다문화적이고 포괄적인 복지서비스를 제공하였다.[336] 이러한 활동은 교회가 단순한 종교기관에 머무르지 않고, 지역사회와 함께 성장하는 참여공동체가 되어야 함을 보여주는 실천이었다.

이러한 지역사회기반 실천의 전통은 스텔라 버리(Stella Burry)의 사례에서 구체적으로 드러난다. 버리는 사회사업을 전공한 디커니스이자, 선교사 훈련기관인 '에마뉘엘 하우스'를 설립한 인물이었다. 그녀는 여선교회의 지원을 받아 세인트존스 지역의 연합교회지역사회센터(United Church Community Centre)에서 본격적인 지역사회 복지 사역을 시작하였다. 이 센터는 1938년 세인트존스 연합교회 내에서 소규모로 시작하여 훗날 종합복지센터의 대표적 모델로 성장하였으며, 현장경험을 갖춘 사회사업가들이 중심이 되어 다양한 실천을 이끌었다.

버리의 사회사업 철학은 '자조(self-help)'에 있었다. 그녀가 생각하는 기관의 역할은 빈곤한 이들에게 단순히 자선을 베푸는 것이 아니라, 개인과 가정에게 '기회의 장'을 제공하여 스스로 자신을 돕도록 지원하는 것이었다. 이러한 철학은 지역사회 욕구 조사 및 서비스 연결, 클럽 운영, 기술 교육, 청소년·여성 프로그램, 그리고 지역기관과의 협력 등 구체적 프로그램들을 통해 실현되었고, 이는 1940 – 50년대 여선교회가 모색하던 '사역과 사회사업의 접점'과 맞닿아 있었다.[337]

---

336 "Friendship Corner," The Missionary Monthly 29, no. 1 (January 1954): 32.
337 "Ten Years of Progress," The Missionary Monthly 24, no. 3 (March 1949): 112 – 113.

대니얼스는 1951년 안식년 동안 밴쿠버 기독교지역사회센터에서 활동하였다. 이 센터는 여선교회가 지향한 지역사회기반 사회복음주의 기조와 여성 선교 실천의 성격을 갖춘 기관이었다. 대니얼스는 이곳에서 지역 내 이웃돌봄을 통해 복음실천이 가능하다는 것을 직접 경험하였고, 지역사회 속에서의 활동이야말로 신앙을 구현하는 핵심임을 인식하였다. 그녀는 이러한 경험을 '실천신앙(Faith in Action)'이라고 표현하였다.[338]

캐나다 여선교회 지역사회친교부의 실천, 스텔라 버리가 주도한 복지모델, 그리고 대니얼스의 밴쿠버 경험은 모두 캐나다 여선교회의 사회복음주의 기조와 여성 선교 실천의 주요 특징을 잘 보여준다. 이러한 전통은 대니얼스뿐 아니라, 김영운과 박보희에게도 이어졌을 것이다. 이와 같은 현장 중심의 책임훈련체계와 지역사회기반의 실천 철학은 대니얼스, 김영운 등의 여선교사들, 그리고 박보희와 같은 캐나다 유학생들의 사상 형성과 실천 방향을 이해하는데 중요한 단서를 제공한다.

2) 기독교사회사업학과에서 사회사업학과로의 변화 (1947-1970)

(1) 디커니스 훈련학교 성격의 기독교사회사업학과 설립

이화는 1947년 9월 한림원에 기독교사회사업학과를 발족하였다. 1948년 미국에 제출한 보고에 따르면, 기독교사회사업학과의 설립목적은 이화의 개교이념과 기독교 정신을 체화한 '기독교 교육자 및 기독교 사회사업가의 육성'이었다.[339] 이에 따라 교수진은 김종필(구약일반, 기독

---

338 Lang, Edith. "The Dominion Board." The Missionary Monthly 26, no. 7 (July 1951): 293-300.
339 이화여자대학교 사회복지학과 50년사 편집위원회, 『이화여자대학교 사회복지학과 50년사』, 72.

교사회사업학과 초대 학과장), 김옥길(종교교육, 신약), 김영운(신약, 교회사, 조직신학) 그리고 사회사업 유경험자인 선교사 대니얼스로 구성되었다.

설립목적에 따라 교과목은 기독교 과목을 기본으로 하되, 아동심리학, 청년심리, 현대사회문제, 그룹웍의 방법과 이론, 그룹웍 세미나, 케이스웍 등 종교사업과 사회사업을 수행하는데 필요한 기초지식과 기술 과목들로 배치되었다.[340] 이러한 교과목 편성은 스칼릿 등 '디커니스' 훈련학교의 교과과정과 매우 유사하였다.

1951년 12월 교육령 개정에 따른 대학편제 개편과 문교부의 요청으로 단과대학 명칭을 변경되면서, 학과명도 '기독교사회사업학과'에서 '종교사업과'로 바뀌었다(1952년 3월). 이어 전문 사회사업가 양성을 위해 학과 내에 '종교과정'과 '사회사업과정' 두 전공이 설치되었으며, 이를 계기로 종교학과 사회사업학의 분리 움직임이 시작되었다. 그리고 1952학년도부터는 '종교사업과' 신입생을 모집하였다.[341] 학과명 변경과 전공과정 마련은 한국전쟁으로 발생한 각종 사회문제에 대응하기 위해, 이론과 기술을 겸비한 전문 사회사업가를 양성해야 한다는 시대적 요구에 따른 것이었다. 동시에 일반 대중의 학과에 대한 인식을 바로잡기 위한 목적도 있었다.[342]

종교사업과가 사회사업을 강화하기 위한 첫 번째 시도는 교과목 개편이었다.[343] 기존의 집단사회사업 방법과 이론, 집단사회사업 세미나, 개

---

340 이화팔십년사편찬위원회, 『이화팔십년사』, 310-311.
341 당시 교육법에 따라 1961년까지 학기는 4월 1일 시작하여 이듬해 3월 31일까지였다.
342 이화여자대학교 사회복지학과 50년사 편집위원회, 『이화여자대학교 사회복지학과 50년사』, 80.
343 이화여자대학교 사회복지학과 50년사 편집위원회, 『이화여자대학교 사회복지학과 50년사』, 77-78.

별사회사업 등 기법 중심의 3과목(12학점)으로 구성되었던 교과목에서 보다 다양한 사회사업 관련 11과목(사회사업 역사 및 개론, 아동복지, 단체지도사업, 농촌문제, 사회문제, 시설운영론, 의학지식, 지방조직사업, 사회조사 및 사회통계, 소창, 사회사업과 법률, 사회보장, 개인지도사업)에 33학점을 배정하였다. 이들 과목들은 이후 사회사업학과의 기본 과목이 되어 명칭을 달리하며 지속적으로 발전하였다.

두 번째 시도는 교수진의 변화였다. 기존에 종교학 전공자 위주였던 교수진에 사회사업 전공 교수를 충원하여 학과의 정체성에 변화를 주고, 전공영역을 확장시켰다. 이 과정에서 1952년 본과 제1회 졸업생인 박보희를 캐나다로 유학 보내 서구 사회사업을 배우게 하였으며, 1956년 4월에는 이메리[344]가 전임교수로, 1957년에는 지윤[345]과 박보희

---

[344] 이메리(李梅利, 1903.01.23.–1983.12.03)는 황해도 평산 출신으로 미국에서 법학과 사회사업학을 전공하였다. 1929년 귀국 전까지 호놀룰루시 맹인사업연맹 지도위원과 한인기독학원장을 지냈으며, 광복 후 미군정청 보건후생부 고문(1946–1947)을 역임하였다. 『이화100년사자료집』(p.152)은 그의 임용을 1956년 4월로 기록하나, 캐나다 선교회 자료에 따르면 1955년 이미 사회사업과에 소속되어 이화복지관 설립에 참여하고 있었으므로("An Out-Door Chapel Service at Ewha," The Missionary Monthly 30, no. 9 [October 1955]: 394), 전임교원 재직 시기는 1955년 4월부터로 보는 것이 타당하다. 그는 1963년까지 이화여자대학교 사회사업학과 교수로 재직하면서 한국사회사업연합회 회장(제6–8대), 한국시각장애인복지회 회장(1973–1983), 한국사회복지협의회 회장(1981–1983)을 역임하며 사회사업의 제도화와 전문화를 이끌었다. 또한 범태평양여성협회 한국지부장, 동남아세아여성협회 부회장, 국제여성단체협회 회장으로 활동하며 여성 국제연대를 추진하였고, 청소년대책위원회 이사로도 활동하였다. 정치적으로는 한국독립당, 자유당, 민주공화당, 신민당 등에서 여성행정위원, 부녀분과위원장으로 참여하여 여성의 정치 참여 확대에 기여하였다. 그는 UN총회 대한민국 대표, 대한적십자사 부총재 등을 역임하며 국제무대에서도 활동하였으며, 1961년 미국 비숍대학교 경예인도주 박사학위와 이화여자대학교 명예문학 박사학위를 수여받았다(한국민족문화대백과사전, "이매리", https://encykorea.aks.ac.kr/Article/E0044181 (검색일자. 2025년 7월 4일); 『역대국회의원총람』(서울: 조세공론사, 1983).).
[345] 지윤(池潤, 1916–??)은 동지사(同志社) 대학교 문학사를 취득 후, 1957년부터 1982년까지 이화여자대학교 사회사업학과 교수로 재직하면서 지역사회복지사업과 사회복지자원론 등을 담당하였다(이화100년사편찬위원회 『이화100년사자료집』, 162).

가 전임강사로 임용되었다.[346]

세 번째 시도는 사회사업 실습을 강화하기 위해 이화가 직영하는 고아원 또는 인보관 설립을 추진한 것이었다.[347] 그 결과 1956년 이화사회관이 설립될 수 있었다.

(2) 인문사회과학 성격을 갖춘 전문 사회사업학과로의 이행

1958년 2월 20일. 이화는 정부로부터 기독교학과와 사회학과 증설인가를 받았다. 이어 같은 해 4월, 사회사업학과의 기독교 교육전공이 기독교학과로 독립했으며, 사회사업 전공이 '사회사업학과'로 단독학과가 되었다.[348] 1959년도 학생모집 요강[349]에 따르면 사회사업학과가 육성하고자 하는 인재상은 "인간의 행복과 복리에 관계되는 사회적·경제적·심리적·생리적 요인에 관심을 갖는 사람"으로 규정하였다. 이에 사회사업 전공자는 역사, 행정, 경제, 사회학, 심리학 등 사회과학적 지식에 대한 관심과 소양을 갖추어야 한다고 명시하였다. 특히 의료사회사업가나

---

346 '한국사회복지사협회 50년사 편찬위원회, 『한국사회복지사협회 50년사』, 164-166'은 이용교(「사회복지학 교육의 뿌리 - 이화여자대학교 기독교사회사업과」, 『Social Worker』 제168호, 2016년 4월, 48-49)를 인용하여 이화여자대학교 사회사업학과의 초기 교수진을 다음과 같이 소개하였다. "이화 사회사업과는 1955년 사회사업 전담 교수진으로 고순덕, 서명원 교수가 충원되었고, 1956년에 이매리 학과장이 임용되며 사회사업학을 전공한 지윤, 문인숙 교수가 출강하고, 1957년에 첫 졸업생인 박보희가 전임강사로 임용되면서 사회사업학을 보다 체계적으로 가르쳤다." 그러나 고순덕과 서명원은 1955년 이전부터 이미 기독교사회사업학과에서 강의를 맡았던 이들로, 사회사업학과 전임교원이 아니라 이화여자대학교 사범대학 심리학과 소속 교수였다. 또한 소창(recreation) 과목을 담당했던 유근석은 체육과 교수였다. 즉, 사회사업학과 개설 당시에는 관련 과목을 담당할 수 있는 타 학과 교수들을 임시로 배치하였던 것이다.
347 김영운, 「문리대학 종교사업과 보고 및 계획서」(1952년 5월) 재인용, 이화여자대학교 사회복지학과 50년사 편집위원회, 『이화여자대학교 사회복지학과 50년사』, 79.
348 『이화여자대학교 대학안내』, 1965년도, 7-11.
349 『이화여자대학교 대학안내』, 1959년도, 83-84.

정신사회사업가를 지망하는 경우 사회과학적 이해가 필수적임을 강조함으로써, 사회사업학과가 지향하는 전문 인재상이 기독교적 헌신형 인재에서 사회과학적 지식과 전문성을 겸비한 인재로 변화했음을 보여주며, 이러한 인재상은 시간이 흐르면서 더욱 강화되었다.[350]

더불어 인간과 사회에 대한 이해와 기본지식을 습득하는 사회과학, 그리고 보다 전문화된 사회사업 실습 중심의 교과목 편성이 가능해졌다. 박보희는 학과장 발령을 받고 학교로부터 사회사업의 전문성을 강화할 책무를 부여받았다.[351] 그녀가 당시 구상한 사회사업 강화 방안은 교과목 편성, 교재확충, 우수 교직원과 학생의 영입, 학생들의 학업 동기 부여, 실습제도 확립, 그리고 정부기관 및 외부 민간조직과의 협력관계 형성 등이었다. 이러한 구상은 1959년 교과목 개편을 통해 반영되기 시작하여 1962년경에 마무리되었다.[352]

박보희는 캐나다 유학을 통해 접한 사회사업 모델과 교과 구성을 국내 상황에 맞게 재편성하면서, 사회사업 실천과 직접적으로 연결되는 과목들을 보강하였다. 즉, 사회사업의 전통방법론인 개별사회사업, 집단사회사업, 지역조직사업을 중심에 두고, 인간과 사회를 이해하기 위

---

[350] 1975년도 학과 안내를 보면, 사회사업 교육목표를 "학생들에게 사회복지 분야에서 일하는 데 필요한 전문적 지식과 기술을 갖추게 하고, 인간과 사회를 이해하여 문제를 파악하며, 이에 대한 치료 및 대책을 연구·체득하도록 하는 것"으로 규정하였다. 이는 사회과학적 기반 위에 전문적 지식과 실천기술을 중시하는 교육철학으로의 전환을 명확히 보여준다. 실습 영역 또한 종교기관 중심에서 벗어나 아동·가정복지 기관, 의료 및 정신의료기관, 사회복지관, 지역사회개발, 사회행정 및 정책, 교정 및 재활, 학교사회사업, 청소년복지 등 다양한 분야로 확대되었다. 이를 통해 학생들이 사회사업적 공헌을 다방면에서 수행할 수 있도록 관계 이론과 실천 기술을 습득하게 하였으며, 사회사업학과의 인재상은 종교적 소명에 근거한 봉사자에서 사회과학적 지식과 실천기술을 갖춘 전문 사회사업가로 확립되었다(『이화여자대학교 대학안내』, 1975년도, 121–122.)
[351] 박보희, 『모든 삶은 아름다워야 한다』, (서울: 소화, 2018), 103–107.
[352] 『이화여자대학교 대학안내』, 1959–1962년도.

한 기초과목과 사회과학적 문제해결을 위한 과목들을 단계적으로 개설하였다. 박보희는 특히 실습을 매우 중요하게 여겼다. 방법론별로 실습을 분화하여 학생들이 이를 현장에서 적용하도록 했고, 실습세미나 과목을 개설하여 현장경험을 재정리할 수 있는 기회를 제공하였다. 또한 실습지 발굴과 실습 지도체계 확립을 위해 부단히 노력했다. 이러한 학생 육성 방향은 1962년 무렵 정착되었고, 이후 1960년대 교과목에는 큰 변동이 없었다.

이와 같은 시도의 성공은 우수한 교수진 확보를 전제로 하였다. 실천을 중시한 학과의 정체성을 보여주듯 교수진의 전공과 담당 과목은 전통 사회사업의 3대 방법론을 기준으로 구분되었다. 개별사회사업은 박보희와 이명흥이,[353] 지역사회조직은 지윤이 담당하였다. 반면 집단사회사업 담당 교수진은 독립 학과 개설 이래 잦은 교체가 이루어졌다.[354] 이에 따라 이화 사회사업학과가 학과의 비전을 이어가기 위해서는, 집단사회사업 분야의 교과와 실습을 지도할 수 있는 실천 경험을 겸비한 교수진 확보가 절실히 요구되었다.

---

353 이명흥은 1950년 이화여자대학교 영문학과를 졸업한 후, 한국전쟁기 미군 6146부대에서 6개월간 헤쓰 중령의 비서로 근무하였으며, 이후 헤쓰 중령의 철수한 뒤에는 황온순 여사가 운영하던 제주도 한국보육원에서 1년 6개월간 비서로 일하였다. 1953년 1월 도미하여 오하이오 대학교(Ohio University, Athens, Ohio)에서 역사학을, 오하이오주립대학교(Ohio State University, Columbus, Ohio)에서 역사학과 사회복지학을 수학하고, 1956년 귀국 후 국제사회봉사회(International Social Service)에서 생활환경조사사원(case worker)으로 2년간 근무하였다. 1961년부터 1995년까지 34년간 이화여자대학교 사회복지학과 교수로 재직하였으며, 퇴직 후 명예교수로 추대되었다.

354 『이화여자대학교 대학안내』, 1956-1969년도.

2. 문인숙, 이화사회복지관에서의 윤리기반 실천과 이론의 통합

문인숙이 이화 사회사업학과와 인연을 맺은 것은 1950년대 태화 직원으로서 이화 사회사업학과 실습생을 지도하고, 1956년과 1958년 두 차례에 걸쳐 집단사회사업 과목의 강사로 강단에 섰을 때부터였다. 이후 문인숙은 1970년 3월 2일자로 이화여자대학교 사회사업학과 집단사회사업 담당 교수로 부임하여 1994년 2월 28일자로 정년 퇴임할 때까지[355] 집단사회사업론, 집단사회사업실습, 집단사회사업세미나, 집단사회사업 원서강독, 프로그램 작성법 등 집단사회사업 분야의 과목을 전담하며, 이화의 집단사회사업 교육을 이끌어 나갔다. 그녀는 또한 동료 교수들과 더불어 제자들과의 시간을 소중히 여기며, 학생들의 개인적 삶과 사회사업 전문가로의 성장을 위해 교육과 연구 활동을 이어갔다.

" … 제가 이화여자대학에 가면서도 '나는 내 맘에 내가 정말 일하기 싫으면 그만둔다'고 생각했어요. 그런데 정말 싫어서 '이건 못 하겠다'고 생각해 본 적은 없었어요. 학생들과의 상호작용하는 것이 너무 즐거웠어요, 가르치는 건 둘째 치더라도, 사람과 사람 간의 관계를 만드는 일이 참 좋았어요. 학생들이 1학년에 오면 촌뜨기예요. 고등학교에서 막 와서 아직 때를 벗지 못했죠. 졸업할 때는 성인이 된 모습을 보면서 아주 기쁘게 생각했죠. 학생들이 참 좋았어요. … "[356]

---

355 이대학보, "교무행정쇄신. 교수진보완. 신임16명." 1970년 3월 9일.; 이대학보, "강윤호교수외 7명 정년퇴임." 1994년 3월 7일.
356 임상사회복지실천연구회. 「클라이언트 자기결정을 존중한 사회복지사—문인숙」. 『사회복지 역사를 세운 실천현장의 인물들』. (서울: 학지사, 2014), 85–99 발췌·인용.

〈사진 Ⅳ-1〉 문인숙과 제자들이 함께한 시간들[357]

1972년 3월, 문인숙은 이화 사회관 관장으로 발령을 받았다.[358] 사회관 건물을 신축하고, 지역사회 기반 사업을 정착시키는 중책이 맡겨진 것이다. 부임한 지 오래되지 않은 그녀에게 이러한 중책이 맡겨진 배경에는 미감리교 여선교회의 전통적인 사회사업 훈련과정을 거쳐 실천가로 성장한 이력과 태화기독교사회복지관의 대표를 역임했던 경험, 그리

---

[357] 사진 4장은 모두 임상사회복지실천연구회 제공. 위 사진 4장은 모두 문인숙과 제자들이 함께한 모습으로, 국제세미나 및 임상사회복지실천연구회 해외연수 참석, 제자들이 마련한 사은회에서의 장면 등을 담고 있다. 이는 문인숙이 학문적 지도자이자 삶을 나누는 스승으로서 제자들과 교류하며 쌓아온 유대와 애정을 보여주는 귀중한 자료이다.

[358] 이대학보, "학내사령" 1972년 3월 20일.; 문인숙의 정확한 사회복지관 관장재직 기간은 1972년 3월부터 1979년 8월, 1981년 3월부터 1983년 2월까지 총 9년 5개월이다(이화여자대학교 사회복지학과 50년사 편집위원회, 『이화여자대학교 사회복지학과 50년사』 67.). 본문의 관장기는 편의상 작성하였음을 밝힌다.

고 당시에도 태화의 운영위원으로 활동하면서 복지관 사업에 대한 높은 이해도가 있었기 때문이었을 것이다. 다시 말해 이화는 문인숙만큼 기독교적 사회사업 이론과 지역사회 기반의 실천력을 갖췄으면서 책임자의 경험을 갖춘 적임자를 찾기도 어려웠을 것이다.

문인숙 개인에게도 이화 사회관에서의 시간은 그녀의 학문적 실천가로서의 행보가 본격적으로 정착되는 의미 있는 시기이기도 했다. 본 장에서는 문인숙이 이화 사회관에서 수행한 역할과 행보를 살펴보고, 그 과정을 통해 드러난 그녀의 학문적 실천가로서의 성격을 확인하고자 한다.

1) 지역봉사와 실습의 장으로 출발한 이화사회관

이화 사회사업학과는 설립 초기부터 한국의 각종 시급한 사회문제에 대응할 수 있는 실천가를 양성하기 위해 현장실습을 강조하였다. 1953년부터 이화가 직영하는 고아원 혹은 인보관을 설치해 학생들의 현장실습지로 활용하는 것을 구상하고 있었고,[359] 김활란 총장과 테일러 여사(Mrs. H. D. Taylor)[360]는 1955년 채플 시간에 사회관(Social Center) 설치 계획을 발표하였다.[361] 사회관의 설립목적은 신촌의 빈곤층 주민을 위한

---

[359] 김영운, 「문리대학 종교사업과 보고 및 계획서」, 1952년 5월 재인용, 이화여자대학교 사회복지학과 50년사 편집위원회, 『이화여자대학교 사회복지학과 50년사』, 79.
[360] 휴 테일러(Hugh. D. Taylor)는 캐나다연합교회 여선교회 소속의 목사로 중국 쓰촨성 선교사로 봉사했으며, 이후 해외선교부 사무총장(Foreign Mission Executive Secretary, 1936-1938년), 여선교회 총 책임자(President, 1939-1942)를 역임했던 캐나다 여선교회의 핵심인물이었다.
[361] "An Out-Door Chapel Service at Ewha," The Missionary Monthly 30, no. 9 (October 1955): 394.

서비스 제공과 사회사업학과 재학생과 졸업생들에게 현장실습 기회를 제공하는 것이었다.

1956년 7월 6일, 사회사업학과 부설 사회관이 이화 정문 앞 대신동 언덕에 연건평 93.4평 규모의 건물로 개관되었다.[362] 이후 사회관은 1960년대까지 다음과 같은 서비스들을 실시하였다.[363]

- 본교 부속병원과 협동으로 운영한 Well Baby Clinic과 어린이 건강진단[364]
- 청소년 여가활동을 위한 오락활동과 본교생 중심의 여가·취미반
- 신촌지역 만 5세 아동을 대상으로 한 반나절 탁아사업
- 야간학교와 직업보도사업
- 신촌지역 빈곤자에 대한 구호사업
- 가정생활개선지도와 문제가정을 위한 개별사회사업서비스
- 성경학교 등

---

362 이화사회관은 현재 서울특별시서부교육지원청이 위치한 서울 서대문구 대현동 67-85번지에 처음 설치되었다(정혜정, 「이화여자대학교 사회복지관 30년사」, 『사회복지관논집』 4 (1986): 11-24.).
363 Anne Davison. "Operation Rat Trap." The Missionary Monthly 31, no. 8 (August 1956): 358-59.
364 이때 본교 부속병원은 '이화여자대학교 부설 신촌병원'으로 짐작된다. 이화는 1952년 본교 의학과 학생의 실습을 위해 동대문병원 외 신규 병원을 건립할 계획을 세웠고, 1953년 9월, 이화여자대학교 부설 신촌병원을 개원하였다(『이화여자대학교 연차보고서』 1951-1952, 1953학년도; 이대학보, "외래진찰소 개관, 동대문신촌병원 합병". 1961년 9월 4일). 이화사회관은 신촌병원 옆에 설립되어, 신촌병원과 합동으로 사회관 내 유유아보건상담소 사업을 운영하며, 매주 화·금요일 오후 2시부터 5시까지 보건상담을 실시하였다(『이화여자대학교 연차보고서』 1956학년도, 106). 이대부속신촌병원은 1961년에 폐쇄 후 이대동대문병원에 통합되었다(『이화여자대학교 연차보고서』, 1961학년도). 현재는 신촌병원 자리에 '서울대신초등학교'가 위치해 있다.

〈사진 IV-2〉 이화사회관 전경(1956-1973)³⁶⁵

2) 대학부설 사회복지관의 정체성과 운영기반 수립

1972년 문인숙이 관장으로 부임했을 당시, 사회관은 이화 부속 유치원과 초등학교의 중간지점에 위치해 있었다.³⁶⁶ 이로 인해 지역주민들이 복지관 서비스를 이용하려면 본교 정문을 통과해야 했고, 결과적으로 서비스 접근성이 매우 떨어지게 되었다.³⁶⁷ 결국 사회관은 대지 100평·건평 30평의 협소한 가옥에서 본교 교직원 자녀를 위한 반나절 탁아사업, 대학생과 직장여성을 위한 취미 클럽활동, 교양강좌 등 소규모의 제한적인 활동만을 유지하게 되었다.³⁶⁸ 이와 같은 현실은 이화가 추구한 지역사회기반의 실천이 약화 되는 결과를 초래한 것이다. 이에 이화는

---

365 사진 2장 모두 이화여자대학교 이화역사관 제공.
366 이화사회관이 대현동에서 당시 위치로 이전한 시점은 명확하지 않다. 1965년에 이전했다는 경우도 있고, 1969년 대현동에 위치한 사회관에서 학부실습을 했다는 이화 졸업생의 증언도 있다. 따라서 이에 대한 추후 후손확인이 필요하다. 다만 사회관 이전 이유 중 하나로 부지의 원 소유자였던 서울시교육청이 해당 부지에 초등학교 신설을 추진하면서 부지를 점유하고 있던 이화사회관과 신촌병원의 이전을 요청했기 때문인 것으로 추정된다. 참고로 대신초등학교는 1965년 3월 10일 개교하였다.
367 정혜정. 「이화여자대학교 사회복지관 30년사」, 11-24.
368 이화여자대학교 사회복지학과 50년사 편집위원회. 『이화여자대학교 사회복지학과 50년사』, 60.

전반적인 시설개선 및 확충과 함께 사회복지관 본연의 기능을 적극적으로 확대할 생각을 하게 되었고,[369] '이화10년발전계획(1967-1976)'에 사회복지관 확장·이전을 포함시켰다.[370]

사회사업학과는 1969년부터 실습생을 동원하여 대신동, 창천동 지역주민의 욕구조사를 실시하였고, 사회관 프로그램의 개선 방향을 설정하기 위한 기초선을 마련하였다.[371] 1971년까지 캐나다 기독교아동복리회 (Christian Children's Fund of Canada)는 사회관 건축기금 2만불을 지원하였다.[372] 그리고 이화는 1971년 9월 이화여자대학교 직제를 개정하여 사회관을 사회사업학과 부설에서 총장 직속으로 변경하였고,[373] 1972년 3월 지역사회복지관의 전문가인 문인숙을 이화 사회관 관장으로 발령하였으며, 같은 해 5월 문인숙 사회관 관장을 포함한 '사회복지관 운영위원회'가 결성되었다.[374]

운영위원회가 결정한 사회관의 실천목표는 '1. 종합대학으로서의 특색 있는 사회복지활동을 목적으로 하며, 2. 신촌지역을 중심으로 한 지역사회봉사에 주력하고, 3. 사회사업과 학생 및 관련 학과 학생의 실습기관으

---

[369] 『이화여자대학교 대학안내』, 1969년도, 42.
[370] 이대학보, "(사설)봉사의 근원될 사회복지관", 1972년 05월 22일.
[371] 『이화여자대학교 연차보고서』, 1969학년도, 8; 『이화여자대학교 연차보고서』, 1971학년도, 84.
[372] 『이화여자대학교 연차보고서』, 1971학년도, 84; 최종 건물완공까지 캐나다아동복리회로부터 받은 후원금 총액은 4만불이었다(이대학보, "사회복지관건립, 아동 및 지역봉사 위해", 1974년 9월 20일; 『이화여자대학교 연차보고서』, 1973학년도, 6.)
[373] 이대학보, "이화여자대학교 직제", 1971년 9월 6일.
[374] 김옥길 총장은 본 사업이 범 이화의 사업이 되기를 희망하였기에 운영위원회 구성은 문인숙 사회복지관장 뿐 아니라 박준희 교수, 함흥근 학무처장, 가정대 이병림 교수, 사범대 이은화 교수, 간호대 차은희 교수, 법정대 최병옥 교수 등으로 되었다(이대학보, "해외파견 교수에 김갑순, 유연숙 교수. 정례교무회의서 결정", 1972년 05월 01일.; 이대학보, "사회복지관 건립, 특색 있는 복지활동 목표", 1972년 05월 15일.)

로 한다.'였다. 여기서 '관련 학과'의 실습은 사범대학의 특수교육 및 유아교육, 간호대의 모자보건소, 가정대의 아동교육 문제, 법정대의 법률상담 등을 포함했다. 운영위원회는 사회복지관의 체계적인 활동을 위한 규정을 마련하고, 장소와 건물 설계 등에 대한 논의를 이어갔다. 이 시기에 기관명도 '이화사회관'에서 '이화사회복지관'으로 변경되었다.

문인숙은 '이화10년발전계획'의 일환으로 진행된 복지관 확장의 중책을 맡아 1972년 3월부터 1983년 2월까지 약 10년간 이화가 추구하는 복지관의 이상과 사회사업학과가 지향하는 전문성을 조율해나갔다. 그 결과 이화사회복지관은 기독교 대학이 운영하는 전문 사회복지기관으로 굳건히 자리매김하게 되었다.

1972년 6월 7일, 현재 이화 신세계관 위치에서 사회복지관 기공식을 거행하였다.[375] 1973년 11월 전후하여 공사가 시작되었으며,[376] 1974년 12월 지하1층, 지상2층의 연건평 590평 규모의 사회복지관이 완공되었고, 1975년 2월 20일 기존의 건물에서 신축건물로 이전한 뒤 1975년 3월 27일 개관식과 봉헌식을 가졌다.[377]

문인숙의 이화사회복지관 건축에서 높이 평가되는 부분은 출입구에 장애인 램프[378]를 설치한 일이다. 당시 한국 사회에서는 장애인의 이동권

---

[375] 이화 신세계관은 서울 서대문구 성산로 500(서울 서대문구 대신동 22)에 위치해 있다(이대학보, "사회복지관 기공, 지역사회 중심의 복지사업 위해", 1972년 06월 12일.)
[376] 이대학보, "사회복지관건립, 아동 및 지역봉사 위해", 1974년 09월 20일.
[377] 이대학보, "사회복지관 신축개관", 1975년 3월 7일; 이대학보, "27일 사회복지관 개관", 1975년 3월 28일; 정혜정, 「이화여자대학교 사회복지관 30년사」에 의하면 대지 1,201평, 건평 529평의 2층 건물이 신축되었다고 작성.
[378] 장애인 램프(경사로)란 휠체어 사용자, 보행 보조기구를 사용하는 사람, 노인, 유모차 이용자 등이 계단을 오르내리지 않고 안전하게 건물에 출입할 수 있도록 설치한 완만한 경사로를 말한다. 일반적으로 법령과 건축 기준에서 경사도, 폭, 손잡이 설치 여부 등이 규정되며, 이동권과 접근권을 보

과 접근성을 고려한 건축적 배려가 거의 논의되지 않았고, 제도적으로도 뒷받침되지 않았다. 장애인 램프 시설에 대한 사회적 관심은 1988년 서울 올림픽을 계기로 비로소 확산되었으며, 1997년 「장애인·노인·임산부 등의 편의증진보장에 관한 법률」(법률 제5332호, 1997.4.10 제정)이 마련되면서야 비로소 설치가 의무화되었다. 이러한 역사적 맥락을 고려할 때, 이화사회복지관의 램프 설치는 제도화보다 수십 년 앞선 진보적 조치였다. 문인숙은 제도적 요구가 전혀 없는 상황에서 이 시설을 도입함으로써 이용자의 접근성을 보장하고 서비스 이용의 문턱을 낮추어, 클라이언트 친화적 복지를 실현하고자 했던 매우 선도적인 시도였다.

〈사진 IV-3〉 이화 복지관 전경
(1974-2000)[379]

〈사진 IV-4〉 김옥길 총장·서은숙 이사장과
함께한 현판식(1974)[380]

문인숙은 이화 사회복지관의 목적을 '사회복지관 운영위원회'에서 논의된 방향에 따라, 기독교 정신의 바탕위에 '지역봉사', '지역연구', '학생 실습 및 전문인력 훈련'에 두었다.[381] 그녀는 대학이 운영하는 복지관은

장하는 대표적인 장애인 편의시설로 간주된다.
379 이화여자대학교 이화역사관 제공
380 임상사회복지실천연구회 제공
381 이대학보, "봉사, 연구하는 사회복지관", 1975년 3월 14일; 이대학보, "사회복지관 활동의 이모저모", 1975년 6월 20일.

이론과 실천을 연결하는 공간이어야 하며, 이를 위해 심도 있는 연구사업을 추진하고, 전문적이고 체계적인 학생실습을 지원하는 것이야말로 대학교 사회복지관의 사명이라고 본 것이다.

1975년 3월 21일 이화의 직제변경으로 간호대의 모자보건소와 사범대의 유아원이 사회복지관으로 통합되었고, 같은 해 11월에는 사회복지관 규정(1975.11.24. 제정)이 마련[382]됨으로써, 문인숙이 이끄는 이화 사회복지관은 점차 종합사회복지관다운 면모를 갖추어 나가게 되었다.[383]

3) 실천·연구·교육의 통합으로 책임성 있는 근거기반 서비스 전개

문인숙은 대학부설 기관인 이화 사회복지관의 목적(지역봉사, 지역연구, 학생실습 및 전문인력 훈련)을 지켜내는 것에 대한 강한 사명감과 책임감을 갖고 있었다. 사회사업, 간호학, 특수교육학을 전공한 연구직원 7명과 함께 관련 연구들을 꾸준히 수행하였고,[384] 이는 조직 구조 내 다학제적 협력의 제도적 토대가 되었다. 문인숙은 관장 재직 기간 동안 총 27건의 연구사업에 참여하였고〈부록 1〉, 그 중 12편이 사회복지관 프로그램 활성화와 실습체제 구축에 관한 연구들이었다〈표 IV-1〉.

---

[382] 이대학보, "사회복지관 규정 제정", 1975년 12월 5일; 『이화여자대학교 연차보고서』, 1975학년도, 128.
[383] 이대학보, "사회복지관 신축개관", 1975년 3월 7일; 이대학보, "27일 사회복지관 개관", 1975년 3월 28일; 이대학보, "34개 위원회위원 확정과 직제 개정", 1975년 3월 28일; 『이화여자대학교 대학안내』, 1975년도, 366.
[384] 사회복지관은 총장 직속기구가 되면서 관의 조직체계를 운영위원회, 관장(1명), 사무직원(1명), 연구원(7명)으로 구성하였다. 그리고 운영위원회에는 주로 학무처차장, 간호대학장, 사회사업학과장, 특수교육과장, 사회복지관장 등으로 구성되었다(『이화여자대학교 연차보고서』, 1981학년도; 1983학년도; 1985학년도.).

〈표 IV-1〉 문인숙의 사회복지관 프로그램 활성화 및 실습체계 구축 연구 일람표

범주(수)	연구제목 (년도)
복지관 (7)	장인협, 문인숙.『사회관 활동에 대한 효율성 평가조사』. 1973. 발행처 미상.
	문인숙 외.「신촌지역 주민의 생활상태와 개발가능성에 관한 조사연구」. 1975. 미간행.
	문인숙.「취업실태 및 취업취향에 관한 연구조사 — 인근지역 비진학 청소년을 중심으로 —」. 1977. 미간행.
	문인숙.「이화사회복지관의 역사적 배경과 역할」.『사회복지관논집』1 (1977): 5–13.
	장인협, 문인숙.「사회관 활동에 대한 효율적인 인력활용 및 개발방안」. 1979. 발행처 미상.
	문인숙, 김경희.「지역사회개발을 위한 가정복지 프로그램 개발 및 그 성과 측정에 관한 조사연구 — 이화사회복지관을 중심으로 —」.『사회복지관논집』2 (1979): 7–30.
	문인숙, 남경현(공역).「사회복지관의 기준」.『사회복지관논집』3 (1980): 5–23.
실습 (4)	지윤, 이명흥, 문인숙, 김선심.『사회사업사례집』. 서울: 이화여자대학교 사회사업학과 교수실, 1972.
	문인숙.「시카고 대학교 사회사업대학 주최 하기학교를 마치고」.『사회사업』7 (1972): 218–228. (이화여자대학교 사회사업학과)
	문인숙.「실습교육의 현황, 문제 및 제안」. 1979. 발표처: 한국사회사업대학협의회.
	문인숙.「사회사업 실습교육제도의 현황분석 및 효과적 운영방안 연구」.『한국문화연구원논집』39 (1981): 229–254.
수퍼비전 (1)	문인숙(역).『사회사업지도감독론』. 서울: 이화여자대학교출판부, 1980.

(1) 프로그램 연구를 통한 사회복지관 서비스의 전문화와 질적 향상

문인숙이 참여한 사회복지관 프로그램 활성화 관련 연구들을 보면 〈표 IV-2〉, 그녀가 생각하는 사회복지관의 기능과 역할은 지역서비스개발을 위한 '복지관 운동'이었다.

〈표 IV-2〉 문인숙의 사회복지관 프로그램 활성화 관련 주요 연구 소개

연구제목	연구목적 및 주요 내용 소개
사회관 활동에 대한 효율성 평가조사	대한감리회 산하 6개 사회관(태화, 유린, 부산, 대전, 인천, 공주)의 행정, 프로그램, 재정, 시설 등을 종합적으로 분석한 뒤, 목적 설정의 명확화, 전문인력 확충, 재정 자립, 지역사회와의 연계 강화, 프로그램 개발 등이 향후 사회관 발전의 핵심 과제임을 제시
신촌지역 주민의 생활상태와 개발가능성	복지관 인근 지역인 서대문구 대현동, 대신동, 신촌동, 봉원동 주민을 대상으로 지역실태조사 실시
취업실태 및 취업취향에 관한 연구조사	근로 청소년 프로그램 개발을 위한 현황 및 욕구조사 실시(후속 연구 「사회관논집」 제3집 게재를 위한 기초자료 수집)
이화사회복지관의 역사적 배경과 역할	이화사회복지관이 신촌 지역 주민의 생활 향상과 지역사회 개발을 위해 설립된 역사적 과정과 사회관 운동의 국제적·국내적 전통을 정리하며, 지역사회 봉사, 연구·조사, 학생 실습 및 전문인력 양성 등 대학 부설 사회복지관으로서의 특수한 역할을 강조
지역사회개발을 위한 가정복지 프로그램 개발 및 그 성과 측정에 관한 조사연구	신촌지역 영세민 가정을 대상으로 이화사회복지관 가정복지사업부 프로그램을 평가하며, 가족치료, 어머니회, 아동·청소년 프로그램, 생업자금대부, 지역사회간호사업 등 다양한 실천사업의 성과와 한계를 분석. 50가정 전수조사와 면접을 통해 자립능력 향상, 가족기능 강화, 지역사회 개발 참여 가능성을 검토하고, 한국 가정복지사업의 효과적 프로그램 운영 방향과 실천적 기틀을 제시
사회복지관의 기준	미국사회복지관연합회가 제시하는 사회복지관의 목적과 철학 및 운영기준 소개

문인숙은 근대화, 산업화로 지역사회의 상호협조 기능이 약화됨으로써 복합적인 여러 사회문제가 발생한다고 보고, 복지관이 지역의 주민들과 협력하여 이를 해결해야 하며, 지역사회개발과 지역민의 생활향상에 주동적으로 움직여야 함을 주장하였다. 이와 같은 역할을 수행하기 위해 문인숙은 영국의 토인비홀(Toynbee Hall)을 이화사회복지관의 모델

로 삼았다. 문인숙은 특히 캠브릿지와 옥스퍼드 대학의 학생과 교수들이 영세지역에 관심을 가지고 변화운동에 참여한 점을 주목했다. 또한 일본의 도쿄대학교가 동일한 철학과 방침 아래 유사한 사업을 전개한 사실도 강조하였다. 그녀는 이화사회복지관 역시 대학이 운영하는 복지관으로써 학생들의 적극적인 참여와 교수들의 협력을 바탕으로 인근 지역과 지역주민의 발전을 도모해야 하며, 지역사회 개발을 전제로 복지관의 프로그램과 서비스를 개발·제공해야 한다고 보았다.[385]

문인숙은 이러한 역할을 실현하기 위해서는 해당 지역 주민들의 고유한 욕구와 특수한 필요를 반영한 복지관 사업을 수행해야 한다고 보았으며, 이를 위해서는 지역사회 조사는 필수적인 과정이라고 생각했다. 문인숙은 1975년 동료 교수들, 학생들과 함께 신촌지역 주민의 생활상태와 개발가능성을 타진하기 위한 실태조사를 진행하였고,[386] 1977년도에는 인근지역에 거주하고 있는 비진학 청소년들의 취업상황을 조사하였다.[387] 그리고 1979년에는 지역사회개발을 전제로 한 가정복지 프로그램을 개발하기 위한 연구조사를 실시하였고,[388] 이를 기반으로 이화사회복지관 프로그램을 마련하였다.

이외에도 문인숙은 사회복지관 프로그램 활성화를 위해 1977년부터 1980년까지 세 차례에 걸쳐 『사회복지관논집』을 간행하였다.[389] 문인숙

---

385 문인숙, 「이화사회복지관의 역사적 배경과 역할」, 『사회복지관논집』 1, (1977); 5-13.
386 문인숙 외, 「신촌지역 주민의 생활상태와 개발가능성에 관한 조사연구」, 1975. [미간행].
387 문인숙, 「취업실태 및 취업취향에 관한 연구조사」, 1977. [미간행].
388 문인숙·김경희, 「지역사회개발을 위한 가정복지 프로그램 개발 및 그 성과 측정에 관한 조사연구—이화사회복지관을 중심으로—」, 『사회복지관논집』 2 (1979), 7-30.
389 이화여자대학교 사회복지관은 『사회복지관논집』을 1977년, 1979년, 1980년, 1986년, 1996년 총 5차례 간행하였다.

은 복지관 수장으로서 복지관의 정체성과 지향점에 관한 글들을 작성하였을 뿐 아니라, 프로그램 개발연구에 직접 참여해 직원들에게 모범을 보였다. 해당 논집에는 사회복지, 특수교육, 간호 등의 전문직으로 구성된 사회복지관의 전 직원이 참여하였다. 그들의 직책이 '연구원'이었던 것에서 알 수 있듯이 이들은 실천과 연구를 병행하는 직급이었다. 논집에 실린 글들은 복지관이 시도한 사업들에 대한 소개와 평가, 그리고 지역 실태조사와 이를 바탕으로 한 미래 사업방향 모색 등으로 구성되었다〈표 IV-3〉.

〈표 IV-3〉『사회복지관논집』 목록 (1977-1980)

발간일	논문제목	소개(저자, 연구대상)
1977.05 (제1집)	이화사회복지관의 역사적 배경과 역할	문인숙 (이화사회복지관 관장)
	유아교육과 특수아 사례연구	이숙례 (교육학과 교수, 학령전 아동부장) 이화사회복지관 유아원 원아
	유료탁아사업의 필요성	김선심 (사회사업학과 부교수, 상담부 자문위원)
	Emergence of mental retardation in the family : labeling and it's impact on family	송준만 (특수교육학과 전임강사)
	가족과 가족치료에 대한 소고	김경희 (가정복지사업 담당) 가정복지사업부 면접 사례
	미혼모를 위한 집단치료	송성자 (상담사업담당) 1975년 9월부터 시행한 미혼모 집단치료 사례

발간일	논문제목	소개(저자, 연구대상)
1979.03 (제2집)	지역사회 발전을 위한 가정복지 프로그램 개발 및 그 성과측정에 관한 조사연구:이화사회복지관을 중심으로	문인숙 (이화사회복지관 관장) 김경희 (가정복지사업담당 연구원) 신촌지역 가정복지사업, 청소년들을 위한 프로그램
	재미 한국 이민의 인류생태학적 고찰 :Los Angeles시 거주 한국인 이주자의 생활만족도에 관한 통계적 분석	김윤신, 신공범 (간호사업부 부장)
	태화교실 사례연구	남경현 (태화기독교 사회관 관장) 강경혜 (연구원)
	실습지도의 집단활용과 지도기록의 유용성	김현숙 (청소년 담당 연구원) 청소년사업부의 집단실습지도 기록사례
	정신박약아의 자유화(自由畵)에 나타난 기호색채에 관한 조사연구	한기정 (특수아동사업담당 연구원) 사회복지관 아동
	가족건강기록지를 통한 일부 지역 주민의 보건간호사업에 관한 연구(1) : 지역사회 간호사업부 내소자 중심	양순옥 (간호사업부 담당연구원) 신촌지역 지역주민
1980.06 (제3집)	사회복지관의 기준	문인숙 (이화사회복지관 관장) 남경현 (태화기독교사회복지관 관장) 미국사회복지관연합회 기준 제시
	실무경험을 통해 본 정신지체아 부모 상담	김경희 (상담사업 담당연구원) 1979년도 정신지체아 team approach 접근 상담사례
	공작놀이가 정신지체아의 주의집중력을 키우는데 끼치는 영향	한기정 (특수아동교실 담당 연구원) 프로그램 분석(1978년 9월-1979년 12월)
	근로청소년 프로그램 개발을 위한 현황 및 요구조사 :신촌지역 A기업체를 대상으로	이은경 (청소년 사업 담당 연구원) 신촌지역 근로청소년 (문인숙 1977년 미간행 연구 연계)
	영유아 예방접종에 대한 지식 태도 및 실천에 관한 조사 연구 :지역사회 간호사업부 내소자 어머니 중심	양순옥 (지역간호사업담당연구원) 지역사회 간호사업부 내소자(1978년 1월-1979년 9월)
	어린이 교실 사업의 현황과 문제점에 관한 연구	차문정 (전 어린이교실 담당 연구원) 어린이교실 사업(1976년-1979년) 평가

문인숙이 추진한 연구사업은 지역사회복지관 사업을 활성화하기 위한 전략적 노력이었다. 이러한 활동들은 문인숙이 일관되게 강조해 온 '대학 부설 사회복지관'으로서 실천과 이론의 연계하여, 궁극적으로 클라이언트에게 근거기반의 적합한 서비스를 제공하고, 책임성 있는 실천을 가능하게 했다.

더 나은 지역봉사를 위해 연구를 수행한다는 것은 곧 관련 지식을 조사하고, 이를 바탕으로 프로그램을 설계·진행한 뒤, 그 결과를 평가하는 일련의 과정을 거친다는 것을 의미한다. 이는 자신이 수행하는 사업에 대한 자체 검열의 시간이자, 동시에 공개적으로 전문성을 검증받는 과정이기도 했다. 문인숙은 이러한 과정을 통해 복지관 사업을 단순한 지역봉사의 차원을 넘어 효과적이고 효율적인 전문적 실천의 영역으로 끌어올리고자 하였던 것이다. 이러한 체제의 구축은 곧 실천의 전문성을 담보하고 실천의 질을 향상시키기 위한 정교한 시도로 이해되며, 이를 통해 대학 부설 사회복지관이 지녀야 할 '실천·연구·교육'의 삼위일체적 기능을 강화하는 단단한 토대를 마련한 것으로 평가할 수 있다.

문인숙은 관장 재직시절 복지관 직원, 사회사업학과 학생과 교수들이 실시한 지역사회조사를 통해 지역주민의 특수한 욕구에 기반한 사업을 준비하였고, 영유아부터 노인에 이르기까지 전 연령에 이르는 지역복지사업을 개발하였다. 사회사업학과 간호학 그리고 특수교육학의 학제간 팀접근을 정착시켰다. 주부클럽, 유치클럽, 사진, 서예, 묵화 등의 대학생 클럽과 같은 클럽문화를 활성화시켰고, 지역주민 대표자로 구성된 지역사회협의회를 결성하여 지역주민의 공통적 문제를 해결하고자 하였다.[390] 이러한 시도들을 통해, 문인숙의 관장 재임 기간 동안 실시된 사업들은 대략 아래와 같이 정리된다.[391]

- 가족·여성 사업 : 가족치료 (Virginia Satir 이론 적용, 1976년 시작), 어머니회 (자치적 모임, 교양강좌·부업기술훈련 등 포함), 어머니 한글반 (1977년 시작, 기초 문해교육), 파출부 상담 (부업 참여 여성의 문제 상담)
- 의료·보건 사업 : 의료 및 가족계획 상담 (지역사회간호사업부 운영, 건강상담·예방접종·산전·산후 관리 포함)
- 아동·청소년 사업 : 탁아사업 (취업모 아동 보호·교육, 전인적 발달 지원), 아동교실, 어린이 교실 (학령전 아동 프로그램), 대봉교실 (대현동·봉원동 저소득가정 아동 대상), 이화교실 (만 5세 저소득층 아동 대상, 초등학교 준비 교육), 발달장애·특수교육이 필요한 아동을 위한 특수아동교실 (1975년 시작, team approach 적용), 학습부진 아동을 위한 '학습지진아 특수교육' (1977년 시작, 교정·보충학습 프로그램), 청소년 클럽활동 (집단활동, 상담·치료 프로그램, 대학생 취미반 포함), 독서실 운영 및 학습지도 (근로청소년 모임 포함), 성적진보학생 장학금 지급 (아동·청소년 학습 의욕 고취), 캠핑 프로그램 (하기·동기 방학 청소년 캠프), 특수아동과 그 가족을 위한 사업 (아동 발달 참관일, 부모 상담 등)
- 경제지원 사업 : 생업자금대부 및 응급의료비대부 (저리 대부, 자립

---

390 이대학보, "사회복지관 기공. 지역사회중심의 복지사업위해", 1972년 6월 12일; 이대학보, "사회관을 찾아서", 1973년 9월 24일; 이대학보, "사회복지관건립. 아동 및 지역봉사 위해", 1974년 9월 20일; 『이화여자대학교 대학안내』, 1973-1974년도, 369.
391 문인숙·김경희, 「지역사회개발을 위한 가정복지 프로그램 개발 및 그 성과 측정에 관한 조사연구」; 『이화여자대학교 대학안내』, 1976년도, 367; 『이화여자대학교 대학안내』, 1977년도, 373-374.

계획 지원), 보조금 지급 (생계보조, 교육·자립계획 지원), 헌옷판매 (저렴한 의류 제공, 생활지원)
- 교육·훈련 사업 : 실습생 지도훈련 (사회사업·간호·가정대·교육학과 학생 현장실습), 전문인력 훈련 (기관 실무자 및 사회사업가 훈련 프로그램)
- 기타 사업 : 노인사업 (1976년부터 준비 후 실시), 법률부조사업 (법률상담 및 부조), 연구활동 (지역 실태조사, 사업계획 수립, 사회복지관논집 발간 등)

(2) 실습체제 구축을 통한 실천가 교육의 전문성 강화

문인숙은 대학 교수로 임용된 후 1971년 시카고 대학교 하기학교에 자비로 참가하여 '현장실습지도(field instruction)'를 수강할 만큼 실습지도에 큰 관심을 갖고 있었다. 문인숙은 실습의 중요성을 항상 염두에 두고 사회복지관 관장 재직시절에도 관련된 연구들을 꾸준히 이어갔다(표 IV-4).

〈표 IV-4〉 문인숙의 실습 체계구축 관련 주요 연구 소개

연구제목	연구목적 및 주요 내용 소개
사회사업사례집	실습 교재의 부족 문제를 보완하고자, 사회사업의 주요 실천영역별 사례를 정리하여 학생들에게 현장 실습의 지침서 역할을 하도록 기획. 이 책에서 문인숙은 집단사회사 분야를 담당하여 고등학생, 아동재활원, 환자 등 다양한 집단사례 6편을 정리함으로써 학생들이 현장 실습에서 이론을 적용할 수 있도록 돕는 것을 목표로 함

연구제목	연구목적 및 주요 내용 소개
시카고대학교 사회사업대학 주최 하기학교를 마치고	1971년 미국 시카고 대학교 사회사업대학 주최의 '계속교육프로그램 (Continuing Education Program)'에 참가하여 3과목을 이수한 경험을 작성한 글로, 현장실습지도(Field Instruction) 과목에서 실습지도(Field Instruction)와 슈퍼비전(Supervision)의 차이, 오리엔테이션의 원칙, 실습지도 방법, 기록 방식의 혁신 등을 접함
실습교육의 현황, 문제 및 제안	실습교육에 대한 관심의 가시적 표출의 시작으로 볼 수 있는 발표로, 「사회사업 실습교육 제도의 현황분석 및 효과적 운영방안 연구」(1981)라는 결실로의 귀결
사회사업 실습교육제도의 현황분석 및 효과적 운영방안 연구	1980년 이화여자대학교 한국문화연구원으로부터 지원받은 연구비로 수행한 연구결과물. 한국 사회사업 실습교육의 제도와 운영상의 문제점을 체계적으로 분석하고, 학교와 실습기관 간의 역할 분담, 실습배치의 장기계약, 오리엔테이션 체계화, 실습 Ⅰ·Ⅱ·Ⅲ 단계별 학습목표 설정, 평가 기준의 명확화 등 실습의 효율성과 질을 높이기 위한 구체적인 개선방안을 제시
사회사업지도감독론	사회사업 실습교육의 질 향상을 위해 지도감독의 중요성을 강조하며, 미국 사회사업 분야에서 학생 실습지도와 조직 내 직원 지도 전략에 전문성을 지닌 학자 페티스(Dorothy E. Pettes)의 『Supervision in Social Work: A Method of Student Training and Staff Development』을 번역

문인숙의 이러한 관심은 1980년, 한국 최초의 실습수퍼비전 교재인 『사회사업지도감독론』을 번역·발간하는 데로 이어졌다. 본 저자인 페티스는 학생 실습 지도뿐 아니라 조직 내 직원 지도 전략에도 관심을 두었던 학자이다. 페티스의 저술을 번역했다는 점에서, 문인숙의 지도감독 대상에는 학생과 실천가 모두를 포괄했음을 알 수 있다. 다시 말해 문인숙의 궁극적 관심과 접근은 사회사업 '실천의 전문성'에 있었으며, 이를 위해 사회사업학과와 긴밀히 협력하여 현장 실무자의 전문성 강화를 위한 다양한 훈련과정을 마련하였다.

1976년 4월부터 12월까지 진행된 '전문인력 집중훈련(Intensive

Manpower Training)'은 사회사업 석사학위를 가진 기관 실무자 4명과 교수 4명이 함께 참여한 프로그램으로, 현지 임상실천과 의식화 과정을 거치며 심화된 사회사업 이론을 실제 사례에 적용하는 기회를 제공하였다.[392] 참가자들은 이러한 과정을 통해 자아개발과 실천기술 면에서 큰 성과를 거두었다고 평가하였다. 여기서 언급된 '의식화 과정'의 구체적 내용은 확인할 수 없으나, 참가자들의 평가를 고려할 때, 이는 단순한 기술훈련을 넘어 실천가들이 자신들의 전문적 정체성과 역할을 재인식하고 사회문제에 대한 인식을 심화하도록 돕는 방향의 훈련이었을 것으로 추정된다.

　1980년 11월 17일부터 29일까지는 사회복지 기관 실무자들과 실습지도자들의 요청에 따라 '연장교육'이 실시되었다.[393] 사회복지관과 사회사업학과가 공동주최하고 사회사업대학협의회가 후원한 이 교육은 총 20시간 과정으로, 사회사업방법론, 사회보장론, 가족치료, 인성발달 이론, 집단상담, 소집단이론, 인간관계와 커뮤니케이션, 지도감독(supervision) 등 실천적 주제를 다루며, 현장의 새로운 이론습득에 대한 욕구에 적극적으로 응답하였다. 이와 같은 시도들은 사회사업 '실천의 전문성'과 '서비스의 질적 향상'을 추구한 문인숙의 일관된 노력을 잘 보여준다. 그리고 이러한 전문성 강화를 위한 노력은 '한국사회복지사협회' 사업으로 행보가 이어진다.[394]

392　정혜정, 「이화여자대학교 사회복지관 30년사」, 23.
393　이대학보, "사회복지관, 사회사업학과 공동주최. 11.17-29일 연장교육 실시", 1980년 10월 27일.
394　문인숙의 '한국사회복지사협회' 활동은 'IV. 3. 3) 이화동산을 넘어 임상실천현장 전문성을 위한 체제 구축' 참조.

이상의 문인숙의 활동을 종합해 보면, 문인숙은 이화복지관을 대학이 운영하는 실천적 학문 공간, 즉 실천과 연구 그리고 교육이 연결되고 공존하는 장으로 규정하였음을 알 수 있다. 그녀는 기관의 운영 목적을 기독교 정신 위에 '지역봉사·지역연구·학생실습 및 전문인력 훈련'으로 세우고, 이를 통해 복지관의 정체성을 분명히 했다.

이를 실현하기 위해 서로 다른 전공을 가진 교수와 직원들을 연계하여 다학제적 협력체제를 세웠으며, 직원들에게 '연구원'이라는 직명을 부여하여 실천과 연구를 동시에 수행하도록 했다. 이는 복지관이 곧 연구소이자 학교이며 동시에 지역사회를 위한 봉사기관으로 기능하도록 하기 위한 의지였다. 나아가 『사회복지관논집』을 발간하여 현장의 경험을 기록으로 남기고, 이를 다시 실천에 환류시키는 과정을 통해 복지관 운영을 구조화하고 제도 속에 정착시켰다.

이러한 일련의 노력은 곧 현장의 경험을 이론과 연결하려는 꾸준한 시도였으며, 학생들에게는 살아 있는 배움의 장을, 지역사회에는 의지할 수 있는 공동체를 제공하는 길이 되었다. 문인숙의 행보는 모두 클라이언트의 삶의 질을 향상시키기 위한 '사람 중심의 실천'이자, 그녀가 꿈꾸는 정의로운 사회를 구현하기 위한 방식이었다. 이러한 문인숙의 활동에 대해 당시 복지관 직원들은 다음과 같이 회고하였다.

> "… 문인숙 교수께서는 현 건물 신축 계획부터 공헌이 컸을 뿐만 아니라 단일기구화에 따르는 사업확장, 프로그램 개발, 재정면에 큰 공로를 세우셨다. …"[395]

---

[395] 정혜정, 「이화여자대학교 사회복지관 30년사」, 18.

복지관 관장 재임한 시기, 문인숙은 사람 중심의 실천윤리를 토대로 정의로운 사회를 지향하며 복지관 사업을 실천과 이론의 통합적 구조로 제도화하였다. 이는 곧 문인숙이 학문적 실천가로 성장하는 시간이었다.

3. 문인숙, 임상사회사업 전문성을 향한 뚝심 있는 여정

문인숙은 스칼릿대학에서 전통적 사회사업방법론 중 하나인 집단사회사업의 정수를 체득한 실천가였다. 그녀의 유학 시기였던 1950년대 초반의 미국 사회는 통합사회사업론의 필요성이 공론화되고 있던 때였지만, 시기적으로 문인숙이 이를 체계적으로 교육받을 기회는 많지 않았을 것이다. 오히려 귀국 후 태화와 부산에서 복합적 어려움에 처한 클라이언트를 마주하며, 통합적 접근의 필요성을 실천 속에서 자연스럽게 체득해 나갔다고 볼 수 있다. 이러한 경험은 이화 사회사업학과의 교과과정 속에 통합사회사업론을 담아내는 밑바탕이 되었고, 나아가 임상사회사업의 전문성을 심화하는 방향으로 관심과 노력을 모아가도록 이끌었다.

본 절에서는 먼저 이화 사회사업학과의 교과 구성이 어떠한 배경 속에서 전통적 사회사업방법론에서 통합사회사업론으로 전환되어 갔는지를 살펴보고, 그 과정에서 문인숙이 맡았던 역할을 함께 짚어본다. 이어서 통합사회사업 실천의 흐름 속에서 그녀가 임상사회사업의 전문성을 키워가기 위해 어떤 노력을 기울였는지를 확인함으로써, 문인숙의 실천이 지닌 성격을 좀 더 확인하고자 한다.

1) 교재개발을 통한 통합사회사업 교육의 실체화

(1) 국내·외 사회사업 교육계의 변화와 이화의 대응

① 통합사회사업 국제담론의 부상

1960–70년대는 국제사회사업교육계가 전통적인 3대 방법론(개별·집단·지역사회조직)의 한계를 자각하고, 이를 통합하는 새로운 교육 패러다임을 모색하던 시기였다. 제2차 세계대전 이후 미국 사회가 직면한 도시화, 빈곤, 정신건강 등 복합적 문제는 기존 방법론만으로는 대응하기 어려웠으며, 이에 따라 통합적 접근의 필요성이 제기되었다. 바틀렛(Harriet M. Bartlett)이 『사회사업실천의 공통기반(The Common Base of Social Work Practice)』(1970)[396]에서 제시한 "모든 실천에는 공통기반이 있다"는 개념은 이러한 논의의 핵심적 이론토대가 되었다.

미국사회사업교육협의회(Council on Social Work Education, CSWE)는 바틀렛의 관점을 반영하여 1973년 '교육과정 정책선언문(Curriculum Policy Statement)'[397]을 발표하고, 모든 사회사업교육의 공통 필수영역으로 ① 인간행동과 사회환경, ② 사회복지정책, ③ 사회복지실천, ④ 조사·연구를 규정하였다. 이와 함께 미국사회사업교육협의회는 모든 사회사업가가 공유해야 할 공통기반을 지식과 기술의 차원에서 정리했는데, 이

---

[396] 바틀렛은 사회사업의 핵심 가치·지식·기술을 "공통기반(common base)"으로 개념화하였으며, 이 개념은 통합방법론과 공통기초 교육을 이해하는데 중요한 이론적 토대로 널리 인용·활용되었다(Harriet M. Bartlett, 『사회사업실천의 공통기반 (The Common Base of Social Work Practice)』, 1970.)

[397] Council on Social Work Education, 『Curriculum Policy for Undergraduate and Graduate Social Work Education』 (New York: CSWE, 1973); Council on Social Work Education, 『Curriculum Policy Statement』 (New York: CSWE, 1974).

때 인간행동과 사회환경 과목은 지식적 토대로, 커뮤니케이션 및 대인관계 기술은 모든 실천에 적용되는 기초 기술로 자리매김하였다. 이어 1982년 '교육정책 및 인증기준(Educational Policy and Accreditation Standards, EPAS)'[398]은 '일반주의 실천(Generalist Practice)'을 공식 용어로 채택하면서, 개별·집단·지역 수준을 아우르는 통합교육 구조를 확립하였다.[399] 이는 곧 사회사업교육이 개별 방법론 중심에서 공통기반을 전제로 한 통합적 실천 교육으로 전환되었음을 의미하며, 이후 세계 각국의 사회사업교육 표준에 영향을 미쳤다.[400]

국제 차원에서도 같은 변화가 일어났다. 국제사회사업학교협의회 (International Association of Schools of Social Work, IASSW)[401]는 전후(戰後) 사회사업 교육의 국제 기준 마련에 힘쓰면서, 통합사회사업론을 공통 담

---

[398] 교육정책 및 인증기준(EPAS)는 미국 사회사업교육협의회가 발표한 사회사업 학위 프로그램(학사·석사)의 미션, 커리큘럼, 핵심 역량, 평가 방식을 규정한 지침서로, 전문 직무 역량을 갖춘 인재 양성을 목표로 한다(Council on Social Work Education, 『Educational Policy and Accreditation Standards (EPAS)』 [Alexandria, VA: CSWE, 2015]. https://www.cswe.org/getmedia/23a602dc-292a-4dca-aac0-2dd1e84439a5/2015EPASandGlossary.pdf (검색일자. 2025년 7월 10일)

[399] Council on Social Work Education, 『Educational Policy and Accreditation Standards』 (New York: CSWE, 1982).

[400] Katherine A. Kendall, 『Council on Social Work Education: Its Antecedents and First Twenty Years』 (Alexandria, VA: CSWE, 2002); Karen K. Miley, Mary O'Melia, and DuBois, 『Generalist Social Work Practice: An Empowering Approach』, 8th ed. (Boston: Pearson, 2017).

[401] 국제사회사업대학협의회(International Association of Schools of Social Work, IASSW)는 1928년 프랑스 파리에서 국제사회사업학교위원회(International Committee of Schools for Social Work, ICSSW)로 창립되었으며, 1950년 스톡홀름 총회에서 현재의 명칭으로 변경되었다. IASSW는 약 450개 사회사업학교, 1,200개의 관련 프로그램, 500명 이상의 개인 회원을 아우른다. 주요 활동은 국제 사회사업교육 기준 개발, 학술연구 지원, 회원 간 학문적 교류와 네트워크 구축, 격년제 총회 및 지역별 회의 개최 등이다. 또한 유엔 경제사회이사회(ECOSOC)와 협력하여 국제적 차원에서 사회사업교육의 발전을 촉진하고 사회사업 전문인력 양성에 기여하고 있다(Lynne M. Healy, "A Brief Journey Through the 80-Year History of the IASSW: The Winds of Change in Social Work Education," Social Work & Society 6, no. 1 (2008): 1-12).

론으로 정착시켰다. 켄달(Katherine A. Kendall)[402] 박사는 국제사회사업학교협의회 사무총장 시절(1971‒1978) '국제교육기준과 지역 특수성의 조화'를 기조로 아시아 지역을 순방하였으며,[403] 1972년 한국을 방문하여 이화여자대학교 사회사업학과에서 '현대 사회사업학교의 교과과정과 오늘날의 사회사업가의 역할'을 주제로 특강을 하였다.[404] 당시 그녀의 강의는 통합방법론의 관점과 일반주의 실천 교육의 확산이라는 국제적 흐름을 직접적으로 전달하는 계기가 되었다. 동시에 UN 주관 세미나에서는 '개발도상국을 위한 일반주의 훈련모델(Generic Training Model)'이 논의되었고, 켄달 역시 그 확산 과정에 깊이 관여하였다.[405]

---

[402] 켄달 박사는 사회사업 교육계의 혁신가로 1950년대부터 미국사회사업교육협회(AASSW)의 집행서기로 활동했으며, 1952년 AASSW가 사회사업교육협의회(Council on Social Work Education, CSWE)로 통합된 이후에는 CSWE 교육서기·국제교육 책임자 등 핵심 역할을 수행하였다. 1966년부터는 IASSW 비전임 사무총장으로 활동하다가 1971년 협회가 독립 사무국을 설립한 뒤 첫 전임 사무총장으로 임명되었으며, 1978년 퇴임하였다. 이후에도 이사회 고문, 명예직 등을 맡으며 활발한 활동을 이어가면서 미국과 국제 사회사업 교육 발전에 크게 이바지했다. 그녀의 국제 사회사업 교육에 대한 공로를 기념하여 CSWE 산하에 Katherine A. Kendall Institute가 설립되었다 ("Katherine Kendall," Social Welfare History Project, Virginia Commonwealth University, https://socialwelfare.library.vcu.edu/people/kendall-katherine/ (검색일: 2025년 7월 25일)).

[403] Katherine A. Kendall의 1972년 이화여자대학교 방문은 IASSW가 추진한 '가족계획 프로젝트'의 일환이었다. 켄달은 아시아 11개국 21개 학교를 직접 방문해 사회사업 교육 실태를 조사하고 "5개년 계획"을 수립하였다. 이 조사 보고서는 1974년 UN ESCAP 방콕 회의의 기초자료가 되었으며, 인구·가족계획 내용을 교과목에 통합하고 지역사회 기반 교과목을 개발하는 등의 교육지침을 제시하였다(United Nations ESCAP, Report of the Regional Seminar on Population Education and Family Planning for Labour and Administration Officials, Bangkok, 12‒21 December 1974; IASSW, Activities Report Meeting: Maximizing Social Work Potentials for Family Planning and Population Activities, Singapore, 5‒15 November 1973; Sung, Kyu-taik, "Social Work as an Integral Part of Family Planning Service for Low-Income Families," International Social Work 21, no. 2 (1978): 23‒32).

[404] 이대학보, "사회사업과 특강 '켄달' 박사 모시고", 1972년 3월 27일.

[405] Katherine A. Kendall, 『International Social Work Education: A History』 (Alexandria, VA: CSWE, 2009), 6‒8, 11.

② 국내 교과과정 개편 논란의 심화

국내 사회사업교육계도 이와 보조를 맞추어 교과과정 표준화와 실습교육 강화를 위한 논의가 활발히 전개되었다.[406] 특히 1970년대 들어 '선성장 후분배' 경제정책의 역기능, 군사정부의 반민주적 국가운영, 해외원조기관의 철수 등 복합적 상황이 겹치면서 사회사업교육의 목표와 방향을 재설정할 필요성이 절실히 제기되었다. 동시에 미국 중심의 직접 서비스 모델이 과연 한국 현실에 타당한가라는 의문도 제기되었다.

이에 한국사회사업(복지)대학협의회는 '사회사업의 서비스적 특성과 사회복지의 정책적 특성'을 교육과정 속에서 어떻게 조화시킬 것인지가 주요 의제로 다루며 대학 교과과정 수립 논의를 진행하였다. 그 지향점은 국제 사회사업의 흐름과 보조를 맞추면서도 한국적 상황에 부합하는 통합사회사업을 실천하는 것이었다. 문인숙은 협의회 제12대 회장직(1979-1981)을 맡으며 인력수급 계획촉진위원회, 교재 및 교과분과 위원회가 구성하였고, 교과과정 연례세미나와 동북아 사회사업대학 협의회 세미나가 개최하였다. 이후 문인숙은 신섭중 회장기(1981-1983)에도 부회장으로서 사회사업 교육방법 세미나를 개최하고, 사회복지사업법 개정시안 작성·발표·검토에 참여했으며,「한국사회사업대학 교과과정 일람」초판 발간에 기여하였다. 제14대 박종삼 회장 시기(1983-1985)에는 제5차 동북아 사회복지세미나(1984)를 담당하여 세미나를 대규모 국제회의로 발전시키는데 역할을 하였다.

문인숙은 이미 협의회의 '창작문학 교재개발 위원회' 위원으로 참여

---

[406] 한혜빈,「한국사회사업(복지)대학 협의회 역사」,『한국사회사업(복지)대학협의회총람 1995』(서울: 한국사회사업(복지)대학협의회총람편집위원회, 1995), 11-34.

하여 『문학과 사회사업』(1973)을 간행한 이래, 교재 개발과 교과과정 개편, 국제 교류 사업 등 다양한 협의회 활동에 꾸준히 관여하였다. 이러한 활동은 문인숙이 한국 사회사업교육의 제도화, 교육과정 표준화, 교육 자료 개발, 국제 교류 확대라는 중요한 축을 형성하는 과정에서 핵심적 역할을 담당했음을 알 수 있으며, 더불어 특정 전공 영역을 넘어, 한국 사회사업교육 전반의 기반을 다지는 데 기여했음을 알 수 있다.

③ 이화의 통합사회사업 지향의 교과과정 개편

이화 사회사업학과 교수진은 이러한 국내외 사회사업 교육계의 흐름을 반영하여 국제 및 지역 차원의 다양한 사회복지교육 세미나에 꾸준히 참여하였고,[407] 그 경험과 논의를 토대로 1978년에는 교과과정을 전면 개편하면서 교육체계의 기본 틀을 전통적인 방법론 중심에서 통합사회사업방법론 중심으로 전환하였다.[408]

우선 통합사회사업방법론에 해당하는 '사회사업방법론(총론)'이 전공필수과목으로 신설되었고, 전공필수과목이었던 기존의 3대 방법론은 학생이 택일하여 수강하는 것으로 변경되었다. 그리고 '집단역학', '인간관계와 커뮤니케이션', '사회구조와 이탈행위', '아동 및 청소년 문제와 사회개입', '사회복지자원론', '행동장애와 사회치료', '보건 및 의료복지', '산업복지론' 등 새로운 교과목들이 다수 도입되었다. 신설된 대부

---

[407] 이화여자대학교 사회사업학과 교수진은 1970년대부터 1980년대 후반까지 IASSW와 아시아태평양지역 사회복지교육협회(APASWE)가 주관한 국제 세미나에 꾸준히 참석하였다. 문인숙은 1973년 싱가포르, 1979년 스리랑카, 1980년 대만, 1984년 한국에서 열린 세미나에 참여하였다(『이화여자대학교 연차보고서』, 1969-1994학년도; 이대학보, "교수동정", 1973년 11월 30일; 이대학보, "사회사업학과. 사회복지교육세미나", 1980년 9월 15일; 이대학보, "교수동정", 1984년 7월 16일).
[408] 『이화여자대학교 대학안내』, 1978년도, 129-132.

분 교과목들은 개인, 집단, 지역사회를 분절적으로 보지 않고 연속선상에서 살펴볼 수 있도록 유도하고 있었으며, 통합사회사업 접근 능력을 배양하고자 했다〈표 IV-5〉. 국제적 흐름을 반영한 이러한 변화는 한국 사회복지교육계에서 혁신적 시도였으며, 이화 사회사업학과의 실천중심의 정체성이 반영된 결과였다.

〈표 IV-5〉 1978년도 사회사업학과 신규 교과목

교과명	학년	학점	필수 표시	교과 내용
집단역학	2	3	탐색	집단역학의 발달과 관련된 이론을 제시하고 집단의 구조, 집단행동, 갈등, 적응 및 집단문화 등을 분석하여 검토한다.
인간관계와 커뮤니케이션	2	3	탐색	인간관계의 토대가 되는 코뮤니케이션의 수단과 과정을 현대사회의 특성과 결부시켜 모색함으로써 개인, 집단 혹은 사회전반의 이해와 파악을 증진하는데 목적을 둔다. 구체적으로 사고와 상징, 유언적 코뮤니케이션과 무언적 코뮤니케이션, 의식적 코뮤니케이션과 무의식적 코뮤니케이션, 예술적 코뮤니케이션, 코뮤니케이션과 사회병리, 메스미디아의 사회적 의의 등을 고찰한다. 촌극, 팬토마음, 소시오드라마, 연극 및 영화 감상 등이 활용되며 전문간 협동으로 교수한다.
사회사업 방법론(총론)	3	3	전필 부필	<u>사회사업 실천에 있어 개인, 가정, 집단, 지역사회 단위로 사용되는 기본원리와 과정 및 기술을 종합적으로 사회사업 실천 상황과 결부시켜 검토한다.</u>
개별 사회사업	3	3	택1 **	개별사회사업 방법의 개념, 원리, 그리고 과정에 대한 기초적인 이론을 제공한다. 특히 치료 목표와 절차를 수립하기 위한 목적으로 상황 속의 인간에 대한 이해, 심리사회적인 연구 및 진단 측면의 케이스워크 활동이 강조된다.
집단 사회사업	3	3		집단사회사업의 개념과 발전과정을 이해하며 집단역학과 집단 내의 개인, 그 상호 간의 관계를 연구하고 집단사회사업의 과정과 이 안에서의 사회사업가의 역할, 원칙, 기술을 익히며 목적 있는 프로그램을 계획하며 실제 사례분석도 한다.

교과명	학년	학점	필수 표시	교과 내용
지역사회 조직사업	3	3	택1**	지역사회에 대한 근본적인 이해와 지역사회조직의 개념과 과정을 고찰하며 보다 나은 사회환경을 위한 지역사회조직과정의 적용방법, 그 방법에 영향을 주는 제 요소와 주민 그리고 지역사회문제 사이의 조정자로서의 지역사회 조직가의 역할을 연구하며 현대 지역사회 활동의 방향도 고찰한다.
사회구조와 이탈행위	3	3	-	인간과 사회구조 간의 복합된 관계가 인간의 성장발달과 행동, 특히 여러 가지 부류의 비행과 비도덕적 행위에 영향을 주는 의미에 대해 체계적인 이론을 소개한다. <u>개인의 성장, 행동의 역동성, 소집단체계, 큰 조직, 지역사회발전 등에 관한 지식을 힘, 갈등 및 통제 등과 관련하여 습득케하고 인간의 생물학적, 심리적, 인류학적, 정치경제적 및 문화적 체계간의 상관관계를 이해시킨다.</u>
아동 및 청소년 문제와 사회개입	3	3	-	아동 및 청소년의 특성과 아동, 가정, 사회의 역동적 관계와 사회학적 기능 및 역할을 규명하며 예방 및 사후치료에 사용되는 지식과 기술을 습득시킴을 목적으로 한다. 내용 및 범위는 아동 및 청소년복지의 발달과정을 과학적 측면에서 파악하며 현 당면문제 및 종합적 정책 및 실천책을 논한다. 아울러 분야별 구분과 이에 사용되는 사회사업의 접근방법, 즉 <u>개별, 집단, 지역사회, 가족치료 방법이 소개된다.</u>
사회복지 자원론	3	3	-	사회복지자원에 관한 역사적 배경과 그 개념을 규명하고 현존하는 자원의 동원, 확대 및 보다 유용한 이용방법을 연구하며 아울러 새로운 사회복지요구에 대한 새로운 자원의 개발 내지 조성의 문제도 고찰한다.
행동장애와 사회치료	4	3	-	탐닉행위, 신경증, 신경장해, 아동 및 청소년의 비행, 동성애 등의 행동장애에 대한 사회치료의 이론과 실제적용을 위한 접근책을 소개한다. 대상이 되는 <u>개인, 가족 및 소집단을 변화시키는데 이용되는 접근책으로는 사회사업치료에 있어 통합적인 방법을 습득하도록 한다.</u>

교과명	학년	학점	필수 표시	교과 내용
보건 및 의료복지	4	3	-	질병, 보건 및 의료가 개인, 가정, 집단 혹은 지역사회에 미치는 영향을 제도적인 면과 프로그램 면에서 검토하며 아울러 보건 및 의료복지가 인간의 안녕 및 의료복지의 기원, 프로그램, 사회사업가의 역할을 비교연구하며 한국의 보건정책, 의료보험과 보호제도, 의료사회사업의 기원, 범위, 프로그램, 사회사업가의 역할을 이론과 현지답사를 겸해 습득케 한다.
산업복지론	4	3	-	20세기 산업사회의 특수문제와 그 대책을 사회복지적 차원에서 검토하되 특히 한국 근로자의 상황을 고찰하고 이에 대한 사회반응의 제 수단을 동서 선진국의 모형을 참작하여 모색하는데 비중을 둔다. 교수과정에는 선정적인 현지답사와 관계자들과의 대화의 기회가 포함된다.

* 필수표시 : 탐색(탐색), 전공필수(전필), 부전공필수(부필), 전공선택(전선)
** 개별사회사업, 집단사회사업, 지역사회조직 중 택1, 선수과목 사회사업방법론(총론)

참조 : 『이화여자대학교 대학안내』, 1978년도, 129-132

(2) 효과적·효율적 실천을 지향한 한국적 통합사회사업 교재개발

이화 사회사업학과의 1978년 교과목 개편은 단순한 과목명 변경이나 편제 조정에 그치는 것이 아니라, 통합적 실천 능력을 길러내기 위한 새로운 교재와 교육자료의 개발을 전제로 한 것이었다. 문인숙은 교수진의 일원으로 이 과정에 참여하면서 『사회사업방법론』, 『사회복지원론』 등의 번역서와 『집단사회사업방법론: 이론과 실제』 등의 저서를 출간하여, 이러한 전환이 실질적인 교육적 성과를 거둘 수 있도록 교재개발에 힘을 기울였다. 또한 초기 저술인 『집단사회사업』과 공동편찬물 『문학과 사회사업』은 개편 이전부터 학문적 기반을 닦아온 흔적을 보여준다〈표 IV-6〉.

〈표 IV-6〉 문인숙의 1970년대 방법론 교재 목록

년도	연구명 (번역서 서지사항)
1972	문인숙. 『집단사회사업』. 서울:한얼문고. (別書名 : 집단사회사업방법론)
1973	한국사회사업대학협의회 편(김선심, 남경현, 문인숙, 이명흥, 장인협, 조경미, 조성경). 『문학과 사회사업』. 서울:수문사
1976	문인숙, 김선심(공역). 『사회사업방법론—통합적접근—』. 서울:석암사(Allen Pincus, Anne Minahan. 1973. 『Social Work Practice: Model and Method』. Itasca, IL: F.E. Peacock Publishers.)
1977	장인협, 문인숙(공역). 『사회복지원론』. 서울:한국사회복지연구소(別書名 : 사회복지의 원리와 방법)(Naomi I. Brill. 1973. 『Working with People: The Helping Process』. New York: Holt, Rinehart and Winston.)
1978	문인숙. 『집단사회사업방법론:이론과실제』. 서울:이화여자대학출판부

문인숙이 학문적 실천가로 처음 저술한 방법론 교재는 『집단사회사업』이었다.[409] 이는 전통적 방법론 가운데 하나인 집단사회사업을 심화한 저술로, 한국 최초의 집단사회사업 교재였다. 본 교재는 이후 1978년 통합사회사업방법론 개편을 위한 사전적 기반 역할을 했으며, 이미 개편 이전부터 문인숙이 방법론 교재 집필에 착수했음을 보여주는 자료이기도 하다.

---

[409] 『집단사회사업』은 Gisela Konopka, 『Social Group Work: A Helping Process』를 토대로 한국 사회 현실과 교육 현장에 맞게 각색하여 출간한 것으로 보인다. 코노프카는 독일 태생의 미국 사회복지학자로, 미네소타대학교 교수로 재직하면서 『아동과의 치료적 집단사회사업』, 『시설 내 집단사회사업』, 『사회집단사업: 원조 과정』 등 300편 이상의 학술논문과 11권의 저서를 남기는 등 집단사회사업 교육과 이론 정립에 크게 기여하였다("Gisela Konopka," Social Welfare History Project, Virginia Commonwealth University, https://socialwelfare.library.vcu.edu/people/konopka-gisela/ (검색일: 2025년 8월 5일)). 특히 『집단사회사업: 원조과정』은 집단사회사업의 목적, 원리, 가정, 기술을 총망라하여 체계화한 저술로, 집단사회사업 분야의 고전으로 평가된다.

문인숙은 이후 『집단사회사업』을 실제 교재로 활용하는 과정에서 수정이 필요한 부분과 더 심층적으로 다루어야 할 주제들을 보완하고, 한국 사례를 첨부하여 『집단사회사업방법론: 이론과 실제』를 출간하였다. 그는 서문에서 교재 제목을 변경한 이유에 대해, 통합사회사업의 필요성과 타당성에 공감하고, 집단사회사업이 사회사업의 한 방법임을 명확히 하기 위함이라고 밝혔다.[410] 이는 문인숙이 자신의 1972년 저술을 통합적 접근 속에서 재구성하려는 시도로, 1978년 교과과정 개편 직후의 성과물이자, 실제 수업에서 활용할 수 있는 교재 개발의 실질적 결과물이었다.

1973년에는 한국사회사업대학협의회의 '창작문학 교재개발 위원회' 위원[411]들과 함께 『문학과 사회사업』을 간행하였다.[412] 이러한 시도는 국내 사회사업계가 서구 사회사업을 무비판적으로 한국 사회에 적용하는 과정에서 나타난 문제를 반성하고, 지역사회의 문화적·사회적 맥락에 부합하는 토착 교재 개발의 필요성을 인식한 것과 국제사회사업계가 이를 적극적으로 지원한 결과 가능했다.[413] 문인숙은 이 교재에서 손창섭의 『혈서(血書)』, 백인빈의 『조용한 강』, 한하운의 시(詩)를 활용하여 '소

---

410 문인숙, 『집단사회사업방법론』(서울: 이화여자대학교출판부, 1978).
411 한국사회사업대학협의회 산하 창작문학 교재개발 위원회가 언제부터 결성되어 관련 연구를 시작하였는지 확인할 수는 없다. 그러나 『문학과 사회사업』 서언(序言)에 '다년간의 연구'를 거쳐 본 교재가 간행되었음을 밝힌 바에 의하면 최소 1972년 여름 이전에 결성되었고, 본 저서의 저자들, 즉 교수 김선심, 남경현, 문인숙, 이명흥, 장인협, 조경미, 조성경이 함께 활동했던 위원들이었을 것으로 추정된다(한국사회사업대학협의회 편, 『문학과 사회사업』.)
412 한국사회사업대학협의회 편, 『문학과 사회사업』.
413 동아시아경제위원회 사회개발국(UN ECAFE, Division of Social Development)의 Frances Maria Yasas 박사와 UNICEF는 『문학과 사회사업』 교재 개발에 자문과 격려를 아끼지 않았으며, 아시아재단의 지원으로 출간이 가능했다(한국사회사업대학협의회 편, 『문학과 사회사업』.)

집단의 구성과 상호작용, 신체장애와 간질병, 빈곤과 실업문제, 부자간의 인간관계, 가족에서의 역할과 동일시 과정, 비행 및 퇴학문제, 혼혈아 문제와 사회 태도, 나병환자에 대한 사회 태도' 등을 사회사업의 문학교재(教材)로 제시하고 사회사업 교육에 적용하고자 하였다.

문인숙의 『집단사회사업』과 『문학과 사회사업』 등의 교재 작업은 집단사회사업 전공자로서 쌓아온 학문적 정체성을 바탕으로, 한국 사회에 맞는 교육자료를 개발한 실천적 시도였다. 문인숙이 교재를 제작하며 드러낸 관점을 두 가지 정도 추출해볼 수 있겠다. 첫째, 교재는 한국 사회의 현실과 맥락에 맞게 구성되어야 한다는 것이었고, 둘째, 교육과 현장에서 동시에 활용할 수 있는 실천성을 담보해야 한다는 것이었다. 이러한 관점은 훗날 문인숙이 학문적 실천가로서 활동하며 일관되게 지향한 방향으로 이어졌다.

이후 문인숙은 『사회사업방법론』[414], 『사회복지원론』[415] 등 통합사회사업 관련 번역서를 잇달아 출간하며, 집단사회사업 전공 교수의 정체성을 넘어 실천 교수로서의 정체성을 확립해나갔다. 당시 한국 학계에서 통합사회사업방법에 대한 논의는 1968년 강만춘이 국제사회복지협의회

---

[414] Allen Pincus & Anne Minahan, 『Social Work Practice: Model and Method』 (New York: McGraw-Hill, 1973). 이 저서는 사회사업을 개인, 가족, 집단, 지역사회 등 4체계(four systems model) 속에서 파악하고, 사회사업 실천을 이들 간의 상호작용을 통합적으로 이해하는 과정으로 설명하였다. 전통적인 개별·집단·지역사회조직의 방법론 구분을 넘어, 통합사회사업방법론의 기틀을 마련한 교재로 평가된다.

[415] Naomi I. Brill, 『Working with People: The Helping Process』 (New York: Holt, Rinehart and Winston, 1976). 이 저서는 사회사업을 원조과정이라는 공통 기반 위에서 이해하려 한 저작으로, 문제 사정, 계획, 개입, 평가 등 실천 전 과정을 아우른다. 모든 방법론에 공통적으로 적용되는 가치·이론·기술의 연결을 강조한 교재이다.

보고를 통해 세계적 추세를 소개한 이후 1970년대 말에 들어서야 본격화되었지만, 이를 교재 수준으로 정리한 저술은 전무했다.[416] 이런 상황에서 문인숙이 번역한 『사회사업방법론』은 한국 사회복지학계에서 통합사회사업방법론을 최초로 교육 현장에 도입한 교재로서 선구적 의미를 지닌다. 즉, 학문적 논의가 완성되기 이전 실제 교과과정에서 활용 가능한 자료를 마련함으로써, 문인숙은 통합사회사업론의 정착을 앞당기고 교육적 실천의 장을 열어간 것이다.

두 권의 번역서는 그녀가 실무자로 활동했던 당시의 경험과, 이화에서 교편을 잡으며 복지관을 운영하는 과정에서 체감했던 문제의식에서 비롯된 것이었다. 실천가로서 집단사회사업 접근만으로는 클라이언트의 다양한 욕구에 대응하는 데 한계를 느꼈을 것이고, 교육자로서도 실천과 이론을 아우를 수 있는 이론적 준거틀과 교재의 부재를 절감했을 것이다. 이러한 공백을 메우려는 노력의 결실이 바로 두 권의 번역서였다.

번역할 저서를 선택하는 일은 본질적으로 의도적 행위이며, 문인숙이 핀커스와 미나한, 브릴의 저작을 번역한 것도 이러한 맥락에서 이해할 수 있다. 문인숙은 학생들에게 두 권의 책을 통해 '사회사업이란, 개인

---

[416] 『사회복지문헌목록(1945-1986)』에 따르면, 한국 사회복지학계에서 '통합사회사업방법'이 공식적으로 언급된 것은 강남대학교 강만춘 교수가 1968년 제14차 국제사회복지협의회에 참석한 뒤, 통합방법론에 대한 세계적 추세를 소개한 것이 최초였다(강만춘, 「변천하는 사회에 있어서의 사회사업방법론의 새로운 강조점 ― 제14차 국제사회복지협의회 보고」, 『사회복지』 제23호 (대한사회복지연합회, 1968): 48-62.). 이후 약 10년간 뚜렷한 진전이 없다가, 1978년 무렵부터 김만두, 남세진, 조흥식, 김융일, 정경균 등의 연구를 통해 통합사회사업방법론에 대한 관심이 확산되었다. 그러나 이러한 논의들은 주로 학술 차원에 머물렀으며, 교육 현장에서 활용할 수 있는 교재로 발전된 것은 문인숙의 『사회사업방법론 ― 통합적 접근 ―』(서울: 이화여자대학교출판부, 1976)이 최초였다. 장인협·김승국·김영모·민병근, 『사회복지문헌목록(1945-1986)』 (서울: 아산사회복지사업재단, 1987)).

의 문제를 가족·지역사회·제도와 얽힌 맥락 속에서 통합적으로 이해' 해야 하며, '사회사업가는 가치와 이론, 그리고 기술을 겸비한 전문가여야 한다'는 점을 전하고자 했다. 특히 그녀는 모든 원조 과정이 클라이언트와의 관계 속에서 이루어 진다는 점을 강조하며, 사회사업가는 언제나 책임 있는 태도와 윤리적 기준 위에서 사람을 존중해야 한다는 사실을 주고자 했다.[417] 결국 문인숙의 번역 교재들은 통합사회사업이라는 새로운 학문적 흐름을 한국에 소개하는 동시에, 학생들에게 실천적 지혜와 윤리적 책임을 겸비한 사회사업가로 길러내고자 한 그녀의 교육철학이 담긴 지침서였다.

문인숙은 같은 시기 『사회사업지도감독론』[418]을 출간하였다. 이 책은 '사회사업 실천의 질은 지도감독자가 확고한 이론을 바탕으로 지도감독을 수행해야만 담보된다'는 문인숙의 신념에서 비롯되었다.[419] 따라서 문인숙이 1976년부터 1980년까지 연이어 출간한 세 권의 번역서는 사회사업 실천을 '구조 – 과정 – 교육·윤리적 관계'라는 사고의 흐름 속에서 체계화한 작업이었다. 즉, 그녀는 통합적 방법론으로 실천의 구조를 세우고, 원조과정을 통해 실천의 공통 기반을 정리했으며, 마지막으로 지도감독론을 통해 실천의 질을 교육적·윤리적 관계 속에서 확보하려 했다. 이러한 연속적 시도는 문인숙이 사회사업을 단순한 기술이 아니

---

417 문인숙, 김선심(공역), 『사회사업방법론—통합적접근—』, (서울:석암사, 1976); 장인협, 문인숙(공역), 『사회복지원론』, (서울:한국사회복지연구소, 1977).
418 Dorothy E. Pettes, 『Supervision in Social Work』 (New York: Longman, 1975). 이 저서는 사회사업 실천의 질적 수준을 확보하기 위해 지도감독의 교육적·행정적 기능을 구분하고, 지도감독자가 이론적 토대와 윤리적 책임을 바탕으로 실천가를 지원해야 함을 강조한 교재이다.
419 문인숙(역), 『사회사업지도감독론』, (서울: 이화여자대학교출판부, 1980).

라 윤리적 성찰과 관계 책임을 포함한 전문적 실천으로 인식했음을 보여준다.

『사회사업지도감독론』은 그녀가 한국문화연구원[420]의 지원으로 수행한 「사회사업 실습교육 제도의 현황분석 및 효과적 운영방안 연구」[421]와 연결된다. 이 연구에서 문인숙은 이화 사회사업학과의 실습체계를 평가하고, 보다 효과적인 실습 운영을 위한 대안을 제시하였다. 그녀는 연구의 문제제기에서, '실습교육의 기본적인 과제는 부유한 미국 학제를 그대로 모방한 기존모델에 대해 건설적으로 비판하는 한편, 실습교육의 토착화·한국화를 위해 필요한 인력·비용·시간적 여건을 깊이 고려하는 데 있다'고 강조했다. 결론에서는, "한국의 사회사업 실천은 한국의 지역성과 사회성, 고유한 문화와 문제를 배제한 채로는 성과를 거둘 수 없으며, 한국이라는 개념을 벗어난다면 한국 사회에서의 사회사업 전문직 존재 필요성까지도 의문이 제기될 것"이라고 단언했다. 이는 사회사업계에서 관용어구처럼 굳어진 '지금-여기(here and now)' 혹은 '클라이언트가 있는 그곳에서 출발하라'와 같은 실천원칙을 연구와 교육에까지 적용하고 있음을 알 수 있다. 동시에 이는 『집단사회사업』과 『문학과 사회사업』 집필에서부터 이어져 온 문인숙의 일관된 문제의식이기도 했다.

---

[420] 한국문화연구원은 1958년 이화여자대학교 총장 직속의 대학 부설 연구소로 설립되었으며, 한국문화와 사회에 관한 학술연구를 지원하는 기관이다(https://kcri.ewha.ac.kr/kcri/intro/greeting.do 검색일: 2025년 8월 6일). 문인숙이 이 연구원의 지원을 받았다는 사실은 그녀가 연구 초기부터 한국 실정에 맞는 실습교육체계를 고민하고 있었음을 보여준다.

[421] 문인숙, 「사회사업 실습교육 제도의 현황분석 및 효과적 운영방안 연구」, 『한국문화연구원논집』 39 (1981): 229-254.

문인숙은 집단사회사업 전공 교수로 출발했으나, 현장 경험과 교육적 필요를 통해 점차 학문적 실천가로서의 정체성을 형성해 갔다. 문인숙에게 있어 '사회사업 통합방법'과 '토착화'는 별개의 학문적 담론이 아니었다. 두 개념 모두 클라이언트가 처한 환경 속에서의 복합적 욕구를 어떻게 하면 보다 효과적이고 효율적으로 충족시킬 수 있을지를 고민한 실천가로서의 입장을 반영한 것이었다. 문인숙에게 통합의 궁극적 목적은 전통적 사회사업방법론과 마찬가지로 원조 활동을 통한 클라이언트의 변화였으며, 이를 위해 사회사업가는 가치·이론·기술을 조화롭게 활용할 수 있어야 한다고 보았다. 그리고 이러한 조화를 통해 확보된 전문성만이 클라이언트의 욕구를 충족시킬 수 있다고 본 것이다.

이러한 문인숙의 입장은 『문학과 사회사업』에서 한국 문학작품을 활용해 사회문제를 다루려 했던 시도, 그리고 「사회사업 실습교육 제도의 현황분석 및 효과적 운영방안 연구」에서 강조한 한국적 실습교육의 필요성 등에도 일관되게 드러난다. 결국 문인숙에게 토착화 역시, 통합사회사업과 마찬가지로 실천의 효과성을 극대화하기 위한 길이었다.

당시 교재의 부재가 학교 교육과 현장에의 큰 걸림돌이었던 상황에서, 문인숙이 제작한 교재들은 학생들에게 사회사업을 "통합된 이론 틀 위에서, 윤리적 가치를 바탕으로, 훈련과 지도에 의해 담보되는 전문성, 궁극적으로는 인간과 인간 사이의 책임 있는 윤리적 만남"으로 인식하도록 이끌었다. 이는 곧 효과적이고 효율적인 실천을 가능하게 하는 전문성의 토대를 마련하려는 시도였으며, 실천가이자 교육자, 동시에 번역자로 활동했던 문인숙의 통합적 시선을 잘 보여준다.

이러한 시각은 단순히 개인의 경험적 성취에 머문 것이 아니라, 학문적 전환의 계기로 평가되기도 했다. 김만두(전 강남대 사회복지학과 교수)는 1970년대 한국 사회복지실천의 역사에서 통합사회사업론의 등장을 중요한 전환점으로 꼽으며, 문인숙을 방법론 전환을 이끈 인물 중 한 사람으로 평가하였다. 그는 당시 상황을 이렇게 회고하였다.

" … 1980년대가 되니까 social work practice가 번역된 거예요. 문인숙, 김융일, 김선심, 조성경 이런 분들이 책을 번역해서 나왔고, 그때부터 우리 사회복지 분야에 이른바 사회복지실천의 또 하나의 전환점이 마련된 겁니다. "[422]

2) 임상사회사업 전문성을 지향한 교육의 토대 마련

1980년을 전후한 한국 사회복지학계는 국제사회복지계의 흐름을 수용하여 사회사업 교육과정을 '통합사회사업(복지)'으로 설정하는데 일정한 공감대를 형성하였다. 그러나 학자별로 통합사회사업(복지)의 성격을 이해하는 것에는 다소간의 입장 차이가 존재하였다. 이에 따라 사회사업(복지)(학)의 학문적, 실천적 정체성을 둘러싼 논란이 심화되었고, '사회사업'과 '사회복지'라는 용어 사용에 있어서도 극심한 진통을 겪고 있었다. 당시 문인숙은 '한국사회사업(복지)대학협의회'[423]와 '한국사회사업

---

[422] 임상사회복지실천연구회, 「치료도 변화도 아닌, 지지를 강조한 사회복지사 - 김만두」, 『사회복지 역사를 세운 실천현장의 인물들』 (서울: 학지사, 2014), 9-47 발췌·인용.

[423] 한국사회사업(복지)대학 협의회는 1966년 이화여자대학교, 중앙신학교(현 강남대학교), 서울대학교, 중앙대학교, 한국사회사업대학교(현 대구대학교) 등 5개 대학을 중심으로 '한국사회사업학교협의회'라는 명칭으로 출범하였다. 이후 협의회는 한국사회의 문화, 가치, 조건, 사회적인 기대에 적합한 대학교육의 기본 철학을 정립하고, 공통 커리큘럼과 교재 개발, 교수 확보, 실습교육의 내실

실천가협회'[424]의 중진(重鎭)으로 활동하며 이러한 논쟁과 혼란을 고스란히 경험하였다.

정부는 1982년부터 한국사회복지협의회, 한국사회사업(복지)대학협의회 등의 관련 전문가 집단의 협조를 얻어 『사회복지사업법』(법률 제3656호, 1983년 5월 21일)을 일부 개정·발포하였고, 이어 「사회복지사업법 시행규칙」(보건사회부령 제751호, 1984년 8월 16일)을 전면 개정·발포함으로써 사회복지사 자격제도의 틀을 정비하였다. 이로써 '사회복지사가' 사회사업(복지) 전문직의 공식명칭으로 확정되었으며, 시행규칙 제5조 '사회복지사 자격에 관한 관련학과 지정'은 사회복지사가 습득해야 할 최소한의 지식과 기술을 다음과 같이 규정하였다.

- 필수과목(10과목) : 사회복지(사업)개론, 사회복지법규, 인간행동과 사회환경, 사회보장론, 개별지도, 집단지도, 지역사회조직, 사회복지조사, 사회복지행정, 사회복지실습.
- 선택과목(4과목) :

화를 추구하며 복지전문인력 육성에 매진해왔다. 문인숙은 본 협의회의 제12대 회장(1979 – 1981), 제13대 부회장(1981 – 1983)을 역임하였다. 그녀는 재임기간 동안 인력수급 계획촉진위원회와 교재 및 교과분과 위원회 결성, 교과과정 연례세미나·사회사업 교육방법·동북아 사회사업대학 협의회 세미나 개최, 사회복지사업법 개정에 따른 대외활동 등 굵직한 사업 전개를 통해 협의회의 내실을 강화하고 대외적 위상을 넓히는 데 크게 기여하였다(한국사회사업(복지)대학협의회, 『한국사회사업(복지)대학협의회 총람』; 한국사회복지학회50년사편찬위원회, 『한국사회복지학회 50년사(1957 – 2007)』 (서울: 한국사회복지학회, 2007).).

[424] 한국사회복지사협회는 1967년 3월 8일 '한국사회사업가협회'라는 명칭으로 창립된 이후, '국민의 복지향상을 위해 사회복지에 관한 전문지식과 기술을 개발·보급하고 사회복지사의 권익옹호와 복지 증진을 도모한다'는 목적을 가지고 활동해왔다. 문인숙은 1967년 본 협회의 제2대 부회장을 시작으로 윤리강령위원장, 홍보위원장, 발전위원회 위원장 등 여러 위원장직을 맡아 협회 발전에 이바지하였다(한국사회복지사협회, 『한국사회복지사협회 삼십년(1967 – 1997)』 (1997); 한국사회복지사협회 50년사편찬위원회, 『한국사회복지사협회 50년사(1967 – 2017)』 (서울: 한국사회복지사협회, 2017).).

- 사회복지발달사, 사회사업통합방법론 중 1과목 이상
- 아동 및 가정복지, 산업복지, 노인복지, 심신장애자복지, 의료사회사업, 부녀복지, 교정복지론 중 1과목 이상
- 사회복지정책, 지원봉사자론, 지도감독론 중 1과목 이상
- 사회심리학, 사회변동론, 사회문제, 정신위생 중 1과목 이상

이러한 국가차원의 제도화 과정 속에서 협회와 단체의 명칭은 '사회사업'에서 '사회복지'로 일제히 변경되었고, 다수의 대학이 학과명을 '사회복지학과'로 개칭하였다. 1994년 현재까지 '사회사업학과' 명칭을 고수한 학교는 이화여자대학교를 포함하여 7개 미만에 불과했으며,[425] 새롭게 설립되는 대학들은 모두 '사회복지학과'로 인가를 받았다.

급격한 사회복지분야의 제도 변화와 학계의 혼란 속에서 문인숙과 이화 사회사업학과 교수진은 한국 최초의 사회사업학과로서 쌓아온 전통과 철학 그리고 책무성을 지켜내기 위해 '사회사업'과 '사회복지' 사이에서 선택을 내려야 했다. 이후 1995년 2월까지 학과명이 사회사업학과로 유지된 사실을 고려할 때, 문인숙과 이화 사회사업학과 교수진들의 당시 선택은 '사회사업'을 고수하는 것이었음을 알 수 있다. 문인숙에게 이는 자신의 실천적·학문적 입장을 어떻게 정립하고 지켜낼 것인가에 대한 질문이자 답이었다. 당시 문인숙 스스로 내린 답과 그녀의 사회사업 실천·교육철학을 이해하는 것에 학과장 시절 이루어진 교과과정 개편과 이를 가르치기 위해 제작한 교재가 중요한 단서가 된다.

---

[425] 한국사회사업(복지)대학협의회, 『한국사회사업(복지)대학협의회 총람』, 20. 이화여자대학교는 1995년에 사회사업학과에서 사회복지학과로 학과명을 변경하였다.

(1) 통합이라는 틀 속에서 임상실천을 구현한 교과과정 개편

문인숙은 약 10년간의 이화사회복지관 관장직을 마친 뒤, 곧이어 1983년 3월 1일자로 사회사업학과 학과장에 임명되었다.[427] 문인숙은 1983년 학과장 보직을 받은 뒤 곧바로 교과목에 두 가지 주요한 변화를 주었다.[428] 첫째, 문인숙은 통합사회사업의 관점에서 치료적 관계를 바탕으로 원조전문가의 역할을 강조한 『사회치료(Social Treatment)』(1982)[429]를 단독으로 번역·출간하고, 개별사회사업과 집단사회사업의 심화과목으로 '사회치료'를 개설하였다. 문인숙은 '사회치료' 과목에서 개인과 집단의 문제 해결을 위한 사회치료 이론을 소개하고, 직접·간접 개입방법과 기술을 사례를 통해 다루도록 구성함으로써 치료적 접근의 폭을 넓히는 데 목표를 두었다. 이는 당시 사회사업계에서 뜨겁게 논의되고 있던 '사회사업'과 '사회복지' 논쟁 속에서 그녀가 지향하는 사회사업의 전문성은 곧 '임상(clinical)'에 있음을 분명히 한 것이다.

〈사진 Ⅳ-5〉 학과장 시절의 문인숙(1983-1988)[427]

두 번째 변화는 '사회사업 세미나' 학점 배점을 3학점에서 6학점으로 늘리고, 세미나 주제를 기존의 수강 학생이 참여했던 실습 분야 중심에

---

426 임상사회복지실천연구회 제공.
427 이대학보, "8개 학과 학과장 변동. 지난 3월 1일로 추가발령", 1983년 3월 21일.
428 『이화여자대학교 대학안내』, 1983년도, 144-147.
429 James K. Whittaker, 『Social Treatment: An Approach to Interpersonal Helping』 (New York: Transaction Books, 1979). 이 저서는 사회사업을 대인관계적 원조활동으로 규정하고, 치료적 관계를 통해 변화를 이끌어내는 과정을 체계화하였다. 개인·가족·소집단 등 다양한 상황에서 적용 가능한 임상적 실천기술을 강조한 교재이다.

서 노인복지, 의료복지, 여성 및 가족복지, 교정복지 등 보다 다양하고 구체적인 사회사업 영역으로 확대한 점이다.[430] 이 과목에서는 특히 이화 사회사업학과가 지속적으로 추구해 온 토착적 사회사업 실천을 위해, 각 분야의 한국 상황을 분석하고 이에 적합한 접근방안을 모색하는 것을 교과 목표로 삼았다〈표 IV-7〉. 즉, 문인숙이 학과장으로서 교과과정에 시도한 첫 번째 변화가 임상사회복지의 전문성을 지향하고 있음을 드러낸 것이라면, 두 번째 변화는 임상사회복지 전문성을 강화하기 위한 구체적 차원에서 한국적·토착적 맥락을 반영한 것이었다.

〈표 IV-7〉 사회사업세미나 교과내용 (1978년도, 1983년도)

년도		교과내용
1978	사회사업 세미나	사회사업의 이론을 실천 경험과 관련시켜 조정, 통합함으로써 전문적 지식을 넓히고 그 이해를 깊게 하는데 목적을 둔다. 학생들은 실습에서 얻은 사례로 동료 학생 및 지도교수와 더불어 분석연구하고 사회사업 실천분야 전반에 걸친 현존 문제에 대해서도 연구하여 발표할 기회를 가진다.
1983	사회사업 세미나 I	사회복지분야에 대한 이해를 증진시키며 각기 특수분야에 대한 지식, 기술 등을 습득시키고자 한다. 특히 우리나라에서 사회문제로 심각성을 더해가는 노인복지문제를 논하며 구미 여러 나라의 제도를 비교 연구하고 우리나라 실태를 파악한다. 의료복지는 사회사업이 응용이 되는 2차 시설로서 이에 관한 특수지식을 습득시키며 시설견학을 통해 이해를 높인다.
	사회사업 세미나 II	이 과목에서는 여성과 결혼에 관련한 이슈들을 고찰하고 그를 위한 사회사업적 접근을 모색한다. 그리고 선진국의 교정제도 및 교정서비스를 검토한 다음, 우리나라 교정 분야에서의 사회사업전문서비스를 위한 가능성을 연구한다.

---

430 『이화여자대학교 대학안내』, 1978년도; 1983년도.

1985년에는 1978년 이후 큰 변화 없이 유지되던 교과과정이 전면 개편되었다. 이 과정은 이화 사회사업학과 교수진이 함께 논의하고 추진한 결과였지만, 당시 학과에서 가장 연륜이 깊은 교수로서 개편 방향을 이끈 인물은 문인숙이었다. 개편 목표는 정부가 지정한 사회복지 교과 규정에 대한 이화 사회사업학과의 입장을 반영하여 통합사회사업 교육 체제를 확립하는 것이었다.[431] 그 핵심은 양질의 사회사업 서비스를 제공할 수 있는 전문사회사업가를 양성하기 위해, '통합사회사업의 틀 속에서 임상사회복지의 전문성을 강화하는 교육체제를 마련'하는 것이었다. 이러한 학과의 의지는 전공필수로 선정된 과목을 통해서도 확인할 수 있다〈표 IV-8〉.

〈표 IV-8〉 사회사업학과 전공필수과목(1983-1987)

1983년	1985년	1987년
사회복지이해, 인간행동과 사회환경, 사회사업총론*, 사회사업실습 I, II	인간행동과 사회환경, 조사방법론, 통합방법론*, 사회사업실습 I, II, 사회치료	인간행동과 사회환경, 조사방법론, 사회사업론*, 사회사업실습 I, II, 사회치료
총 5개	총 6개	총 6개

* 사회사업총론, 통합방법론, 사회사업론은 동일과목이다.[432]

---

431 1985년 이화여자대학교 사회사업학과 교과과정은 정부가 정한 과목규정에서 약간 벗어나 있다. 「사회복지사업법시행규칙」(보건사회부령 제751호)이 규정한 10개의 필수과목 중 '사회복지법규', '사회보장론'이 개설되지 않았다. 참고로 이화여자대학교 사회사업학과는 '사회복지법규', '사회보장론' 관련 과목을 학과 창설 이래로 사회보장, 사회복지법령, 사회입법, 사회법령, 사회복지연구 등의 과목명으로 수차례 개설된 바 있다. 그러나 1978년 교과목 개편 이후 1989년까지 개설되지 않았다. 개설된 선택과목을 보면, 사회복지사 자격을 취득하려는 학생들은 '사회복지정책'과 '사회문제'를 반드시 수강해야 했으며, 이로 인해 두 과목은 명목상 선택과목이었지만 사실상 필수과목이 되는 상황이 되었다.

432 이화여자대학교 사회사업학과 통합사회방법론에 해당하는 과목명은 사회사업방법론(총론, 1978-1982년), 사회사업총론(1983-1984년), 통합방법론(1985-1986년), 사회사업론(1987-1993년), 사회사업통합방법론(1994년 이후)으로 변경되었다(『이화여자대학교 대학안내』, 1978-1994년도).

'사회사업총론', '통합방법론', '사회사업론'이 모두 통합사회사업방법론을 지칭하는 동일 교과목임을 고려할 때, 문인숙 학과장 재임 기간 동안 '인간행동과 사회환경', '사회사업실습' I, II을 포함한 총 네 과목이 일관되게 사회사업학과 전공필수교과목으로 지정되었다. 한편 1983년 전공필수였던 '사회복지이해'는 1985년 교과목 개편에서 제외되었고, 대신 '조사방법론'과 '사회치료'가 새롭게 전공필수과목으로 편성되었다.

조사방법론의 경우, 이미 기독교사회사업학과 시절 대니얼스의 지도 하에 학생들이 도시와 농촌의 실태조사를 실시하고, 이를 바탕으로 지역사회 기반의 사회사업 서비스를 개발했던 경험을 떠올려 보면, 오랜 기간 이화 사회사업학과 임상실천의 핵심 교과목이었다고 할 수 있다.

사회치료는 문인숙이 교과목 편성 이전에 교재를 먼저 제작했을 만큼 각별히 중요하게 여긴 과목이었다. 그녀는 학과장 취임 이후 이 과목을 우선적으로 교과과정에 편성하였으며, 1985년 교과목 개편에서는 전공필수과목으로 격상시켰다. 이로써 통합사회사업의 '개론' 성격을 지닌 사회사업론(사회사업총론, 통합방법론)과 '방법론' 성격의 '사회치료'가 서로 짝을 이루는 과목으로 자리잡게 되었다. 이는 임상사회복지의 전문성을 확보하기 위한 두 축, 곧 이론과 기술을 각각 담보하는 과목으로 설정된 것이다.

이와 같은 필수과목 선정과 구성은 문인숙과 이화 사회사업학과가 지향하는 바를 분명히 보여준다. 곧 '인간과 사회를 이해하고, 그 관계와 욕구를 조사한 뒤, 이에 기초하여 양질의 서비스를 제공하기 위해 사회사업가가 구체적으로 어떻게 활동할 것인지를 이론적으로 배우고 임상경험을 통해 체득한 인재를 양성하겠다'는 교육적 포부를 밝힌 것이다.

문인숙과 이화 사회사업학과의 1985년 교과개편의 성격과 특성 그리고 그 의미를 좀 더 살펴보겠다〈표 IV-9〉.

〈표 IV-9〉 사회사업학과 교과개편 특성 반영 교과목(1985-1986)

	교과명	교과 내용
필수	인간행동과 사회환경	인간행동을 포괄적으로 이해하는데 기초가 되는 여러 가지 개념 및 이론을 고찰한다. 특히 인간행동과 발달을 그의 주 생활환경인 가족, 사회 테두리에서 검토하고 주로 체계개념, 생활주기 및 공간, 정신역동적 측면에서 교차적으로 접근될 것이다.
	조사방법론	사회조사방법의 역사적 배경과 발전과정을 검토하고 사회조사의 방법, 절차 및 기술에 대한 전반적인 연구를 통하여 사회복지 분야에서의 과학적 접근법의 중요성과 한계를 고찰한다.
	사회사업 실습 I	각종 분야의 사회사업기관을 방문하여 실무현장을 관찰, 학습하고 사회조직과 제도 내에서의 사회사업가의 기능을 연구한다. 그리고 현장에서의 사회사업실태와 문제점을 파악하여 그에 관한 개인 및 집단토의를 갖는다.
	통합방법론	사회사업 실천에 있어 개인, 집단, 가정, 지역사회 단위로 적용되는 방법의 기본원리와 과정, 기술을 종합적으로 하여 사회사업실천상황과 결부시켜 검토한다.
	사회사업 실습 II	이 기간의 실습은 학생들에게 그들이 이미 배운 개념, 원리, 이론을 적용할 기회를 주되 그들을 개별 학생 특유의 방법으로 활용하고 발달시키도록 한다.
	사회치료	개인 및 집단의 효과적인 문제해결에 응용되는 제반 사회치료 이론의 개요, 이론적 기반을 소개하며 직접적인 개입방법, 간접적인 개입방법 및 기술을 사례를 통하여 논한다. 개별사회사업 및 집단사회사업의 연결과목으로 보다 폭넓은 사회 치료방법을 소개함으로써 효과적인 치료를 주도록 한다.
선택	행동장애와 사회환경	인간행동과 사회환경 II 성격의 과목으로 인간행동과 사회행동이 인간의 정상적 행동에 초점을 두었던 것에 반해, 이 과목은 인간의 비정상적 행동 혹은 장애행동에 초점을 두어 임상적 사회사업의 기초가 되는 이론의 틀을 제공한다.

	교과명	교과 내용
선택	집단역학과 집단사회사업	집단역학의 발달과 관련된 이론을 제시하고 집단의 구조, 집단행동, 갈등, 적응 및 집단문화 등을 분석하여 검토한다. 이와 관련하여 집단사회사업의 개념과 발전과정을 이해하며 이 안에서의 사회사업가의 역할, 원칙, 기술을 익히며, 목적있는 프로그램을 계획하고 실제 사례분석도 한다.
	정신건강과 사회사업	현대사회의 생활환경이 제시하는 각종의 스트레스 상황을 검토하고 정신건강유지에 필요한 개인 및 사회적 대책을 검토한다.
	사회복지 조사연습	조사방법론을 선수과목으로 하여 자료수집과 분석방법을 실제로 실습한다.
	대인관계와 커뮤니케이션	사회사업은 커뮤니케이션에 의하여 개인, 집단, 지역사회 및 사회에 영향을 미치는 인간관계의 개선방법이다. 따라서 본 교과의 목표는 학생들로 하여금 helping communication에 개입할 수 있는 인간관계의 이론과 실제의 준거틀을 제공하는데 있다.
	사례연구	사회사업기관에서의 실천 경험사례를 분석하여 접근방법과 문제해결기술을 연구한다.
	프로그램실기	집단을 지도하기 위한 방법을 연구하며 집단사회사업가의 역할을 수행함에 있어 필요한 다양한 프로그램을 실제로 계획, 진행 및 평가하는 기회를 갖는다.
	사회사업의 실천과윤리	전문 사회사업 실천 및 실천원리와 관련된 윤리의 문제를 조명하여 변화하는 한국 사회의 사회사업 윤리의 가치를 연구, 모색한다.
	청소년비행 예방과치료	청소년 비행에 대한 이론적 배경과 한국에 있어서 청소년 비행의 현황을 검토하고 그 예방과 치료대책을 모색한다.
	아동 및 가정복지	아동과 가정에 관한 복지적 측면에서의 이해를 넓히며, 아동, 가정, 사회의 유기적 관련성과 기능에 관해 연구하며, 이들의 정상적이며 기능적인 활동을 위해 사용되는 복지서비스를 소개하고 예방 및 치료영역에 대해 연구한다.
	장애자와 재활서비스	각종 심신 장애의 요인과 한국의 장애자 실태 및 재활서비스 전달방안과 정책면을 연구한다.
	근대사회와 노인복지	현대화는 노인에게 많은 부정적인 영향을 미치고 있다고 보고 현대화에 관련된 요인들이 어떻게 노인문제를 야기시키며 그 문제의 성격은 무엇이며, 이 문제를 사회복지적 차원에서 어떻게 해결할 수 있는가를 연구, 토의한다.

참조: 『이화여자대학교 대학안내』 1985–1986년도.

첫째, 1985년 교과과정은 각 실천 과목별로 심화과정을 두고 있었다. 이화 사회사업학과 학생은 '인간행동과 사회환경'은 '행동장애와 사회환경'으로, '집단사회사업'은 '프로그램실기'로, '사회사업실습'은 '사회사업실습 II', '사례연구'로, '조사방법론'은 '사회복지조사연습'으로 이론과 실천을 심화하고 확장할 기회를 가질 수 있었다. 또한 '대인관계와 커뮤니케이션' 과목을 통해 미래의 실천현장에서 마주하게 될 사람들과 전문적 관계를 맺기 위한 의사소통 기술을 습득할 수 있었다.

이러한 과목들은 대부분 이화 사회사업학과가 전통적으로 중시해 온 임상실천 중심의 학풍과 연관된 것으로, 1985년 교과과정 개편을 통해 새롭게 편성된 과목들은 아니었다. 그러나 「사회복지사업법」(법률제3656호)과 「사회복지사업법시행규칙」(보건사회부령 제751호)에 의해 '사회복지에 관한 전문지식과 기술을 가진 자'들이 사회복지사가 되고, 정부에 의해 사회복지에 관한 전문 지식과 기술이 무엇인지 규정되는 국가 상황 속에서 그리고 사회복지계의 전반적 분위기가 사회사업에서 사회복지로 전환되는 과정 속에서 이화 사회사업학과가 전문 사회사업가 양성의 지향점과 방법을 유지, 고수한다는 것은 쉽지 않은 결정이었을 것이다.

둘째, 1985년 이화 사회사업학과는 지역사회중심, 예방중심 그리고 토착적 임상실천을 지향하고 있었다. 이러한 성격은 '정신건강과 사회사업'을 통해 확인할 수 있다. 이화 사회사업학과는 창설 초기부터 도시·농촌 지역민의 (정신)위생에 관심을 두고, 농촌문제·농촌경제·도비사회학·농촌사회사업 등과 더불어 위생 관련 과목(의학지식, 정신위생, 사회위생, 일반질병이해, 보건 및 의료복지 등)을 꾸준히 개설해 왔다. 그 중 정신건강 관련 과목들은 다음과 같은 교과명과 교과 내용으로 운영되었다 〈표 IV-10〉.

〈표 IV-10〉 년도별 사회사업학과 정신건강 관련 과목(1957-1994)

년도	과목명	교과 내용
1957	정신위생	사회문제에 영향을 끼치는 여러 가지 정신문제 및 그 취급, 적응방법을 연구
1958	정신위생	개인의 만족한 사회생활과 인격발달을 저지하는 여러 가지 정신작용, 신경병, 정신병의 원인 증세 등을 사회사업가의 입장에서 고찰
1959	사회와정신위생	정신의학적 입장에서 본 인격형성 과정연구, 신경병, 정신병의 검토, 진단, 치료연구
1960	정신위생	인간행동과 발달과정의 연장으로 특히 여러 정신병의 원인과 치료에 중점을 둔 연구
1969	정신위생	개인과 사회 정신위생 즉 개인과 사회에 대한 분석과 적응형태 및 반응을 연구한다.
1973	정신위생	건강과 비건강에 대한 검토와 정신질환의 원인과 성질을 연구하여 그것이 개인의 사회생활, 사회전반에 미치는 영향, 구제 해결에 이바지하는 사회사업과정을 검토한다.
1983	정신건강과 사회사업	현대사회의 생활환경이 제시하는 각종의 스트레스 상황을 검토하고 정신건강 유지에 필요한 개인 및 사회적 대책을 검토한다.
1994	행동장애와 정신의료 사회사업	임상사회사업의 기초가 되는 지식, 기술, 방법론을 연마하고, 현대사회의 생활환경에 제시하는 각종 스트레스 상황을 검토하여, 정신건강 유지에 필요한 개인적 및 사회적 대책을 탐구한다.

참조 : 『이화여자대학교 대학간내』, 1957-1960; 1969; 1973; 1983; 1994.

'정신위생' 계열 과목은 1980년 전까지 주로 '정신병리·손상' 중심의 내용을 다루었으나, 점차 질병의 사회적 영향을 포함하는 방향으로 확장되었다. 그리고 1983년 문인숙 학과장 시절 신설된 '정신건강과 사회사업'은 치료보다 정신건강 증진과 예방, 그리고 환경적 대책에 무게를 두었다. 이는 WHO의 「국제 손상·장애·불리 분류」(International

Classification of Impairments, Disabilities, and Handicaps, ICIDH, 1980)가 천명한 환경·사회적 요인의 강조와 흐름을 같이 한다.[433] 문인숙이 '정신건강과 사회사업' 과목을 개설하면서 ICIDH 관점을 의도적으로 반영했는지 여부는 단정하기 어렵지만, 그녀의 유학과 연구년 경험을 다룬 1992년 글에서 그녀가 클라이언트의 생활환경의 중요성과 그에 대한 사회적 책임을 분명히 인식하고 있음을 확인할 수 있다.[434]

문인숙은 스칼릿대학 시절, 장애를 갖고 있는 '큰 언니(Big Sister)'[435]와의 관계를 통해 장애가 신체적 결손이 아닌 편견과 배제의 문제로도 볼 수 있음을 자각했고, 장애인이 존중받으며 살아갈 수 있는 수용적인 사회환경이 중요함을 인식하였다. 또한 1970년대 후반의 연구년 동안, 아이오와 주립대학이 지적장애를 지닌 사람에게 제공하는 지역사회 기반의 자립 사례를 통해, 장애인의 꿈과 희망이 일반인과 다르지 않으며, 개인의 노력과 공동체의 관심, 그리고 구조적 지원이 결합할 때 이들의 자립이 가능하다는 점을 확인했다.

이와 같은 경험은 문인숙의 '정신건강과 사회사업'의 수업 목표에 반영되어 '생활환경'과 '사회적 대책'이 강조되었다. 나아가 격리 수용 위주의 접근이 일반적이었던 1980년대 한국 정신보건복지분야에서 클

---

[433] ICIDH는 장애를 '병리(Pathology) → 손상(Impairment) → 사회적 불리(Handicap)'의 3단계로 구분하고, 특히 사회적 불리 단계에서 장애를 단순한 의학적 문제로 보지 않고 환경적 요인과 사회참여 제약까지 포함하였다(World Health Organization, 『International Classification of Impairments, Disabilities, and Handicaps: A Manual of Classification Relating to the Consequences of Disease』(Geneva: WHO, 1980).

[434] 문인숙, 「장애인을 통해서 내 장애를 깨달았다」, 『장애인고용』 (1992년 봄호): 58-59.

[435] 스칼릿대학에서는 선배가 후배의 대학생활 적응을 위해 지원하는 시스템을 마련하였고 이를 '큰언니'제도라고 칭하였다.

럽하우스 모델로 운영되는 한국 최초의 사회복귀시설인 '태화샘솟는 집'(1986)과 한국의 사회·문화·제도 환경에 맞춘 정신장애인 재활서비스의 토착화를 지향한 '한울정신건강센터'(1992) 설립으로 이어졌다.[436] 태화샘솟는집과 한울정신건강센터는 모두 문인숙이 학문적으로 강조했던 '생활환경'과 '사회적 대책'을 실제 현장에서 구현한 사례이며, 특히 한울정신건강센터는 문인숙이 실천의 효과성을 담보하는데 중요하게 여겼던 한국모델개발의 실험현장이었다. 두 기관의 설립은 문인숙이 교육자로 활동하면서도 이론에 머무르지 않고 실천과 효과성을 중시하며, 정신보건의 열악한 환경 속에서 한국 사회가 필요로 하는 변화를 이끌어 내고 대안을 제시한 학문적 실천가였음을 보여준다.

문인숙이 토착적 사회사업을 지향하는 모습은 한국사회사업(복지)대학 협의회와의 『문학과 사회사업』(1972) 간행에서부터 1985년 교과과정 개편에 이르기까지 일관되게 발견된다. 1985년 교과목 설명을 보면 개인과 환경간의 관계를 기반으로 '한국', '현황', '실태', '예방', '치료', '대책' 등의 단어들을 쉽게 찾을 수 있었다. 이러한 단어들을 기반으로 추측해 볼 때, 해당 과목들은 한국의 사회문화적 맥락을 고려한 다차원적이고 통합적인 임상실천의 접근을 모색하였을 것으로 보인다.

셋째, '사회사업의 실천과 윤리' 과목을 신설하여 '윤리'를 단순히 실천기법의 하위 요소가 아니라 사회사업 교육의 핵심축으로 격상시켰다.[437] 이는 문인숙이 지향하는 사회사업전문가는 이론과 기술뿐 아니라

---

[436] 1980년대 한국 정신보건계의 상황, 태화샘솟는집과 한울정신건강센터의 설립과정과 철학에 대하서는 이방현, 「제7장. 정신건강사회복지」, 『서울사회복지사3: 현대복지서비스』 (서울: 서울역사편찬원), 525-601. 참조

[437] 미국사회복지교육협의회의 1973년 CPS는 윤리(values and ethics)를 통합사회사업론의 공통기

실천현장에서 마주하는 가치갈등과 제도적 딜레마에 대응할 수 있는 윤리적 역량 또한 갖추어야 한다고 생각했음을 알 수 있다. 실천윤리는 사회복지사가 현장에서 마주하는 복잡한 상황 속에서 의사결정을 내릴 수 있는 기준을 제공하며, 가치갈등과 제도적 한계 앞에서도 전문직으로서의 일관성과 책임성을 유지하게 한다. 다시 말해, 실천윤리를 교육과정의 한 축으로 세우는 것은 전문성의 외형을 넘어 그 내실을 담보하는 일이었다. 결국 이러한 시도는 사회복지사의 정체성과 전문성을 윤리적 토대 위에서 재정립하고, 사회사업실천을 한층 강화하려는 교육적 판단이자, 윤리를 단순한 실천기술의 부속이 아닌 전문성의 토대로 삼겠다는 교육철학의 반영이었다. 이러한 판단은 윤리를 추상적인 규범이 아니라 실제 현장에서 작동하는 '전문성의 토대'로 자리매김하게 했으며, 훗날 한국사회사업가협회의 윤리강령위원회의 위원장으로 활동하는 밑거름이 되었다.[438]

반(common base) 구성요소로 두었으나 여전히 실천과목 속에 내재된 형태였다. 그러나 1982년 CPS는 일반주의 실천(generalist practice)을 교육구조의 중심으로 전면화하면서, '윤리적 의사결정(ethical decision-making)', '인권(human rights)', '옹호(advocacy)'를 독립적인 교육성과(explicit educational objectives)로 제시하였다. 이는 실천윤리를 모든 실천수준(micro, mezzo, macro)에 걸쳐 적용해야 할 핵심역량으로 규정한 것이다.(Council on Social Work Education, 『Curriculum Policy Statement』 (New York: CSWE, 1973); Council on Social Work Education, 『Curriculum Policy Statement』 (Washington, DC: CSWE, 1982); Michael J. Austin, "Generalist Practice in the 1982 Curriculum Policy Statement," Journal of Education for Social Work 19, no. 3 (1983): 5-16; CSWE, "History of the CSWE Educational Policy and Accreditation Standards," 2008.)

438 한국사회사업가협회는 1988년 4월 「사회복지사윤리강령」을 제정·공포하였다. 그러나 공적 사회복지사의 급격한 증가 등 변화된 환경 속에서 기존 강령이 시대적 요구와 국제적 흐름에 부합하지 못한다는 평가가 제기되었다. 이에 따라 1991년 문인숙을 위원장으로 하는 개정위원회가 구성되었으며, 6차례의 개정회의와 더불어 협회, 협의회, 유관단체, 복지관, 학계, 대학원생 및 현장 사회복지사들의 의견 수렴 과정을 거쳐 1992년 10월 개정 강령이 공포되었다. 개정된 윤리강령은 사회복지사의 가치, 사회복지대상자에 대한 태도, 사회복지사의 행위와 처신에 관한 지침을 핵심으로 담고 있다(한국사회복지사협회, 『한국사회복지사협회 삼십년』, 151-153).

1985년 교과과정 개편의 방향은 사회사업 이론과 기술을 토대로 임상실천의 기반을 마련하고, 이를 심화·확장하며 지속적으로 강화하는 데 있었다. 아울러 지역사회와 생활환경을 중시하고 한국적·토착적 맥락을 반영한 임상실천을 지향함으로써 실천의 효과를 높이고자 했다. 여기에 실천윤리를 독립된 교과로 편성한 것은 임상 전문성을 단순한 기술의 차원을 넘어 가치와 책임의 차원으로 끌어올린 결정이었다.

　이러한 개편을 통해 확인되는 문인숙이 지향한 임상사회복지 실천가는, 이론과 기술을 토대로 윤리적 기준에 따라 현장에서 전문적 의사결정을 내리고, 이를 한국 사회의 현실과 토착적 맥락 속에서 실천으로 구현할 수 있는 인재였다. 문인숙은 이화 사회사업학과에서 바로 이러한 인재를 육성하고자 했던 것이다.

　국가가 법과 규칙을 제정하여도 그것을 실제 상황에서 구현하는 일은 결국 현장 활동가의 몫이다. 마찬가지로 1980년대 정부가 규정한 필수과목과 선택과목을 어떠한 내용으로 가르칠 것인가에 대한 범국가적, 학문적 합의가 도출되지 못한 학계의 상황에서 그 역할과 책임은 온전히 해당 과목을 담당한 교수의 몫이 되었다. 특히 아동, 청소년, 노인, 심신장애자, 의료복지와 같이 복지대상을 전면에 내세운 과목들은, 대상의 특성과 욕구를 파악한 뒤, 효과적인 원조방법을 모색해야 하는 높은 수준의 실천지식과 경험을 요구했다. 이는 수업의 질과 직결되는 부분으로, 문인숙이 학과장으로서 임상실천을 중심으로 교과과정을 구성했다는 것은, 이화 사회사업학과 동료 교수들의 실천 전문성과 역량에 대한 깊은 신뢰를 바탕으로 한 결정이었다고 할 수 있다.

〈사진 IV-6〉 이화 동료 교수들과 함께한 문인숙(왼쪽 네 번째)[439]

(2) 이론적 엄밀성 · 관계의 전문성 · 기술의 체계화를 강조한 교재개발

문인숙은 1970년대 이화 사회사업학과가 교과과정을 전통적 사회사업방법론에서 통합사회사업론으로 전환할 당시 관련 교재를 개발하였던 것과 같이, 1980년대도 교재 출간을 이어갔다. 특히 1985년, 이화 사회사업학과의 교과과정이 임상사회복지의 전문성을 강화하는 방향으로 개편되었을 때, 문인숙은 1982년부터 1987년까지 이를 뒷받침하기 위한 번역서를 연속적으로 출간하였고〈표 IV-11〉, 교재 속에 임상사회복지의 핵심 내용을 체계적으로 담아내고자 했다. 그녀가 출간한 임상사회복지 교재들은 모두 이론적 엄밀성, 관계의 전문성, 기술의 체계화를 교육 속에 반영하려는 의도적 선택이었다.

---

439 임상사회복지실천연구회 제공

〈표 IV-11〉 문인숙의 1980년대 임상사회복지 교재 목록

년도	연구명 (번역서 서지사항)
1982	문인숙(역). 『사회치료—대인관계적 접근—』. 서울:홍익재(James K. Whittaker. 1979. 『Social Treatment: An approach to interpersonal helping』. New York: Aldine Publishing Company).
1985	문인숙, 정영순, 한혜빈, 최선화, 김미원, 이은주(공역). 『임상사회복지학』. 서울: 집문당(『Handbook of clinical social work』).
1986	문인숙, 김만두(공역). 『사회사업 면접의 기술』. 서울:홍익재(Alfred Kadushin. 1983. The Social Work Interview (2nd ed.), New York: Columbia University Press).
1987	김성숙, 김연희, 이영분, 이은주, 최선화, 한혜빈, 한혜원(공역). 문인숙(감수). 『어떻게 도와야 하나』. 서울:홍익재(Lawrence Shulman. 1979. 『The Skills Of Helping Individuals and Groups』. Itasca, IL: F.E. Peacock Publishers).

문인숙은 먼저 휘테커의 저서를 번역해 『사회치료』를 출간하고, 1983년 「사회치료」를 신설 교과목으로 편성하였다. 이 책은 사회사업을 대인관계를 통한 원조활동으로 규정하고, 개인·가족·소집단 등 다양한 층위에서 적용 가능한 임상실천기술을 체계화한 저작이었다. 문인숙은 이 책을 통해 임상사회복지의 핵심을 '관계'와 '치료적 개입'에서 찾고자 했다.

문인숙은 이어 『임상사회복지학』을 공역하여 임상사회복지를 학문적 영역으로 정립하는 기반을 마련했다. 이 책은 미국에서 임상사회복지가 독립된 전문영역으로 자리잡는데 기여한 교재로, 공역자들은 수록된 논문을 선별·편역(編譯)하여, 사회복지학의 이론·실천·교육의 발전을 도모했다. 따라서 이 저서는 편역자의 문제의식과 관점 그리고 입장을 반영한 결과물이었다.

문인숙이 번역한 골드스타인의 「임상사회복지의 체계적 고찰과 이론

개발의 과제」[440]는 임상사회복지를 이론과 실천의 상호작용 속에서 발전시켜야 할 학문적 영역으로 제시하고, 그 과정에서 치료적 관계의 핵심성을 논의했다. 스트린의 「사회복지사와 클라이언트의 관계」[441]는 모든 사회복지기술의 출발점을 클라이언트와의 관계에서 찾았다. 휘테커가 '관계와 개입'의 기술화를 통해 임상실천의 방법론적 기초를 제시했다면, 골드스타인은 이를 학문적 체계로, 스트린은 관계의 윤리적 본질로 확장시켰다고 할 수 있다. 결국 세 저자의 논의는 각기 다른 접근을 취하면서도, 임상사회복지를 공통적으로 '관계'라는 토대 위에서 이해하며, 실천적·이론적·윤리적으로 심화시키는 상호보완적 맥락을 보여준다.

문인숙은 『사회치료』와 『임상사회복지학』을 통해 이론과 가치, 그리고 이를 매개하는 치료적 관계를 소개한 뒤, 그 관계를 실제 현장에서 구현하는 구체적 방법을 제시한 저서를 2년 연속으로 출간하였다. 문인숙은 먼저 김만두와 함께 카두신의 『사회사업 면접의 기술』을 번역하였

---

[440] 『임상사회복지학』(1985)에 수록된 골드스타인의 「임상사회복지의 체계적 고찰과 이론 개발의 과제」의 원 서지사항은 명시되어 있지 않다. 다만 발간 시점과 구성으로 볼 때, 다음의 글로 추정된다: Goldstein, E. G., "Issues in Developing Systematic Research and Theory," in Alan Rosenblatt and David Waldfogel (eds.), Handbook of Clinical Social Work (San Francisco: Jossey-Bass, 1983), 5–25. 골드스타인은 임상사회복지를 전통적 사회사업방법론이나 통합사회사업론과 구별되는 독립적 전문영역으로 확립한 학자로, 임상사회복지를 개인·가족·소집단의 심리·정서·행동 문제에 심층 개입하는 실천으로 정의하였다. 그의 논의는 개인의 내적 변화뿐 아니라 가족 관계, 생활환경, 사회적 자원과의 상호작용을 통합적으로 고려하는 접근을 강조하며, 개별사회사업에 뿌리를 두면서도 다차원적 시각을 갖추어 심리사회적 개입을 중심축으로 발전시켜 온 실천 영역으로 임상사회복지를 정립하였다.

[441] 『임상사회복지학』(1985)에 수록된 스트린의 글은 Herbert S. Strean, "The Social Worker-Client Relationship," in 『Clinical Social Work: Theory and Practice』 (New York: Free Press, 1978)로 추정된다. 번역서에는 Herbert S. Stream으로 표기되어 있으나, 이는 Herbert S. Strean의 오기이다. 스트린은 임상사회복지학자이자 정신분석가로, 사회복지 실천에 정신분석적 이론을 접목한 대표 연구자이다.

다.[442] 두 사람은 역자 서문에서 "느낌 없는 기술이 효과가 없다면, 기술 없는 느낌은 비능률적이다"라고 밝히며, 면접을 단순한 대화가 아닌 면접자의 가치와 감정을 행동으로 구현하는 전문적 기술로 보았다. 좋은 관계는 적절한 기술을 통해서만 완전하게 발휘되며, 기술은 훈련과 실습을 통해 체계적으로 습득되어야 함을 강조하였다. 이러한 관점 아래 학생들은 관계 형성과 의사소통 기술을 전문적으로 훈련받았고, 이는 임상사회복지사의 핵심 역량을 다지는 기초가 되었다.

마지막으로 문인숙은 슐만의 저서[443]를 감수하여 『어떻게 도와야 하나』를 출간하였다. 이 책은 원조기술을 개별 및 집단을 아우르는 구체적 단계와 기법으로 제시한 교재로, 문인숙은 이를 통해 학생들에게 실제 현장에서 적용 가능한 실천기술을 체계적으로 전달하였다.[444] 그녀는 서문에서 "아무리 뛰어난 지식과 고매한 가치를 지녔더라도 이를 실제로 사람들의 생활과 연결해 구현시킬 기술이 없다면, 진정한 의미의 사회복지사업이라고 할 수 없다"고 밝히며, 기술이야말로 사회복지를 실천학문으로 만드는 핵심 요소임을 강조하였다.

---

442 Alfred Kadushin, 『The Social Work Interview』 (New York: Columbia University Press, 1983). 이 저서는 면접을 사회복지실천의 핵심 기술로 규정하고, 면접의 구조·단계·기법을 체계화한 저작으로, 전문적 면접기술 교육의 토대를 제공하였다.

443 Lawrence Shulman, 『The Skills of Helping Individuals and Groups』 (Itasca, IL: F. E. Peacock, 1979). 이 저서는 원조기술을 개별 및 집단을 아우르는 구체적 단계와 기법으로 제시한 교재로, 학생들에게 실제 현장에서 적용 가능한 실천기술을 전달하였다.

444 Lawrence Shulman은 『The Skills of Helping Individuals and Groups』에서 "공통된 과정(common process)"을 제시하였다. 이는 모든 돕는 관계에 적용되는 일반적·단계적 실천 절차를 의미한다. 그는 사회복지사의 원조활동이 개별·집단·지역사회 등 영역을 불문하고 일정한 구조와 흐름을 따른다고 보고, 이를 ① 관계 형성(engagement), ② 문제 사정(assessment), ③ 목표 설정 및 계획(goal setting & planning), ④ 개입(intervention), ⑤ 평가(evaluation), ⑥ 종결(termination)의 여섯 단계로 제시하였다. 문인숙은 『어떻게 도와야 하나』 감수 서문에서 이러한 슐만의 관점을 반영하여 "모든 돕는 관계에는 공통된 과정이 존재한다"고 언급하였다.

1985년 교과과정 개편은 문인숙이 임상사회복지 전문성을 제도적으로 담보해내기 위한 시도였다. 그리고 그녀는 이러한 개편의 의도를 실제 교육현장에서 구현하기 위해 직접 교재 제작에 나섰다.

　문인숙이 휘테커, 골드스타인, 스트린, 카두신, 슐만의 저작을 연속적으로 교재로 선택한 것은, 임상실천이 정확한 이론적 근거 위에서 심리적 변화와 환경적 개입을 체계적으로 조직하고 실천윤리로 뒷받침되어야 한다는 것을 학생들에게 가르치기 위함이었다. 『사회치료』는 치료적 대인관계 개입을, 『임상사회복지학』은 학문적 틀과 전문직 정체성을, 『사회사업면접의 기술』은 관계 중심의 구조화된 면접 기술을, 『어떻게 도와야 하나』는 개별과 집단을 아우르는 단계별 원조기법을 각각 제시하였다. 이 네 권의 교재는 임상사회복지의 이론적 엄밀성, 관계의 전문성, 기술의 체계화라는 세 축을 균형 있게 담아내며, 문인숙이 지향한 지식·가치·기술을 통합한 교육 기반을 형성하였다. 그녀는 이를 통해 전문직의 정체성과 함께, 효과적·효율적인 실천을 통한 클라이언트에 대한 책임성을 확보할 수 있다고 보았다.

〈사진 Ⅳ-7〉 문인숙이 집필·번역한 저술물 표지[445]

445　필자가 소장한 교재를 직접 촬영

문인숙의 이러한 관점과 접근은 집단사회사업 전공 교수에서 '실천교수'로 정체성을 확립해 가는 과정에서 일관되게 이어지는 행보였으며, 한국 사회사업 교육이 임상적 전문성을 확보해야 함을 선언한 실천적 기획이었다.

3) 이화동산을 넘어 임상실천현장 전문성을 위한 체제 구축

문인숙의 사회사업가 전문성을 확보하기 위한 노력은 이화 사회사업학과를 넘어 한국 사회복지실천현장으로 확대되었다. 특히 한국 사회복지사들의 대표 전문직 단체인 '한국사회복지사협회'[446]와의 인연은 협회 창립 이전부터 시작되어 30년 이상 이어졌다.

그녀는 협회의 초대 부회장(1967.3.8.-1971.3.19.)을 시작으로 발전기금위원회 위원장, 사회복지사윤리강령위원회 위원장, 이사회 임원, 자문위원 등을 역임했다. 또한 전국사회복지사대회 개최, 사회복지사윤리강령 개정, 임상사회복지사 자격제도 마련, 중견사회복지사 해외연수사업 진행, 협회 30년사 편찬 등 굵직한 사업들을 주도하며 한국 사회복지사

---

[446] 한국사회복지사협회는 1967년 3월 한국케이스워커협회와 개별사회사업가협회가 통합하여 '한국사회사업가협회'로 창립되었다. 협회의 사업목적은 사회복지에 관한 전문지식과 기술을 개발·보급하여 사회복지사업의 발전과 향상을 촉진하고, 사회복지사의 자질 향상과 권익 증진을 도모함으로써 복지사회 건설에 기여하는 데 있다. 주요 사업에는 '사회복지사에 대한 전문지식 및 기술의 개발·보급, 사회복지사의 전문성 향상을 위한 교육훈련, 사회복지사 제도에 대한 조사·연구 및 학술대회 개최, 홍보·출판사업, 국내외 사회복지사 단체와의 교류·협력' 등이 포함된다(『사회복지사업법 시행령』, 대통령령 제35401호, 2025년 3월 25일 일부개정). 한국사회복지사협회는 『한국사회복지사협회 삼십년(1967-1997)』 (서울: 한국사회복지사협회, 1997), 『한국사회복지사협회 50년사(1967-2017)』 (서울: 한국사회복지사협회, 2017) 등을 발간하였으며, 문인숙의 협회 활동 기록은 이 두 책을 중심으로 확인된다.

의 전문성 확립에 기여했다.

협회사(協會史) 곳곳에서 발견되는 문인숙의 기록과 사석에서 동료들이 전하는 회고담은 그녀와 협회의 깊은 인연을 보여준다. 특히 그녀가 발전기금위원장으로 활동하면서 협회가 마침내 자체 사무실을 마련할 수 있었던 것에 대한 감사함은 단골 이야기 소재가 된다.

당시 협회는 창립 후 30년이 가까워졌음에도 불구하고 독립 사무실이나 유급 직원을 갖추지 못한 채 회장 1인과 사무총장 1인 체제로 운영되고 있었다. 문인숙의 회고에 따르면, 무료로 사용하던 2평 남짓한 창고 같은 공간마저 1990년대 들어 더 이상 사용할 수 없게 되었고, 사무실 마련이 시급해졌다. 이에 문인숙과 김만두, 김융일, 이윤구, 신섭중 등의 동료들은 '한국사회복지사협회 활성화를 위한 후원회', '한국사회복지사협회 발전기금(모금)위원회' 등을 결성하여 협회 사무실과 운영비 마련을 위한 모금 활동을 전개하였다. 문인숙은 당시 상황을 이렇게 회고하였다.

> "당시 2평쯤 되는 창고 같은 방을 무료로 임대해 사용하였으나 건물주의 사정에 의해 사무실을 옮겨야 하는 상황이었고 이때 20여명이 50~100만원을 모아 새로운 사무실을 임대했어요. 당시는 꽤 큰 돈이었는데 모두들 흔쾌히 내주었지요."[447]

덕분에 협회는 1994년 여의도 월드비전 건물 8층에 작은 사무실을 마련하고 유급직원을 고용할 수 있게 되었고, 이를 통해 사회복지사 전문성

---

[447] 박숙미, 「People 문인숙 교수」, 『Social Workers』 9 (2006): 42-43

향상을 위한 협회 본연의 사업들을 전개할 수 있는 기반이 마련되었다.

문인숙과 협회의 가장 화려한 인연은 아마도 정년 퇴임 후, 협회의 '발전위원회' 위원장으로서 사회복지사의 미래를 위한 기반을 다진 활동일 것이다. 협회는 1994년 4월, 협회 발전과 사회복지사들의 전문성 및 자질향상, 사회복지 이념 확산,[448] 사회복지사 교육 욕구 충족 등을 목적으로 특별위원회 성격의 '발전위원회'를 구성하고, 문인숙을 위원장으로 추대했다. 특히 사회복지사 전문성·자질 향상을 위해 실시했던 '임상사회복지사 자격제도' 개발과 '중견사회복지사 해외연수사업' 시행은 2025년 현재까지도 사회복지실천 현장에 큰 족적을 남긴 사업들이었다.

(1) 전문성과 서비스 질 보증을 위한 임상사회복지사 자격제도 추진

발전위원회는 '임상사회복지사 자격관리위원회'를 결성하고, 1994년 6월 1일부터 1996년 5월 31일까지 임상사회복지사 자격제도 개발사업을 추진하였다. 자격관리위원회는 발전위원회 위원장 문인숙을 중심으로 조직되었으며, 산하에 교육훈련분과위원회, 자격심사분과위원회, 시험관리분과위원회를 두고 사업을 추진하였다.

사업 추진 배경은 1980년대 중반부터 시행된 사회복지사 국가자격제도의 운영에 대한 문제제기로부터 비롯되었다. 당시 국가자격제도는 자격취득 요건이 지나치게 미흡하여 현장 사회복지사의 실천 전문성을 약

---

[448] 한국사회복지사협회는 '사회복지 이념 확산'을 목표로 문인숙의 주도 하에 삼성전자 '작은나눔·큰사랑운동' 공모사업에 신청하여 선정되었다. 이후 1996년, 서울, 광주전남, 대전충남, 대구경북, 부산경남 등 5개 지방협회가 지역주민과 사회복지 관계자를 대상으로 사회복지사 인식 제고와 이념 확산 프로그램을 실시 하였다.

화시켰고, 그 결과 복지서비스의 질이 저하되었다는 자성의 목소리가 제기되었던 것이다. 이러한 문제의식은 사회복지 실천의 전문성과 서비스 질 향상을 위한 새로운 대안을 모색하는 출발점이 되었다.

이에 따라 새롭게 마련할 자격제도의 목적은 기존 사회복지사 자격제도를 보완·확장하여, 임상사회복지사의 전문성을 제고하고, 보다 효과적이고 효율적인 서비스를 제공할 수 있는 역량을 강화하는 데 있었다. 동시에 사회복지사의 지위 향상과 권익 옹호도 중요한 목표로 삼았다. 위원회는 이를 위해 자격시험 제도 마련, 교육·훈련 프로그램 개발, 시험의 실시와 평가 등을 구체적 과제로 설정하였다.

자격제도 개발사업의 첫 출발은 임상사회복지사의 개념을 재정립하는 것이었고, 새롭게 정립된 개념은 다음과 같았다. "전문사회복지사란 개인, 가족, 집단, 조직, 지역사회로 하여금 사회적 기능 수행상의 문제를 예방·해결하고 기능을 재활할 수 있도록 직접·간접적으로 원조하는 전문가를 말한다"

임상사회복지사 자격관리위원회의 연구사업은 1996년부터 가시적인 성과를 내기 시작했다. 1996년 2월 14일부터 3월 3일까지 임상사회복지사 자격 취득을 위한 교육을 실시하였고, 교육대상자들은 임상사회복지실천론, 기관행정론, 사회복지 윤리와 법제, 인간행동과 사회환경, 수퍼비전론, 조사방법론을 중심으로 총 30시간의 교육을 받았다.

이어 3월에는 제1회 임상사회복지사 자격시험이 시행되었다. 응시 자격은 한국사회복지사협회 회원으로서 사회복지사 1급 자격증을 소지하고 4년 이상의 실무경력을 가진 자에게 주어졌다. 시험과목은 임상사회복지실천론, 인간행동과 사회환경, 복지행정론, 사회복지의 윤리와 법제, 수퍼비전론, 조사방법론 등 여섯 개 과목이었으며, 합격자 220명에게 임상사회복지사 자격증을 발급하였다. 또한 같은 해 4월에는 서울, 부산, 대전, 대구 등지에서 수퍼바이저 보수교육도 실시하여, 임상사회복지사 제도가 단순히 자격부여에 그치지 않고 지속적인 전문성 강화를 지향하고 있음을 보여주었다.

이후 『임상사회복지사 자격제도 개발보고서』(1996)를 발간하였다. 이 보고서는 '자격제도 개발과정과 시안, 자격제도 시안에 대한 의견수렴, 시안의 확정과 시행, 자격제도 시행에 대한 평가, 그리고 임상사회복지사 자격제도 개선과 발전을 위한 제언' 등을 주요 내용으로 담았다. 이와 같은 일련의 사업들은 임상사회복지사 자격제도의 제도적 정착을 촉진했을 뿐 아니라, 사회복지사의 전문적 위상을 확립하는 데 크게 기여했다는 평가를 받았다.

1996년에 처음 실시된 임상사회복지사 자격시험은 1998년부터 '전문사회복지사 자격시험'으로 명칭을 변경되었고, 아동 및 청소년복지, 장애인복지, 지역복지서비스, 의료사회사업, 노인복지, 공공복지 등 6개 분야에서 전문교육과 시험이 시행되었다. 그러나 2003년 '사회복지사 1급 국가시험'이 도입되면서 제도의 필요성이 줄어들어, 2004년을 마지막으로 중단되었다. 이 시험은 1996·1997년에는 임상사회복지사 자격시험으로, 1998·2000·2004년에는 전문사회복지사 자격시험으로 총 다섯 차례 실시되었다.[449]

비록 임상사회복지사 자격제도가 곧바로 제도화되지는 못했지만,

---

449 김수정·문영임, 「전문사회복지사 자격제도 법제화의 동향과 과제」, 『사회복지법제연구』 8, no. 2 (2017): 200.

그 시도의 경험과 문제의식은 사회복지계에 중요한 자산으로 남았다. 2007년 '정부입법 예고에 따른 전문사회복지사 자격제도 관련 사회복지 직능단체장 간담회(일명, 자격제도 개편 토론회)'를 계기로 전문사회복지사 제도의 필요성이 본격적으로 제기되었다.[450] 이후 협회는 대한의료사회복지사협회, 한국학교사회복지사협회, 한국정신건강사회복지사협회뿐 아니라 한국군사회복지사협회, 한국교정사회복지사협회 등과도 협력하여 수련교육체계 마련, 공청회 및 토론회 개최, 학술연구와 정책 제안 등을 통해 전문사회복지 영역의 제도화를 지속적으로 추진하였다.

일례로 협회는 대한의료사회복지사협회와 함께 2008년부터 2020년까지 자격관리위원회를 운영하며 자격시험을 공동 관리·운영하였다. 이 기간 총 13회의 시험을 통해 1,302명의 의료사회복지사 민간 자격증 소지자를 배출하였고, 이는 영역별 전문사회복지사 제도가 국가 차원에서 도입되기 이전에 의료사회복지사의 제도적 기반을 다지고 전문직으로서의 위상을 확립하는 데 중요한 토대가 되었다.[451]

이렇듯 협회 차원의 노력과 영역별 협회의 실천, 그리고 성숙해진 사회 전반의 문제의식이 결합되면서 결국 정부를 움직였고, 전문사회복지사 제도가 국가 차원에서 제도화되는 계기로 이어졌다. 2017년 국회에서 열린 '사회복지사 자격제도 개편 토론회'에서는 점차 다양해지는 사회복지 수요에 대응하기 위해 정신건강사회복지사, 의료사회복지사, 학

---

450 전문사회복지사 자격의 제도화 과정에 대해서는 한국사회복지사협회, 『전문사회복지사 자격제도 및 사회복지사 보수교육 운영방안에 관한 연구』(서울: 한국사회복지사협회, 2007); 강흥구, 「전문사회복지사 자격도입에 대한 일 고찰」, 『사회과학논집』 24, no. 1 (전주: 전주대학교 사회과학연구원, 2008): 1-22; 김수정·문영임, 「전문사회복지사 자격제도 법제화의 동향과 과제」, 『사회복지법제연구』 8, no. 2 (2017): 195-229 참조.

451 한국사회복지사협회, https://kamsw.or.kr/ (검색일: 2025년 8월 20일).

교사회복지사 등 영역별 사회복지사의 제도화 필요성이 집중적으로 논의되었다.[452] 이러한 논의를 토대로 2018년 12월 11일 개정된 『사회복지사업법』(법률 제15887호)은 사회복지사의 전문성과 책임성을 강화하기 위한 법적 근거를 마련하였다. 개정안은 정신건강·의료·학교 영역에서 일정한 수련을 이수한 사회복지사 1급에게 각각 정신건강사회복지사, 의료사회복지사, 학교사회복지사의 자격을 부여하도록 규정하였으며, 이 제도는 2020년부터 시행되었다.

결국 1994년 임상사회복지사 자격관리위원회가 추진한 전문적 역량 강화와 서비스 질 확보를 위한 시도는 26년이 지난 2020년 국가제도 속에 반영되었고, 한국 사회복지사의 전문성을 법적으로 보장하는 새로운 단계로 이어졌다. 비록 문인숙이 1990년대 뿌린 씨앗이 단기간에 정착하지는 못했으나, 그 과정에서 형성된 문제의식과 실천적 경험은 이후 영역별 전문사회복지사 제도 도입 논의의 중요한 토대가 되었으며, 한국 사회복지사 전문성 강화의 역사적 전환점으로 평가할 수 있다.

이러한 자격관리위원회의 시도는 문인숙의 사회사업 실천 철학과 맞닿아 있음을 알 수 있다. 그녀는 1983년 사회복지사업법 개정 이후 최소 과목 이수만으로 자격이 부여되는 사회복지사 1·2·3급 제도의 한계를 인식하고, 사회사업 실천의 전문성 약화와 서비스 질 저하를 염려하였다. 이에 1985년 이화 사회사업학과 교과과정을 임상사회사업(clinical social work)을 중심으로 개편하며 이에 대한 대응책을 모색하였다. 이

---

452 연합뉴스, "사회복지사 자격 강화하고 영역별 전문복지사 도입해야," 2017년 11월 30일.

는 곧 사회복지학을 '실천학'으로 규정한 그녀의 철학을 반영한 것이며, 끊임없이 클라이언트에게 '어떻게 접근할 것인가(how to do)'를 반문하고 그 해답을 찾아가는 과정이었던 것이다.

문인숙이 임상사회복지사 자격제도를 마련하려는 노력 역시 같은 맥락이었다. 사회복지사가 지녀야 할 실천윤리와 전문적 역량 그리고 클라이언트에 대한 책임성을 제도적 틀 속에서 담보하려는 의지였다. 문인숙의 이러한 행보는 '통합'이라는 큰 틀 속에서 '임상'을 담보하려는 뚝심 있는 여정이었으며, 사회복지계에 사회복지 '실천'이 무엇이어야 하는지에 대한 화두를 남기는 깊은 울림이 되었다.

(2) 사회복지사 전문역량 강화와 서비스 향상을 위한 해외연수 시행

1994~1998년 진행된 해외연수사업은 삼성복지재단과 협회가 공동으로 추진한 사업으로, 총 5차에 걸쳐 약 100명의 사회복지사에게 선진 복지지식과 기술 습득의 기회를 제공하였다.[453] 본 사업은 1997년부터는 공모형으로 전환되어, 재단 전문가 심사위원의 면접을 통과한 팀은 항공료, 체재비, 실습비 등을 지원받았다.[454] 연수는 싱가폴, 일본, 미국, 호주, 스웨덴, 영국 등에서 진행되었으며, 노인·장애인·청소년 등 다양한 분야를 대상으로 한 견학과 실습으로 이루어졌다. 해외연수사업의 모습은 제1차 해외연수 프로그램을 통해 알수 있다〈표 IV-12〉.

---

453 삼성복지재단 홈페이지; 매일경제, "중견사회복지사에 삼성, 해외연수 실시," 1994년 10월 8일; 경향신문, "사회복지사 해외연수," 1994년 10월 8일.
454 경향신문, "사회복지사 해외연수," 1994년 10월 8일; 조선일보, "해외연수 복지사 모집," 1997년 3월 13일.

〈표 Ⅳ-12〉 제1차 사회복지사 해외연수 프로그램(1-5기수)

기수	날짜	연수국가	참가자	연수내용
1기	1994. 10.10. -10.20.	싱가폴	총 26명 연수생 19명 인솔자, 실무자, 삼성복지재단 사무국장, 서울방송 취재진 4명, 중앙일보 기자	- 강의 "싱가폴의 사회복지 동향" - 기관방문 : 6개 사회복지기관 방문(싱가폴 정부의 사회복지 담당부서인 MCD, People Association, 싱가폴 사회복지협의회인 NSS 등) - 실습 : 9개 사회복지기관에서 2인 1조로 실습
2기	1994.10.31. -11.10.	시즈오카	총 22명 연수생 19명 인솔자, 실무자, 삼성복지재단 직원	- 강의 : 일본의 사회복지 현황 - 기관방문 : 민생위원회, 복지사무소 등 5개 사회복지기관 방문 - 실습 : 천룡후생원(天龍厚生院)의 5개 기관에서 4인 1조로 실습
3기	1994.11.3. -11.13.	효오고	총 22명 연수생 20명 인솔자, 실무자	- 강의 : 일본의 사회복지 현황 - 기관방문 : 사회복지사무소, 사회복지협의회, 유료양로복지타운 등 6개 사회복지기관 방문 - 실습 : 효오고현 중심으로 5개 기관에서 2명, 3명, 4명, 5명, 6명씩 1개 조로 실습
4기	1995.2.4. -2.24.	나고야	총 23명 연수생 19명 인솔자, 실무자, 사회복지 신문기자, 삼성복지재단 직원	- 강의 : 일본의 사회복지 현황 - 기관방문 : 이세마린홈, 도바양광원 등 4개 사회복지기관 방문 - 실습 : 삼중현(三重縣)의 삼중복지회를 중심으로 노인시설, 장애인이용, 보육원 등 6명씩 3개조로 나누어 실습
5기	1995.2.14. -2.24.	도쿄	총 22명 연수생 20명 인솔자, 실무자	- 강의 : 일본의 사회복지 현황 - 기관방문 : 사회복지협의회, 복지사무소, 데이홈, 보건복지센터 등 8개 사회복지기관 방문 - 실습 : 聖隷복지재단의 특별양호노인홈, 신체장애인 시설, 노인데이케어센터 등 5개 기관에서 실습

출처 : 한국사회복지사협회, 『한국사회복지사협회 삼십년(1967-1997)』 (서울: 한국사회복지사협회, 1997), 186.

문인숙은 제1차 해외연수 사업(1-5기)을 마무리한 후, 1995년 5월 23일 해외연수 평가와 효율성 제고를 겸한 국제심포지엄을 개최하였다. 심포지움은 해외연수에 참가했던 사회복지사 100명을 비롯하여 사회복지 관련 인사들이 대거 참여해, 미국, 싱가폴, 일본, 한국의 사회복지사 인력개발방안에 대한 주제발표와 사회복지사들의 연수참여경험 등으로 진행되었다.

본 사업은 2001년 협회·삼성·사회복지공동모금회 지정기탁으로 정례화되었다. 매년 공모·선발(평균 80명·10개 팀)과 연구보고 발간 체계를 갖추었다. 2019년 기준 177팀 1,358명으로 확대되었으며, 2011년부터 개발협력형 연수로 확장되었고, 2019년 KOICA 연계 세미나도 개최했다. 이 사업은 2024년 현재 매년 지속 운영 중이다.[455]

임상사회복지사 자격제도가 사회복지사의 전문성과 책무성을 제도적으로 보증하는 기본 장치였다면, 해외연수사업은 이를 갖춘 사회복지사들이 선진 복지 현장에서 전문성을 심화하는 기회였다. 문인숙이 협회 발전위원장으로서 추진한 이 사업은 한국 사회복지의 전문성을 국제적 수준으로 끌어올리고, 서비스 질을 높이려는 의지를 담고 있었다.

해외연수사업은 초기에는 선진 복지 현장을 직접 경험해 국내 서비

---

[455] 한국사회복지사협회(협회 공고), 「2019년 사회복지사 해외연수 연수단원 모집 안내」, 2019년 5월 30일; 대전광역시사회복지사협회, 「[삼성지정기탁] '2023 사회복지사 해외연수' 제시형 프로그램 공모 안내」, 2023년 8월 4일; 한국사회복지사협회(협회 공고), 「[삼성지정기탁] 2024 사회복지사 해외연수 사업 안내」, 2024년 5월 20일; 경향신문, "삼성그룹, 사회복지사 해외연수 수료자 1000명 넘어," 2014년 2월 14일; 이투데이, "삼성, 사회복지사 해외연수 지원 1000명 돌파," 2014년 2월 14일; 웰페어뉴스, "단일 사회복지 프로그램 중 최장수 '사회복지사 해외연수'," 2019년 2월 26일; National Business News, "삼성 지원 '사회복지사 해외연수' 성과나눔 세미나 개최," 2019년 11월 11일.

스의 질을 개선하는 데 초점이 맞추어졌으나, 이후에는 성과가 축적되면서 다른 국가의 서비스 개선을 지원하는 국제적 책임으로까지 확장되었다. 이러한 성과는 문인숙 개인의 손에서 직접 완결된 것은 아니지만, 그 출발점에는 전문성 강화와 책무성 확보를 강조한 그녀의 실천 철학이 자리하고 있었다. 이 철학은 사회복지의 연대성과 결합되어, 결국 국제적 차원의 클라이언트 중심 실천으로 이어지고 있다.

문인숙이 발전위원회 위원장으로 수행한 사업들은 협회의 운영과제이면서 동시에 평생 이어온 그녀의 사회복지 철학이 응축된 실천이었다. 발전기금 조성은 협회의 자립 기반을 마련해 조직의 지속성을 확보한 것이었고, 임상사회복지사 자격제도는 전문직으로서의 위상과 질적 수준을 제도화하려는 시도였다. 또한 사회복지 이념 확산 포럼은 대중과 현장의 인식을 변화시키는 사회적 소통의 장이 되었다. 해외연수사업은 한국 사회복지사들이 국제적 시야와 경험을 확장하는 계기를 마련했다. 특히 임상사회복지사 자격제도와 해외연수사업은 사회복지사의 전문성을 제도적으로 보장하고, 국제적 경험을 통해 시야를 확장함으로써 서비스의 질을 높이고자 한 핵심적 시도였다. 이는 곧 사회복지사의 질적 성장을 통해 보다 효과적이고 효율적인 실천을 가능케 하려는 문인숙의 문제의식을 잘 보여준다. 그녀가 추진한 다양한 모든 시도들은 궁극적으로 사회복지사의 전문성 확보와 지위를 강화하는 과정이었다고 할 수 있다. 이러한 그녀의 행복에 대해 제자 김정자[456]는 다음과 같이 회고하였다.

---

456 김정자(1939년 10월 30일생)는 이화여자대학교 사회사업학과 석·박사 학위를 취득하였고, 한국여성개발원(현 한국여성정책연구원)원장, 정부장관(제2)실 차관, 서울시 여성가족재단 이사장, 한국

"… 결코 자리에 연연하지 않고, 오직 사회복지계가 어떠한 모습과 전문성으로 우리 사회를 '더 나은 사회(The Better Society)'로 이끌어 가는가에 열정과 노력을 쏟으신 분입니다. […] 회장 한 분, 사무총장 한 분으로 일정한 사무실도 없이 명맥만 이어오던 한국사회복지사협회를 정상화하는 데 앞장서셨습니다. […] 협회를 정상조직으로 키워 우리나라 800만 사회복지사의 지위 향상과 처우 개선, 전문성 확립을 위한 토대를 마련하셨습니다. 오늘의 사협회가 제 역할을 다할 수 있는 기초를 처음으로 다져놓으신 것입니다."[457]

문인숙은 1997년 한국사회복지사협회 발전위원회 위원장 활동을 마지막으로, 1970년 이화 사회사업학과 교수로 임용된 이래 전개해온 학문적 실천가로서의 공식적인 여정을 마무리하였다. 그녀는 집단사회사업 실천가라는 학문적 정체성을 바탕으로 교수 생활을 시작해 관련 과목들을 가르치며 국내 최초의 집단사회사업론 교재를 출간하였다. 동시에 복지관장을 겸임하면서 대학 부설 복지관의 정체성을 설정하고, 사회사업 윤리기반 위에 이론과 실천을 통합하여 클라이언트 중심의 운영체제를 제도화 하였다.

이러한 성과가 축적되던 시기, 국내 사회사업계는 전통사회사업론에서 통합사회사업론으로의 이행이 본격화되면서 새로운 국면을 맞이했다. 1980년대의 국내 사회사업은 제도화 단계로 들어서면서, 실천중심의 전문적 활동보다는 제도와 정책을 통한 사회 안전망 구축을 중시하는 방향으로 전환되어 갔다. 이러한 환경 속에서 문인숙은 사회사업 실

양성평등교육진흥원 이사장 등을 역임하며 복지의 제도화와 성평등 정책발전에 기여하였다.
457　부록 「문인숙과 제자들, 마음에 담은 편지와 추억」 중 김정자 글 발췌인용.

천의 전문성이 약화되어 클라이언트에게 양질의 서비스를 제공하지 못할 것을 우려하였다. 이에 그녀는 자신의 학문적 실천가로서의 정체성을 더욱 정교하게 재구성하고 활동 영역을 확장해 나갔다.

문인숙이 우선적으로 취한 대응은 임상사회복지를 관계·이론·윤리가 결합된 학문적 실천영역으로 교육 현장에 뿌리내리는 일이었다. 그녀는 임상이 기술·지식·가치를 잇는 토대이며, 그 토대 위에서 전문직의 정체성과 책임성을 내실화할 수 있다고 판단했다. 이에 따라 문인숙은 사회사업학과의 교과과정을 임상실천 중심으로 재편하였고, 시기별로 필요한 교재를 제작하여 임상사회복지가 통합사회사업의 핵심 영역으로 자리 잡도록 했다. 이화 출신 졸업생들의 전문성이 실천 현장에서 꾸준히 인정받을 수 있었던 것도 이러한 기반 덕분이었다.

1985년에는 강남대 교수 김만두와 함께 뜻을 같이하는 사회사업 실천 교수들을 모아 '임상사회사업연구회'를 발족했다.[458] 초창기 멤버는 이영분, 최성재, 유수현, 조성경 등 각 대학에서 실천 분야를 담당하던 교수들이었다. 이후 권진숙, 김경미, 김성이, 김성천, 김정자, 박지영, 김선희, 안정선, 유서구, 유조안, 윤현숙, 이은주, 임정원, 조휘일, 조흥식, 최혜지, 한인영, 황순길 등(가나다순)이 참여하며 연구회의 외연은 넓어졌다.

연구회는 월 1회 정기적으로 세미나를 열고 한국 사회복지실천의 전문성 확보를 모색했다. 세미나에서는 현장 실천가들을 발표자로 여러 차례 초청해 현장의 실제 목소리를 직접 듣고 의견을 교환했으며, 이를

---

[458] 임상사회복지실천연구회 기록은 본 연구회의 초창기 멤버이면서 현재까지 적극적으로 활동하고 있는 김정자, 이영분의 증언과 보관하고 있던 관련 자료에 기반하여 정리되었다(필자설명).

학문적 논의에 반영하였다. 동시에 한국 임상사회사업 관련 교수들 사이의 교류를 강화해, 최신 외국 이론서를 함께 연구하고 자체 사례연구를 공유했으며, 매달 논문 발표를 이어가며 학문적 교류의 장을 넓혔다. 이러한 활동 속에서 임상사회복지론 강의교재를 공동으로 개발하며, 현장과 교육을 잇는 기틀을 마련했다.

그 결과 연구회는 『임상사회사업기술론』(1991)을 시작으로 『현대가족문제』(1998), 『사회복지실천과 임상사회사업』(1999), 『임상사회복지 사정분류체계』(2000), 『한국사회복지실천의 고유성』(2013), 『사회정의상담』(2020) 등 여러 저작을 협심하여 출간하였다.[459] 이와 같은 임상사회사업연구회의 교재 개발과 공동 저술은 한국 사회복지실천의 전문성을 담보하고 사회사업의 책무성을 지켜내기 위한 노력이었다. 동시에 스스로의 전문성을 증명하고 정당성을 확보하는 토대가 되었으며, 학문적 지식생산의 장치로 기능했다. 임상사회사업연구회의 명칭은 임상사회복지연구회(2010)를 거쳐 2014년 '임상사회복지실천연구회'로 변경되었으며, 현재까지도 활동을 이어가고 있다.

나아가 문인숙은 한국사회복지사협회 발전위원장으로서 임상사회복지의 전문성을 담보하기 위해 시도한 '임상사회복지사 자격제도' 개발과 '중견사회복지사 해외연수사업' 시행 등은 2025년 현재에 이르기까

---

[459] 임상사회사업연구회 역, 『임상사회사업기술론』 (서울: 홍익재, 1991); 임상사회사업연구회 엮음, 『(임상사회사업사례) 현대가족문제』 (서울: 학문사, 1998).; 임상사회사업연구회 엮음, 『사회복지실천과 임상사회사업』 (서울: 학문사, 1999).; 임상사회사업연구회 역, 『임상사회복지 사정분류체계: PIE 매뉴얼 및 PIE 체계론』 (서울: 나남, 2000).; 임상사회복지실천연구회 엮음, 『사회복지 역사를 세운 실천현장의 인물들: 원로들의 사회복지실천과 사람 이야기』 (서울: 학지사, 2014).; 임상사회복지실천연구회 역, 『사회정의상담: 다문화주의의 적용, 이론, 실천을 넘어선 다음 단계』 (서울: 학지사, 2020). 최성재·조흥식·한인영·김경미·이영분·윤현숙·유수현·김성천·최혜지·염태산 공저, 『한국사회복지실천의 고유성』, 아산재단 연구총서 제342집 (서울: 집문당, 2013).

지 발전을 거듭하며 그 명맥을 유지하고 있다. 임상사회복지사는 현재 영역별 사회복지사 자격제도로까지 발전했으며, 서구 선진국의 사회사업을 견학했던 한국의 사회복지사들은 현재 제3세계 사회복지사들에게 자신의 경험을 전수하는 위치에 이르렀다.

w결국 문인숙이 학문적 실천가로서 평생 추구한 핵심은, 사회사업의 전문성이 제도적 안정이나 정책적 권위가 아니라 클라이언트와의 진정한 관계, 그리고 그들의 실제적 욕구에 응답하는 실천윤리에 기초해야 한다는 점이었다. 이러한 문제의식은 1983년 사회복지사 자격제도 제정 이후 제도화 과정 속에서 일관되게 유지되었다. 문인숙은 사회복지사들이 전문가 중심의 판단에 안주하지 않고 끊임없이 자기반성과 연구를 통해 클라이언트에게 효과적이고 효율적인 서비스를 제공해야 함을 강조하였다. 즉, 그녀의 학문적 실천가로서의 삶은 현재를 살아가는 사회복지사들에게 '사회복지의 제도화 속에서도 윤리·이론·기술을 통합한 임상적 실천을 통해 클라이언트 중심의 효과적이로 효율적인 서비스를 제공하는 전문직의 정체성과 책임성을 지켜내는 행동력'을 요구하고 있는 것이다.

❖ 참고문헌

1. 1차사료

1) 국가·학교·기관 공식간행물

『이화여자대학교 대학안내』 1953, 1956 – 1966, 1968 – 1969, 1971, 1973 – 1994년도
『이화여자대학교 연차보고서』 1951 – 1953, 1956, 1961, 1969 – 1994학년도
김영운. 「문리대학 종교사업과 보고 및 계획서」(1952년 5월). 〔학내 문서〕
대전광역시사회복지사협회. 「[삼성지정기탁] '2023 사회복지사 해외연수' 제시형 프로그램 공모 안내」. 2023년 8월 4일.〔기관 공고〕
한국사회복지사협회. 「[삼성지정기탁] 2024 사회복지사 해외연수 사업 안내」. 2024년 5월 20일.〔기관 공고〕
한국사회복지사협회. 「2019년 사회복지사 해외연수 연수단원 모집 안내」. 2019년 5월 30일.〔기관 공고〕

Bureau of Social Welfare, The Methodist Church. 5th Annual Report of the Woman's Division of Christian Service, 1944 – 1945. New York: The Methodist Church, 1945.
CSWE. Curriculum Policy for Undergraduate and Graduate Social Work Education. New York: CSWE, 1973.
CSWE. Curriculum Policy Statement. New York: CSWE, 1974.
CSWE. Educational Policy and Accreditation Standards. New York: CSWE, 1982.
CSWE. History of the CSWE Educational Policy and Accreditation Standards. Alexandria, VA: CSWE, 2008.
IASSW. Activities Report Meeting: Maximizing Social Work Potentials for Family Planning and Population Activities, Singapore, 5 – 15 November 1973.

Singapore: IASSW Asia Regional Secretariat, 1973.

UNESCAP. Report of the Regional Seminar on Population Education and Family Planning for Labour and Administration Officials, Bangkok, Thailand, 12-21 December 1974. Bangkok: UNESCAP, 1975.

WHO. International Classification of Impairments, Disabilities, and Handicaps: A Manual of Classification Relating to the Consequences of Disease. Geneva: WHO, 1980.

2) 신문 및 잡지

경향신문, 매일경제, 연합뉴스, 웰페어뉴스, 이대학보, 이투데이, 조선일보, National Business News

삼천리, 장애인고용

Korea Calling, The Missionary Monthly, The Newsletter

3) 자서전·구술자료·서신자료

김영운.「하나님의 부르심 따라」.『증언 2집』. 서울: 선학역사편찬원, 1984, 203-217.

박보희.『모든 삶은 아름다워야 한다』. 서울: 소화, 2018.

임상사회복지실천연구회.「클라이언트 자기결정을 존중한 사회복지사 - 문인숙」.『사회복지 역사를 세운 실천현장의 인물들』. 서울: 학지사, 2014, 85-99.

임상사회복지실천연구회.「치료도 변화도 아닌, 지지를 강조한 사회복지사 - 김만두」.『사회복지 역사를 세운 실천현장의 인물들』. 서울: 학지사, 2014, 9-47.

4) 사진 및 시각자료

이화여자대학교. "이화심볼."

임상사회복지실천연구회. 사진자료. 제자들과의 한때, 동료교수들 총 6장.

이화여자대학교 이화역사관. 사진자료. 이화사회관 건물전경 총 3장
이화여자대학교 종합사회복지관. 사진자료. 사회복지관 현판식 1장.
필자. 사진자료. 문인숙의 주요 교재 총 3장.

5) 보고서·미간행자료

문인숙 외. 「신촌지역 주민의 생활상태와 개발가능성에 관한 조사연구」. 이화사회복지관, 1975.〔미간행〕

문인숙. 「취업실태 및 취업취향에 관한 연구조사: 인근지역 비진학 청소년을 중심으로」. 이화사회복지관, 1977.〔미간행〕

2. 2차사료

『역대국회의원총람』. 서울: 조세공론사, 1983.

국토지리정보원. 『한국지명유래집(중부편)』 제2부 서울특별시. 성남: 국토지리정보원, 2000, 106.

기독교학과50년사 편집위원회. 『기독교학과 50년사』. 서울: 기독교학과50년사 편집위원회, 2008.

이용교. 「사회복지학 교육의 뿌리 – 이화여자대학교 기독교사회사업과」. 『Social Worker』 제168호 (2016.4): 48 – 49.

이화100년사편찬위원회. 『이화100년사자료집』. 서울: 이화여자대학교 출판부, 1994.

이화여자대학교사회복지학과50년사편집위원회. 『이화여자대학교 사회복지학과 50년사(1947 – 1997)』. 서울: 동인, 1997.

이화팔십년사편찬위원회. 『이화팔십년사』. 서울: 이화여자대학교, 1967.

장인협, 김승국, 김영모, 민병근. 『사회복지문헌목록(1945 – 1986)』. 서울: 아산사회복지사업재단, 1987.

한국사회복지사협회50년사편찬위원회. 『한국사회복지사협회 50년사(1967 –

2017)』. 서울: 한국사회복지사협회, 2017.

한국사회복지사협회.『한국사회복지사협회 삼십년(1967 - 1997)』. 서울: 한국사회복지사협회, 1997.

한국사회복지학회50년사편찬위원회.『한국사회복지학회 50년사(1957 - 2007)』. 서울: 한국사회복지학회, 2007.

한국사회사업(복지)대학협의회.『한국사회사업(복지)대학협의회 총람』. 서울: 한국사회사업(복지)대학협의회, 1995.

3. 단행본

김성숙, 김연희, 이영분, 이은주, 최선화, 한혜빈, 한혜원 공역, 문인숙 감수.『어떻게 도와야 하나』. 서울: 홍익제, 1987.

문인숙 역.『사회사업지도감독론』. 서울: 이화여자대학교출판부, 1980.

문인숙 역.『사회치료 - 대인관계적 접근 - 』. 서울: 홍익제, 1982.

문인숙, 김만두 공역.『사회사업면접의 기술』. 서울: 홍익제, 1986.

문인숙, 김선심 공역.『사회사업방법론 - 통합적 접근 - 』. 서울: 석암사, 1976.

문인숙, 정영순, 한혜빈 공역.『임상사회복지학』. 서울: 집문당, 1985.

문인숙.「아동복지와 놀이터」.『眞善美 컬럼』. 이화여자대학교 시청각교육연구원 편. 서울: 이화여자대학교출판부, 103 - 105.

문인숙.『집단사회사업』. 서울: 한얼문고, 1972.

문인숙.『집단사회사업방법론: 이론과 실제』. 서울: 이화여자대학교출판부, 1978.

문인숙.「사회사업실습교육제도의 현황분석 및 효과적 운영방안연구」. 서울: 한국문화연구원, 1980.〔연구보고서〕

이방현.「제7장. 정신건강사회복지」.『서울사회복지사 3: 현대복지서비스』. 서울: 서울역사편찬원, 525 - 601.

장인협, 문인숙 공역.『사회복지원론』. 서울: 한국사회복지연구소, 1977.

장인협, 문인숙. 『사회관 활동에 대한 효율성 평가조사』. 발행처 미상, 1973.〔연구보고서〕

지윤, 이명흥, 문인숙, 김선심. 『사회사업사례집』. 서울: 이화여자대학교 사회사업학과 교수실, 1972.

한국사회복지사협회. 『전문사회복지사 자격제도 및 사회복지사 보수교육 운영방안에 관한 연구』. 서울: 한국사회복지사협회, 2007.〔연구보고서〕

한국사회사업대학협의회 편 (김선심, 남경현, 문인숙, 이명흥, 장인협, 조경미, 조성경). 『문학과 사회사업』. 서울: 수문사, 1973.

한혜빈. 「한국사회사업(복지)대학 협의회 역사」. 『한국사회사업(복지)대학협의회 총람 1995』. 한국사회사업(복지)대학협의회총람편집위원회, 1995, 11-34.

Bartlett, H. M. The Common Base of Social Work Practice. New York: National Association of Social Workers, 1970.

Brill, Naomi I. Working with People: The Helping Process. Philadelphia: J. B. Lippincott, 1976.

Goldstein, E. G. "Issues in Developing Systematic Research and Theory." In Handbook of Clinical Social Work, edited by Alan Rosenblatt and David Waldfogel, 5-25. San Francisco: Jossey-Bass, 1983.

Greene, Bonnie. "A Walk Through the Past: WMS and Christian Education." In Looking Back, Looking Forward: UCC Women's Mission Work, edited by Joan M. Campbell. Toronto: UCC Women's Archives, 1993.

Hutchinson, Jean. A Vision for Christian Education: The United Church Training School and Covenant College 1895-1962. Toronto: United Church Publishing House, 1995.

Hutchinson, Jean. Partners in Mission: The United Church of Canada Overseas Work. Toronto: United Church Publishing House, 1969.

Kadushin, Alfred. The Social Work Interview. 2nd ed. New York: Columbia University Press, 1983.

Kendall, Katherine A. Council on Social Work Education: Its Antecedents and First Twenty Years. Alexandria, VA: CSWE, 2002.

Kendall, Katherine A. International Social Work Education: A History. Alexandria, VA: CSWE, 2009.

Miley, Karen K., Kathleen O'Melia, and Brenda DuBois. Generalist Social Work Practice: An Empowering Approach. 8th ed. Boston: Pearson, 2017.

Pettes, Dorothy E. Supervision in Social Work. Toronto: University of Toronto Press, 1975.

Pincus, Allen, and Anne Minahan. Social Work Practice: Model and Method. Itasca, IL: F. E. Peacock Publishers, 1973.

Shulman, Lawrence. The Skills of Helping Individuals and Groups. Itasca, IL: F. E. Peacock Publishers, 1979.

Strean, Herbert S. "The Social Worker-Client Relationship." In Clinical Social Work: Theory and Practice. New York: Free Press, 1978.

Whittaker, James K. Social Treatment: An Approach to Interpersonal Helping. New York: Transaction Books, 1979.

4. 학술지 논문

강흥구.「전문사회복지사 자격도입에 대한 일 고찰」.『사회과학논집』24, no. 1 (2008): 1-22.

김수정, 문영임.「전문사회복지사 자격제도 법제화의 동향과 과제」.『사회복지법제연구』8, no. 2 (2017): 195-229.

문인숙, 김경희.「지역사회개발을 위한 가정복지 프로그램 개발 및 그 성과 측정에 관한 조사연구: 이화사회복지관을 중심으로」.『사회복지관논집』2 (1979):

7-30.

문인숙, 남경현 공역. 「사회복지관의 기준」. 『사회복지관논집』 3 (1980): 5-23.

문인숙. 「시카고 대학교 사회사업대학 주최 하기학교를 마치고」. 『사회사업』 7 (1972): 218-228.〔이화여자대학교 사회사업학과〕

문인숙. 「이화사회복지관의 역사적 배경과 역할」. 『사회복지관논집』 1 (1977): 5-13.

문인숙. 「사회사업 실습교육제도의 현황분석 및 효과적 운영방안 연구」. 『한국문화연구원논집』 39 (1981): 229-254.

문인숙. 「사회치료적 접근방법에 대한 고찰」. 『사회보장논집』 2 (1982): 41-55. 〔동국대학교 부설 한국사회보장연구소〕

정혜정. 「이화여자대학교 사회복지관 30년사」. 『사회복지관논집』 4 (1986): 11-24.

Austin, M. J. "Generalist Practice in the 1982 Curriculum Policy Statement." Journal of Education for Social Work 19, no. 3 (1983): 5-16.

Healy, Lynne M. "A Brief Journey Through the 80-Year History of the IASSW: The Winds of Change in Social Work Education." Social Work & Society 6, no. 1 (2008): 1-12.

Sung, Kyu-taik. "Social Work as an Integral Part of Family Planning Service for Low-Income Families: An Example of U.S. Experience." International Social Work 21, no. 2 (1978): 23-32.

5. 온라인 자료

삼성복지재단. "삼성복지재단소개." https://www.samsungfoundation.org

법제처 국가법령정보센터. 사회복지사업법. https://www.law.go.kr/법령/사회복지사업법

법제처 국가법령정보센터. 장애인·노인·임산부 등의 편의증진 보장에 관한 법

률. https://www.law.go.kr/법령/장애인·노인·임산부%20등의%20편의증진%20보장에%20관한%20법률
한국문화연구. "소개." https://kcri.ewha.ac.kr/kcri/intro/greeting.do
한국민족문화대백과사전. "이매리." https://encykorea.aks.ac.kr/Article/E0044181
한국사회복지사협회. "연혁." https://kamsw.or.kr

Centre for Christian Studies. "Our History." https://ccsonline.ca
Council on Social Work Education. Educational Policy and Accreditation Standards (EPAS). Alexandria, VA: CSWE, 2015. https://www.cswe.org/getmedia/23a602dc-292a-4dca-aac0-2dd1e84439a5/2015EPASandGlossary.pdf
Social Welfare History Project, Virginia Commonwealth University. "Gisela Konopka." https://socialwelfare.library.vcu.edu/people/konopka-gisela/
Social Welfare History Project, Virginia Commonwealth University. "Katherine Kendall." https://socialwelfare.library.vcu.edu/people/kendall-katherine/
The United Church of Canada Archives. "Struthers, Elda Daniels, 1906-1997." https://catalogue.unitedchurcharchives.ca/struthers-elda-daniels-1906-1997

에필로그

　문인숙은 일제강점기와 한국전쟁을 거쳐 대한민국의 복구와 재건의 세월을 살아낸 한국 근현대사의 산증인이다. 격변과 격동의 20세기, 한국 사회는 끊임없는 불안과 불확실성 속에서 다수의 사람들이 생존과 자립을 보장받기 어려운 구조적 한계를 겪고 있었다. 다양한 복지 주체들은 그 틈을 메우기 위해 각자의 목적과 방식으로 한국인의 삶에 개입하였고, 그 과정에서 한국 사회는 여러 흐름을 취사 선택하고 재구성하면서 오늘날 복합적인 복지 체계를 형성해 왔다. 문인숙은 그 역사적 현장에서 같은 민족의 한 사람으로, 한국인들의 삶과 고통을 함께 살아냈다.

　민중을 향한 실천의 가풍 속에서 성장한 그녀는 생애 전반에 걸쳐 클라이언트를 위한 자신만의 실천 방식을 모색하며, 학문과 실천을 잇는 사회복지의 제1세대로서 곧 '학문적 실천가'의 길을 걸어왔다. 스칼릿대학, 태화기독교사회관, 이화여자대학교 등 다양한 문화적 주체들과의 만남 속에서 형성된 그녀의 발자취는 한국 사회복지 실천의 한 줄기를 이루며, 동시에 한국 사회복지 역사 속 하나의 흐름으로 자리 잡았다. 그녀의 삶의 궤적을 따라가는 것은 곧 한국 사회복지 실천사(實踐史)의 중요한 갈래를 확인할 수 있는 기회를 선사한다.

문인숙의 삶은 제도적 차별 속에서 형성된 서북인의 '자주성·독립성·실용적 민족주의'와 가족의 '사회복음주의적 실천 가풍'이 교차하는 지점에서 시작되었다. 문인숙의 가족사적 계보에는 민족적 자각이 깊게 스며있었고, 이는 민중을 위한 행동으로 이어졌다. 할아버지 문승훈은 근대 농업 지식과 기술로 지역사회를 계몽하는 동시에, '일본식 교육을 받으면 나라가 망한다'는 신념으로 아들 문창모를 민족주의자나 선교사가 운영하는 학교로 진학시켰다. 아버지 문창모는 기독교민족주의 학교에서 국가와 민족의 장래를 염려하는 청년으로 성장하여 구국운동에 참여하였다. 이러한 국가와 민족을 향한 자각이 민중을 위한 실천으로 연결되는 가풍 속에서, 서북인의 기질을 물려받은 문인숙은 외래에 휘둘리기보다 스스로 삶을 일구는 태도를 자연스레 체득하였다.

나아가 아버지 문창모와 어머니 이희주는 '사회복음주의' 신앙을 사회로 확장하며 살아간 인물들이었다. 문창모는 성인이 되어서 일제 치하에서 고통받고 있던 조선인을 의술과 복지 실천으로 돌보았고, 이희주는 YWCA를 일구며 여성과 지역사회를 세우는 삶을 몸소 보여주었다. 그 곁에서 성장한 문인숙은 '신앙은 사회 속에서 증명된다.', '실천은 구조와 제도 속에서 힘을 얻는다.'는 내면적 신념을 품게 되었다. 이처럼 서북의 자주성·독립성·실용주의와 가족의 사회복음주의 실천 가풍이 만나는 자리에서, 문인숙의 첫 뿌리가 깊게 심어졌다.

일제강점기의 억압과 한국전쟁의 포화 속에서 인간의 나약함을 경험한 문인숙은, 디커니스 운동의 전통을 이어받은 스칼릿대학 집단사회사업학과에서 새로운 세상과 마주하게 되었다. 이 학과의 교육과정은 집단사회사업의 원리·기술·실습을 촘촘히 엮어낸 체계였고, 인보관 실습을 통해 공동체 속에서 관계와 기술을 함께 익히도록 설계되어 있었다. 교육과 실습, 그리고 와이트먼 채플에서 열린 촛불예배의 물음—"그대들은 인간을 사랑하는가?"—은 그녀에게 사상적 기반과 실천의 방향을 함께 심어주며, 이후 생애 전반에 걸친 실천의 준거가 되었다.

이러한 경험은 문인숙의 가족이 이어온 '실천의 계보'와 자연스럽게 맞닿아 있었다. 할아버지 문승훈은 근대농업 지식과 기술을 활용하여 지역민을 도왔다. 아버지 문창모는 배재학당에서 접한 사회복음주의 사상을 사상적 근거로 삼아 근대의술을 통해 민중을 지켜냈다. 문인숙 또한 스칼릿대학에서 실천의 사상적 기반과 실질적인 방안을 습득하면서 자신만의 실천의 길을 준비해 나갔다. 더불어 집단사회사업학과 교수들의 실천과 학문의 병행, 곧 학문적 실천가의 면모는 훗날 문인숙이 교수로 재직하며 보여준 모습과도 맞닿아 있었다.

스칼릿대학에서의 경험을 마친 문인숙은 태화기독교사회관에 입사하게 되었다. 해방과 전쟁의 폐허 위에서 사람들의 삶을 다시 세워야 했던 그 시절, 태화는 신앙과 사회복지, 공동체와 실천이 교차하는 현장이었다. 문인숙은 그곳에서 '사회복음의 가치'와 '커뮤니티 센터의 실용'을 결합한 실천을 배웠고, 예술·체육·종교를 아우르는 클럽과 프로그램을 통해 클라이언트의 변화와 자립 그리고 공동체 회복을 지향하는 예방적 실천을 도모하는 현장을 몸소 경험했다. 스칼릿대학에서 배운 사회복지 원리와 실천이 한국의 재건 현실과 만나는 자리에서 더욱 단단해졌다.

더불어 태화에서 문인숙은 프로그램·행정·조직을 아우르는 실천의 기반을 체득했다. 관장 페기 빌링스는 현대적 조직관리 방식을 도입해 직무기술서와 평가체계를 마련하고, 조직 구성과 운영을 체계화함으로써 실천의 신뢰성을 높이고자 했다. 문인숙은 이러한 구조 속에서 임상의 전문성을 지탱하는 제도적 장치와 사회사업의 책무성을 직접 배우고, 이를 자신의 경험으로 깊이 체화했다. 이러한 기반은 이후 이화사회복지관과 사회사업학과 운영에 고스란히 녹아들어, 그녀가 학문과 실천을 연결하는 제도적 틀을 세우는 데 중요한 토대가 되었다.

이화에서의 문인숙은 스칼릿과 태화에서 체득한 지식과 기술, 그리고 가치를 한국적 맥락 속에 재구성해 나갔다. 이 세 문화적 주체와의 만남은 그녀를 단순히 서구의 사회복지 모델을 답습하는 교육자가 아닌, 지역과 시대의 맥락 속에서 가치·이론·기술의 '토착화'를 고민하며 한국 현실에 맞게 조정하는 학문적 실천가로 성장하게 했다. 이러한 모습은 부모 세대가 보여준, 자신이 처한 현실 속에서 지식과 신앙의 사회적 의미를 새롭게 세우고 행동으로 옮겼던 가족의 실천 전통과 맞닿아 있었다. 문인숙은 그 연장선에서, 자신이 위치한 그 자리에서 민중을 위한, 곧 한국 사회의 클라이언트를 위한 사회복지를 세워가고자 했다.

문인숙은 이화에서 '사회복지'는 실천학이라는 신념을 분명히 하며, 교육·연구·현장을 하나로 묶는 학문적 실천가의 길을 퇴임에 이르기까지 뚝심 있게 걸어갔다. 그녀가 새롭게 세워가고자 했던 '사회복지학'은 사람 중심의 윤리기반 위에서 실천과 이론을 통합하고, 클라이언트에게 책임성 있는 서비스를 제공함으로써 실천의 가치를 학문으로 정립하는 것이었다. 그녀에게 그것은 다름 아닌 정의의 구현이었다.

이러한 신념은 그녀의 학문적 여정 속에서, 인간 존엄을 전제로 한 효과적이고 효율적인 사람 중심의 실천을 끊임없이 모색하는 내적 힘이 되었다. 이에 따라 '집단사회사업 실천전문가'로 출발한 그녀는 통합사회사업론을 거쳐 임상사회복지론으로 나아가며, '사회사업 실천가'로서의 전문성을 단계적으로 확장해 갔다.

문인숙이 구축한 사회복지학은 지식·가치·기술의 결합을 통해 사회사업의 정체성을 세우고자 한 데서 출발했다. 초기의 실천이 클라이언트 중심의 원조 관계와 통합적 개입을 중시하는 단계에 머물렀다면, 그녀는 그 속에서 이미 이론적 기반의 중요성, 관계의 전문성, 그리고 개입기술의 체계화 필요성을 예리하게 포착하고 있었다. 1980년대에 들어 문인숙은 임상사회복지론을 통해 이러한 문제의식을 본격적으로 체계화하였다. 그녀가 강조한 핵심 요소는 네 가지였다. 첫째, 실천을 뒷받침하는 이론의 엄밀성. 둘째, 클라이언트와 맺는 관계의 전문성. 셋째, 관계를 실제 개입기법으로 삼는 기술의 체계화. 넷째, 이 모든 것을 현실 속에서 작동하게 하는 제도적 기반이다.

문인숙에게 사회복지학은 이론·관계·기술·제도가 서로 맞물려 움직일 때 비로소 학문으로서의 의미와 현장에서의 힘을 동시에 가질 수 있는 체계였다. 그녀의 실천은 언제나 관계를 매개로 이루어졌으며, 관계를 제대로 맺기 위해서는 숙련된 기술이 필수라는 인식이 일관되게 드러난다. 이 점에서 문인숙에게 사회사업은 곧 '관계의 학문'이자, 현장에서 변화를 이끌어내는 '기술의 학문', 그리고 이를 뒷받침해주는 '이론의 학문'이었다.

문인숙이 지향하고 구축해 간 사회복지의 모습은 복지관 운영, 교과과정 개편과 교재 집필, 협회 활동 등에서 펼쳐진 다양한 학문적 실천의 장에서 선명하게 드러난다. 그녀는 먼저 복지관 운영에서 교육·연구·실천을 하나로 묶는 선순환 구조를 구현했다. 이화사회복지관은 단순한 부속기관이 아니라, 대학 교육과 지역사회를 잇는 실천의 장이자 연구의 현장이었다. 문인숙은 스칼릿과 태화에서 익힌 프로그램 운영과 조직관리의 경험을 바탕으로 복지관을 운영하며, 학생들에게는 실천 현장을, 지역사회에는 실질적 서비스를 제공하는 구조를 만들어갔다. 복지관에서의 활동은 그녀가 스칼릿과 태화에서 익힌 경험을 한국적 맥락 속에서 구현하며, 학문과 실천을 결합한 실천가로 성장해가는 토대가 되었다.

1980년대에 이르러 문인숙은 교과과정 개편과 교재 개발을 통해 사회복지 실천의 틀을 다시 세웠다. 급변하는 사회 현실과 학문적 변화에 대응해, 그녀는 기존의 사회사업론을 통합사회사업론으로 재편하고, 나아가 임상사회복지론으로 발전시키는 과정의 중심에 섰다. 특히 1985년의 교과과정 개편은 그녀의 학문적 지향이 집약적으로 드러난 순간이었다. 이 개편은 임상실천의 전문성을 강화하기 위해 기초과목을 보강하고, 임상실천의 심화 과정을 새롭게 배치했으며, 윤리 과목을 독립적으로 개설하여 윤리를 방법론의 하위요소가 아니라 실천 전반을 이끄는 상위의 원리로 격상시켰다. 이는 사회복지사가 갖추어야 할 지식·가치·기술의 균형을 교육과정 속에서 제도적으로 구현한 문인숙의 결단이었다.

그녀는 이러한 개편방향을 뒷받침하기 위해 교재개발에도 힘썼다. 『사회치료』, 『임상사회사업학』, 『사회사업면접의 기술』, 『어떻게 도와야 하나』 등은 새로운 교육 틀에 부합하는 실천지식을 후학에게 전하기 위한 노력의 산물이었다. 이들 교재는 실천을 뒷받침하는 이론의 엄밀성, 관계의 전문성, 개입기술의 체계화를 담은 것으로, 문인숙이 지식·기술·가치를 학문적으로 정립해 나간 구체적 성과이기도 했다.

그녀의 활동은 이화라는 울타리를 넘어 사회 전체로 확장되었다. 문인숙은 한국사회복지사협회 발전위원장으로서 기업과 협력하여 임상사회복지사 자격제도의 도입을 추진하며 전문성의 제도화를 시도했고, 사회복지사 해외연수사업을 실시하여 국내 사회복지사들이 서구의 선진 기관을 견학하고 국제적 안목을 넓히도록 이끌었다. 또한 사회복지 이념 확산 포럼을 열어 학문적 성과가 사회적 의식 변화로 이어지게 했으며, 발전기금 조성을 통해 협회의 자립 기반을 마련했다. 이러한 시도들은 단발적 성과에 그치지 않고, 훗날 영역별 사회복지사 국가자격제도로 제도화되었으며, 해외연수사업은 오늘날 제3세계 사회복지 발전을 지원하고 자문을 제공하는 수준까지 성장하였다. 이처럼 문인숙의 '사람 중심의 실천', '지식·가치·기술의 통합', '전문직의 책임성'이라는 철학은 협회 활동을 통해 제도화되었고, 오늘날까지도 한국 사회복지사들의 정체성과 실천윤리의 뿌리로 이어지고 있다.

이와 같은 활동들은 그녀가 일관되게 추구해 온 사회복지의 철학과 실천이 한데 어우러진 결과였다. 문인숙의 사회복지관(社會福祉觀)은 "지식 – 가치 – 기술의 통합"에 기초해 있었다. 그녀는 이 통합이 제도·교육·교재·현장에서 유기적으로 맞물릴 때 비로소 전문적이고 효과적인 실천이 가능하다는 신념을 품고, 이를 저술과 번역, 교과 개편과 복지관 운영 그리고 협회 활동을 통해 구체화해 나갔다. 학문과 실천이 맞닿는 자리에서, 문인숙은 한국 사회복지를 새롭게 세워나갔던 것이다.

문인숙이 부모 세대에게서 물려받은 '삶으로 증명하는 신앙'과 '사람을 세우는 실천'은 그녀의 생애 속에서 학문과 현장으로 다시 피어나 제자들의 가슴 속에 깊이 뿌리내렸다. 제자들의 회고담에는 학문적 스승으로서의 날카로운 통찰, 실천현장에서 보여준 지도력, 그리고 한 인간으로서의 따뜻한 품성이 고스란히 담겨 있다.[460]

어떤 제자에게는 사회복지학의 새로운 지평을 열어준 사상적 멘토로, 어떤 제자에게는 삶의 고비에서 길을 밝혀준 나침반으로, 또 어떤 제자에게는 따뜻한 밥 한 끼와 다정한 말 한마디를 건네던 '춘천 아이의 선생님'으로 기억된다. 강의실에서, 실습현장에서, 가정에서, 그리고 은퇴 후의 삶까지 — 문인숙의 존재는 제자들의 학문과 삶의 궤적에 깊이 스며있었다.

그녀의 제자들은 스승의 이름을 떠올릴 때마다 '사람 중심의 실천'이 무엇인지, '정의로운 사회를 향한 길'이 무엇인지 다시금 생각하게 된다. 학계와 현장에서 중추적 인물로 성장한 그들은 스승이 보여준 삶과 실천을 거울삼아 각자의 자리에서 그 가치를 이어가고자 한다. 세월이 흘러도 문득 문득 떠오르는 것은 늘 따뜻하게 곁을 지켜주던 한 스승의 얼굴이다. 그녀가 세상을 떠난 지 20년이 가까운 시간이 흘렀지만, 제자들의 마음속에는 여전히 그리움과 따뜻한 기억이 깊이 남아 있다.

제자들의 회고에 따르면, 문인숙은 무엇보다 사고의 틀을 깨고 새로운 질문을 던지는 창의적이고 자유로운 '교육자'였다. 수업시간마다 "왜 그렇게 생각하지?", "무엇이 중요하지?"와 같은 질문을 던지며 학생들을 깊은 성찰의 길로 이끌었고, 강의실을 단순한 지식 전달의 공간이 아닌 사고와 토론의 장으로 만들었다. 또한 학생들을 긴장시키기지 않고

---

460 부록에 문인숙의 제자들이 작성한 회고문 11편이 실려있다. 그 회고록을 기반으로 문인숙에 대한 제자들의 전반적인 기억을 정리하였다.

자유롭고 편안한 분위기에서 토론을 이끌어내며, 호방하고 소탈한 성품으로 학문과 삶의 경계를 자연스럽게 연결했다.

그녀는 실천현장에서 누구보다 앞장서는 '지도자'였다. 제자들은 복지관과 협회, 학계와 현장을 넘나들며 조직의 기틀을 세우고 제도를 만들어가던 그녀의 모습을 생생하게 기억하고 있다. 특히 임상사회복지의 제도화와 정신건강사회복지 분야 개척은 많은 제자들에게 실천가이자 정책가로서의 본보기가 되었다.

또한 그녀는 넓은 품성과 따뜻한 배려로 제자들의 삶을 이끌어 준 따뜻하고 인간적인 '멘토'로도 기억된다. 학생들을 '가르침의 대상'이 아닌 '함께 성장하는 동반자'로 대했고, 사적인 자리에서도 음식을 대접하거나 고민을 들어주며 인간적인 교류를 중시했다. 제자들의 작은 부탁에도 귀 기울이고, 애칭을 붙여 부르며 한 사람 한 사람을 기억했던 그녀의 품성은 제자들의 마음속에 깊이 남았다.

이렇듯 제자들의 글에는 학문적 성찰을 이끌어낸 교육자, 현장을 변화시킨 실천가, 그리고 삶을 함께 나눈 따뜻한 멘토로서의 문인숙이 다층적으로 담겨 있다. 제자들은 문인숙을 한국 사회복지계 발전에 헌신한 지도자로 평가하며, '거목(巨木)'에 비유하기도 했다. 회고담 속에서도 문인숙이 현장과 학계를 긴밀히 연결하며 한국 사회복지 영역을 확장하는 데 결정적 역할을 했음을 다시 확인하게 된다. 나아가 그녀는 학문적 실천의 스승으로서만이 아니라 자유로움 속의 당당함과 인간적인 따뜻함이 조화를 이룬 스승이었음을 알게 된다.

문인숙은 1994년 2월 이화여자대학교에서 정년 퇴임하였고, 1997년 한국사회복지사협회 발전위원장직을 끝으로 공식적인 학문적 실천가로서의 여정을 마무리하였다. 이후 남편 진 매튜와 함께 미국 아이오와 시티에 정착하여 새로운 삶을 시작했다. 처음에는 도자기와 미술을 배우며 개인의 시간을 즐겼다. 그러나 자신만을 위한 시간과 활동이 그리 즐겁지만은 않다는 생각에 노인센터와 실버타운, 학교와 커뮤니티 센터 등에서의 급식 봉사를 시작하였다. 밥을 먹고 만족해하는 사람들의 모습이 "나를 충족시킨다"라고 말하는 그녀의 모습은, 은퇴 후에도 여전히 사람을 향한 봉사로 삶을 채우고 있었음을 알 수 있다.

제자들과의 인연은 생애의 마지막까지 이어졌다. 미국에서 생활하는 동안에도 제자들과 편지를 주고받으며 끊임없이 격려를 건넸고, 그녀를 그리워한 제자들은 훌쩍 그녀 곁으로 찾아가기도 했다. 루마니아·헝가리·체코로 이어진 여행길에서 웃음과 교류를 나누며 학문과 삶의 경계를 잇는 스승으로 남았다.

배우자와 함께 한 30여 년(1962-1997)의 한국 선교 활동은 아이오와 시티에서도 기려졌다. 민주당 후원 모금 행사에서 한국교회의 민주화와 개혁을 위해 헌신한 공적이 공식적으로 언급되었으며, 지역사회가 함께 이를 기억하는 자리가 마련되었다. 이는 이들 부부의 행적이 종교적 활동을 넘어 지역 정치와 시민 사회적 차원에서도 의미 있게 받아들여진 것이었다.[461]

2017년 7월 17일, 문인숙은 아이오와 시티의 호스피스 요양원인 버드

---

461 The Muscatine Journal, "Retired Missionary Is Special Speaker," September 18, 1998.

하우스(The Bird House)에서 향년 88세로 생을 마감하였다. 장례는 아이오와 시티의 세인트 마크 연합감리교회(St. Mark's United Methodist Church)에서 거행되었다.[462] 이는 문인숙의 가족에게는 사랑하는 이와의 이별이었으며, 한국 사회복지계에서는 한국 사회복지 제1세대가 저무는 시간이었다.

인물사라는 것이 한 인간의 삶의 궤적을 따라가며 그의 행적을 확인하고, 그가 한 분야에서 차지하는 역사적 위치와 의미를 해석하며, 무엇을 기록으로 남길 것인가를 묻고 답을 찾아가는 작업이라고 생각한다. 본 저자 또한 문인숙이라는 인물의 삶을 좇으며 많은 생각을 하게 되었고, 만약 그녀를 직접 만나 배움을 얻을 기회가 있었다면, 진심으로 동경하고 사랑했을 것이라 여겨진다. 그리고 문인숙이 생애를 통해 지켜내고자 했던 사회복지의 정수는 오늘의 나에게 다시금 사회복지의 정신을 묻는 질문들로 다가왔다.

첫째, 사회복지사로서 나의 실천은 무엇인가?

둘째, 나는 클라이언트를 어떠한 관점과 입장에서 바라보고 있는가?

셋째, 나의 관점과 입장에 부합하는 실천의 방향을 분명히 알고 있는가?

넷째, 실천을 위해 필요한 구체적 기술을 습득하고 활용하고 있는가?

다섯째, 나는 일관된 가치, 이론, 기술을 통합하고 있는가?

여섯째, 사회복지사로서 사회정의 구현의 책무를 다하고 있는가?

---

462 Iowa City Press-Citizen, "Insook Matthews, 88," July 19, 2017.

이 질문들은 너무나 근본적이고 익숙하기에, 오래전 교육과정에서 접한 뒤 잊고 있었던 것들이기도 하다. 그러나 본 인물사를 집필하는 과정에서 그것들은 긴 세월 묻혀 있던 기억의 먼지를 털어내며 새롭게 다가왔다. 사람마다 입장은 다르겠기에, 이 글을 읽는 독자들 또한 저마다의 질문을 발견하기를 기대해 본다.

다만 이러한 질문을 더욱 깊이 탐구하기 위해서는 무엇보다도 충분한 사료의 뒷받침이 필요했으며, 동시에 동시대의 다양한 사례들과의 비교 연구가 병행되어야 했다. 이 연구를 수행하면서 가장 어려웠던 점은 바로 그 사료의 부족이었다. 다양한 사료의 유형 가운데 특히 필요했던 것은 각 시기별 사업 기록 즉, 회의록과 운영보고서 등 사회복지 실천과 관련된 자료였다. 이를 일정 부분 보완해 준 것이 문인숙의 개별 인터뷰와 제자들의 회고록이었으나, 여전히 객관적으로 그녀의 업적과 그 맥락 및 의미를 증명하기에는 충분하지 않았다. 결과적으로 문인숙의 행적을 평가하는 데 있어 유추와 추정의 수준에 머물 수밖에 없었던 점이 못내 아쉬움으로 남는다.

또 다른 아쉬움은 문인숙의 원가족에서 현 가족으로 이어지는 개인의 전체 서사를 충분히 끌어내지 못한 것이다. 인물사 집필 과정에서 문인숙이 뿌리와 역사에 깊은 관심을 지녔음을 자주 확인할 수 있었다. 동시에 그녀는 자신이 속한 공간과 위치에 얽매이지 않고 자유롭게 떠날 수 있는 인물이기도 하였다. 이는 아마도 이북 출신의 그녀가 삶의 과정 속에서 일종의 디아스포라를 가지고 있었던 것과 무관하지 않다고 생각된다. 그러나 형제들의 사망과 미국에 거주하고 있는 가족들과의 거리적인 제약으로 이를 뒷받침할 충분한 사료를 확보하지 못하였다. 흩어지고 사라져가는 사료들의 발굴과 보존, 그리고 복원이 시급하다는 점을 다시 한 번 절감한 순간이었다.

집필을 마무리하면서 생각하는 본 연구의 한계점은 문인숙의 다양한 사회복지 활동을 동시대의 다른 사례들과 충분히 비교하지 못함으로써 발생한다. 곧 문인숙이 주도한 1970년대 이화사회복지관 사업과 1980년대 이화 사회사업학과의 교과과정 개편을 다른 복지관이나 타 대학의 사회사업학과와 나란히 분석하지 못하였다. 그 결과 이화 사회복지관과 사회사업학과가 한국 사회복지계 지형에서 차지하는 위치와 역할을 명확히 드러내지 못하였고, 이에 따라 문인숙의 사회사업관과 임상사회복지의 성격과 특질을 충분히 증명하지 못했다.

같은 맥락에서 해방과 한국전쟁을 거치며 유입된 서구 사회사업 실천의 여러 갈래와 비교하여 문인숙 실천의 특성을 충분히 규명하지 못한 점 역시 이 연구의 한계로 남는다. 문인숙의 생애 전반에 걸쳐 감리교의 영향은 매우 지대했다. 사회복음주의를 삶으로 실천한 가족, 미감리교 디커니스 훈련학교였던 스칼릿대학에서의 유학, 감리교 재단의 태화에서의 활동과 이화에서의 학문적 실천 등 그녀의 전 생애는 감리교와 긴밀히 맞닿아 있었다. 실제로 문인숙은 1962년부터 미감리교 한국 선교사로 활동하면서, 기독교대한감리회 교육국의 창설 40주년 기념 「과학기술시대에 있어서의 기독교교육」 세미나에서 주제발표를 하였고,[463]

---

[463] 경향신문, "과학과 함께 종교적 인격을: 감리회 기독교육 세미나", 1970년 8월 14일.

『한국기독교교육사』(1974)),[464] 『한국감리교회성장백년사』(1987)[465] 등의 저술에도 참여하였다. 그러나 그녀의 감리교적 맥락을 충분히 분석하지 못해, 결과적으로 당시 한국 사회에 유입된 서구 사회사업 실천의 여러 흐름과 문인숙의 실천의 특성을 나란히 비교하여 밝히는 데까지는 나아가지 못하였다.

아울러 문인숙의 YWCA 활동 역시 충분히 조명하지 못했다. 문인숙은 1970년부터 1981년까지 YWCA 실행위원, 청소녀위원회, 프로그램계획위원회, 연합회 상임위원회 등에서 활동하며 사회정의 구현에 힘썼다. 동시에 이화 사회사업학과와 연계하여 실습지를 개발하고, 학생들의 참여를 이끌어내는 데에도 기여하였다. 이러한 활동들은 문인숙의 기독 신앙이 초교파적이고 기독교 사회운동적 성향을 띠고 있었음을 보여주며, 향후 더 면밀한 분석이 요구된다. 이러한 요소들을 종합적으로 살펴보아야만 비로소 문인숙이라는 인물에 대한 온전한 이해가 가능할 것이다.

결과적으로, 자료의 제약으로 인해 문인숙의 삶과 실천을 충분히 다각도로 조명하지 못한 점은 이 연구의 뚜렷한 한계로 남는다. 특히 회의록과 운영보고서와 같은 1차 사료의 부족, 그리고 동시대 사회복지관·사회사업학과 및 서구 사회사업 실천의 여러 흐름과의 비교연구가 충분히 이루어지지 못한 점은 분명한 한계였다. 또한 감리교적 맥락

---

[464] 문인숙, 「기독교 사회교육사」, 『한국기독교교육사』(서울: 대한기독교교육협회, 1974).
[465] 송길섭, 홍석창, 이성삼, 김옥라, 라사행, 문인숙, 『한국감리교회성장백년사(I)』(서울: 감리교본부 교육국, 1987).

과 YWCA 활동에 대한 보다 면밀한 분석 역시 후속 과제로 남겨두게 되었다.

그러나 이러한 한계의 확인은 곧 앞으로의 연구 방향을 제시하는 중요한 지점이기도 하다. 문인숙 인물사 연구는 한국 사회복지 인물사 연구가 어떤 과제를 안고 있는지를 보여주었다. 즉, 보다 풍부하고 다양한 사료의 발굴과 비교사적 접근, 그리고 신앙과 실천을 연결 짓는 다층적 분석을 통해 더욱 온전한 서술이 가능함을 암시하였다. 따라서 이 연구의 한계는 단지 부족함의 고백만이 아니라, 후속 연구자들이 새롭게 나아가야 할 길을 열어주는 출발점이라고 감히 말하고 싶다. 한국 사회복지 1세대 연구가 분야별·지역별로 축적되고, 그 결과물 간의 비교연구가 이어짐으로써 한국사회복지역사의 날실과 씨실이 조화롭게 직조되기를 기대한다.

1980년대 통합사회사업론이 부각되고, 사회사업학과가 사회복지학과로 명칭이 변경되는 과정 속에서 학자별로 서로 다른 가치와 지향을 주장했던 것과는 달리, 50여 년이 지난 지금은 당시의 상황을 새로운 시각으로 성찰하고 앞으로의 50년을 준비해야 할 시점이다. 이러한 반성이 전제될 때, 한국 사회복지계가 나아가야 할 방향과 방침에 대한 분명한 지침을 얻을 수 있을 것이다.

마지막으로 간절히 희망하는 바는, 사회복지 실천과 관련한 사료의 확보이다. 그것이 모든 연구의 출발점이다. 해방과 전쟁, 복구와 재건의 시기, 한국 사회복지가 어떠한 가치와 비전을 품고 국가의 부흥과 클라이언트의 복지적 삶을 위해 움직였는지를 알 수 있는 뜨거운 순간들을 놓쳐서는 안 된다. 이는 사회복지 전문성 논의와 더불어, 아니 그보다 앞서 사회복지의 흔적을 통해 그 존재의 의미를 확인하는 과업이기 때문이다.

사료 확보는 구체적으로 두 가지 방향으로 이루어져야 한다. 첫째, 과거 사료의 발굴과 복원이다. 한국에서는 이미 많은 사료가 분산되고 소실되었지만, 해외 종교기관이나 대학, 신문 아카이브에서는 여전히 귀중한 자료들이 보존되어 있다. 그러나 웹사이트를 통한 자료 접근에는 한계가 있기 때문에, 연구자 파견을 통한 사료수집과 같은 적극적 노력이 필요하다.

둘째, 현재 사료의 체계적 생성과 보존이다. 앞으로 후대의 사회복지사들이 오늘의 실천을 이해할 수 있도록, 기관별·개인별 기록들을 무분별하게 파기하지 말고, 각 기관은 다양한 보관 장치를 활용하여 기록 관리 체계를 마련해야 한다. 협회 차원에서 기록 전문가를 초빙해 기관의 사회복지사 교육을 실시하고, 기관별로 적용 가능한 기록법을 마련해 정착시킬 수 있도록 지원하는 것도 하나의 시도해봄직한 방법이다.

과거의 사료 발굴과 복원, 현재의 기록 체계적 생성과 보존은 우리 모두가 감당해야 할 책무이다. 흩어지고 사라져가는 자료가 미래 세대의 배움과 성찰의 기회를 빼앗지 않도록, 지금 여기에서 우리는 기록을 남기고 지켜내는 일에 더욱 힘써야 한다. 이 글이 그 과업을 향한 작은 출발선이 될 수 있기를, 조심스레 욕심을 내본다.

부록 1

문인숙 연구사업 · 저서 · 논문 일람표

년도	서지사항
1972	이명흥, 문인숙, 김선심. 『한국 혼혈아의 실태조사와 대책연구』. 한국문화연구원 연구사업.
	문인숙. 『집단사회사업』. 서울:한얼문고
	지윤, 이명흥, 문인숙, 김선심. 『사회사업사례집』. 이화여자대학교 사회사업학과 교수실.
	문인숙. 「시카고 대학교 사회사업대학 주최 하기학교를 마치고」. 『사회사업』, No. 7, 218-228. (이화여자대학교 사회사업학과)
	문인숙. 「나도 환경 정화에 이바지할 수 있다」. 『한국YWCA』, 제20권 제6호(1972년 6월호), 대한YWCA연합회, "이달의 주장".
1973	장인협, 문인숙. 『사회관 활동에 대한 효율성 평가조사』. (발행처 미상).
	한국사회사업대학협의회 편(김선심, 남경현, 문인숙, 이명흥, 장인협, 조경미, 조성경). 『문학과 사회사업』. 서울: 수문사.
	문인숙. 「아동복지와 놀이터」. 『眞善美 컬럼』. 이화여자대학교 시청각교육연구원 편. 서울: 이화여자대학교출판부, 103-105.
	문인숙. 「올바르게 한국을 보여주자」. 『한국YWCA』, 제21권 제9호(1973년 10월호), 대한YWCA연합회, "이달의 주장".
1974	문인숙. 「기독교 사회교육사」, 『한국기독교교육사』. 서울:대한기독교교육협회.
	문인숙. 「성인교육협의회」. 『한국YWCA』, 제22권 제5호(1974년 5월호), 대한YWCA연합회, "이달의 주장".

1975	문인숙 외. 『신촌지역 주민의 생활상태와 개발가능성에 관한 조사연구』. (미간행)
	문인숙. 「행동이 없는 믿음은 죽은 것」. 『한국YWCA』, 제23권 제2호(1975년 2월호), 대한YWCA연합회, "이달의 주장".
	손인실, 김미순, 문인숙. 「한국 여성과 인권」. 『한국YWCA』, 제23권 제7호(1975년 7·8월호), 대한YWCA연합회.
1976	문인숙, 김선심(공역). 『사회사업방법론-통합적접근-』. 서울:석암사. 원저: Allen Pincus, Anne Minahan. *Social Work Practice: Model and Method*. Itasca, IL:F.E. Peacock Publishers, 1973.
	문인숙. 「재수생, 통합적 해결책을」. 『한국YWCA』, 제24권 제3호(1976년 3월호), 대한YWCA연합회, "이달의 사회문제".
	문인숙. 「어머니의 이미지(像)」. 『한국YWCA』, 제24권 제5호(1976년 5월호), 대한YWCA연합회, "이달의 주장".
1977	문인숙. 『취업실태 및 취업취향에 관한 연구조사(인근지역 비진학 청소년을 중심으로)』. [미간행].
	아산사회복지사업재단. 제1회 사회복지·연구개발 및 장학부문 지원대상 선정 – 사회복지부문(신체장애자복지).
	장인협, 문인숙(공역). 『사회복지원론』. 서울: 한국사회복지연구소. (別書名: 사회복지의 원리와 방법). 원저: Naomi I. Brill. *Working with People: The Helping Process*. New York: Holt, Rinehart and Winston. 1976.
	문인숙. 「이화사회복지관의 역사적 배경과 역할」. 『사회복지관논집』, Vol. 1, 5–13.
	문인숙. 「비행청소년들의 사회 복귀는 이해와 온정을 기초로 한다」. 『한국YWCA』, 제13권 제5호(1977년 5월호), 대한YWCA연합회, "이달의 주장".
	문인숙. 「치료보다 예방의 사회복지를, 우리 이웃에 대한 인도주의적 관심에서 출발」. 『이대학보』, 595호, 1977년 9월 9일.
1978	문인숙. 『집단사회사업방법론:이론과 실제』. 서울:이화여자대학출판부
	문인숙. 「청년기란 주체성을 찾는 때이다」. 『한국YWCA』, 제14권 제7호(통권 138호, 1978년), 대한YWCA연합회, "이달의 주장".
	문인숙. 「한국아동복지의 배경과 현황」. [발표처 미상, 연구발표].

1979	문인숙(조사책임자), 김은경, 이은경, 한상명(조사자). 『한국 YWCA 회원들의 의식구조에 관한 조사 보고서』. 서울: 대한YWCA연합회 사회문제 및 조사연구위원회.
	장인협, 문인숙. 『사회관 활동에 대한 효율적인 인력활용 및 개발방안』. [발행처 미상].
	문인숙. 「놀이놀이치료사회사업방법」. 『한국사회복지학』, Vol. 1, 97-107.
	문인숙, 김경희. 「지역사회개발을 위한 가정복지 프로그램 개발 및 그 성과 측정에 관한 조사연구—이화사회복지관을 중심으로—」. 『사회복지관논집』, Vol. 2, 7-30.
	문인숙. 「Y회원의 사회참여와 그 문제점」. 『한국YWCA』, 제15권 제5호(1979년 5월호, 통권 147호), 대한YWCA연합회, "이달의 주장".
	문인숙. 「실습교육의 현황, 문제 및 제안」. [발표처: 한국사회사업대학협의회]
1980	문인숙. 『사회사업실습교육제도의 현황분석 및 효과적 운영방안연구』. 한국문화연구원 연구사업
	문인숙(역). 『사회사업지도감독론』. 서울: 이화여자대학교출판부. 원저: Pettes, D. E. Staff and Student Supervision: A Task-Centred Approach (1st ed.). London: Routledge, 1979.
	문인숙, 남경현(공역). 『사회복지관의 기준』. 『사회복지관논집』, Vol. 3, 5-23. 원저: The National Federation of Settlements and Neighborhood Centers. Standards for Neighborhood Centers. [출판연도 미상, United Neighborhood Centers of America로 개칭 이전 판].
1981	문인숙. 「사회사업 실습교육제도의 현황분석 및 효과적 운영방안 연구」. 『한국문화연구원논집』, Vol. 39, 229-254.
	문인숙. 「자원봉사활동(Volunteerism)의 이론과 실제」. 『여성과 자원활동』. 서울: 이화여자대학교 한국여성연구소 (교육자료집).
1982	문인숙(역). 『사회치료 - 대인관계적 접근 - 』. 서울: 홍익재. 원저: James K. Whittaker. Social Treatment: An Approach to Interpersonal Helping. New York: Aldine Publishing Company, 1979.
	문인숙. 「사회치료적 접근방법에 대한 고찰」. 『사회보장논집』, Vol. 2, 41-55. (동국대학교 부설 한국사회보장연구소)

1984	문인숙. 「아동놀이시설환경」. (아동시설연합소).
	문인숙. 「자원봉사활동(Volunteerism)의 이론적 배경」. 『자원활동의 이론과 실제』. 서울: 이화여자대학교 한국여성연구소 (교육자료집).
	문인숙. 「사회복지에 대한 국민의식의 문제점과 개선방향」. 『제2회 전국사회사업가대회보고서 – 선진사회복지와 사회사업가의 역할 – 』. 한국사회사업가협회. 257-306.
	문인숙. 『한국사회복지사연구』. 서울: 대한감리회사회복지관재단.
	문인숙, 정영순, 한혜빈(공역). 『임상사회복지학』. 서울:집문당. 원저 : Handbook of clinical social work
1985	문인숙. 「사회복지에 대한 국민의식의 문제점 고찰」. 『한국복지학회지』. 제6집. 45-60. (한국사회복지학회)
	문인숙, 백윤희. 「사례연구 – 정신질환자 치료집단을 중심으로」. 『사회사업』. No. 10. 5-19. (이화여자대학교 사회사업학과)
	문인숙. 「청소년의 성장과 가정의 역할 ; 청소년과 가정 〈특집〉」. 『우리얼.누리 · 한별』. 3 · 4. 10-15. (서울: 한국청소년연맹)
1986	문인숙, 김만두(공역). 『사회사업면접의 기술』. 서울:홍익재. 원저: Alfred Kadushin. The Social Work Interview (2nd ed.). New York: Columbia University Press, 1983.
	문인숙. 「자원봉사 활동의 참뜻과 문제점: 누구나 능력껏 참여하는 시민운동이다」. 『한국YWCA』. 제22권 제10호(통권 22호). 대한YWCA연합회.
1987	김성숙, 김연희, 이영분, 이은주, 최선화, 한혜빈, 한혜원(공역), 문인숙(감수). 『어떻게 도와야 하나』. 서울:홍익제. 원저: Lawrence Shulman. The Skills of Helping Individuals and Groups. Itasca, IL: F.E. Peacock Publishers, 1979.
	송길섭, 홍석창, 이성삼, 김옥라, 라사행, 문인숙(공저). 『한국감리교회성장백년사(I)』. 서울: 감리교본부교육국.
	문인숙. 「청소년복지의 이론적 배경」. 『청협』. 제11권 제3호. 26-32. (서울: 청소년단체협의회)
1990	문인숙. 「6 · 25동란과 구제활동에 대한 고찰」. (서울대기념논문위원회).

1991	문인숙, 양옥경. 『정신장애와 사회사업』. 서울: 일신사.
	임상사회사업연구회(역). 『임상사회사업기술론』. 서울:홍익재. 원저: Dorfman-Zukerman, R. A. (Ed.). Paradigms of Clinical Social Work (1st ed.). New York, NY: Routledge, 1988. ※ 번역 참여자: 문인숙 외 11명. 문인숙은 「서씨가족사례」와 「집단사회사업방법」을 번역.
1992	문인숙 외 13명(편역). 『노인복지의 이해: 이론과 기법』. 서울: 홍익재. 원저: Paul K. H. Kim(Ed.). Serving the Elderly: Skills for Practice. New York: Aldine de Gruyter, 1991.
	문인숙. 「장애인을 통해서 내 장애를 깨달았다」. 『장애인고용』, 1992년 봄호, 58-59
1993	문인숙, 김미혜(공역). 『사회복지기관 행정론: 역동적 관리와 인간관계』. 서울: 동인. 원저: Rex A. Skidmore. Social Work Administration: Dynamic Management and Human Relationships. Englewood Cliffs, NJ: Prentice-Hall, 1983.
1994	한국정신건강복지연구소(편저). 『만성정신장애와 사회복지서비스』. 서울: 인간과복지.

〈비고〉
1. 본 일람표에는 확인 가능한 범위에서 수집·정리한 연구성과를 기재하였으며, 여기에 포함되지 않은 추가 연구성과가 더 있을 수 있음을 밝힌다.
2. 동일 연도에 복수의 연구성과가 있을 경우, 서지사항은 다음의 순서와 원칙에 따라 배열하였다.
   - 연구보고서·연구사업(외부 연구비·기관 연구 포함) → 저서(단독·공저·편저 포함) → 학술지 논문 → 잡지·신문 기고문 → 기타(강연록, 발표문 등) (가나다순)

부록 2

문인숙과 제자들, 마음에 담은 편지와 추억

"Peace" — 고마움과 평안을 담아 제자들에게

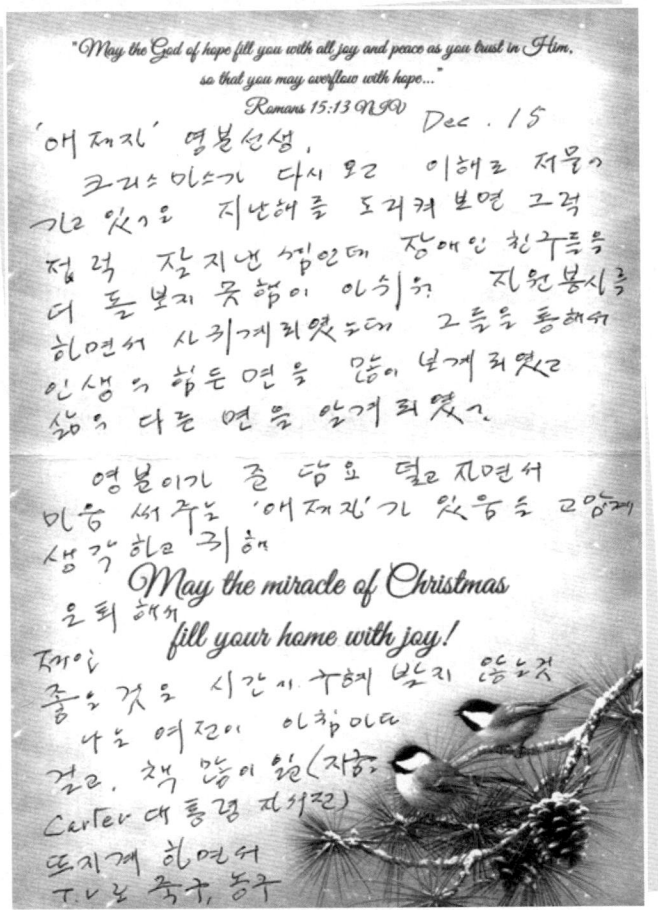

엽서 보면서 즐기고 있어.
남편에게 문안 해 줘.
크리스마스에 정답을 나누며 따스한
사랑을 다시 경험하기 바래

Peace,
윤인숙

요새는 동무들의 생활, 행동, 감정등
연구하고 묘사하는 책 읽고있어.
오래 동안 사람들이 깔보, 무시하여도
우성을 갖은 많은 호기심을 갖았었어.
오늘 우리 차고 밖에서 새 두마리
가 성관계를 하는데 아주 재미
있드라.
남편 문안해고 편안하게 그리고
즐겁게 살기 바래
Peace. 윤인숙

문인숙 교수님과 함께였던 시간들

— 김정자(전 한국여성개발원장)

　문인숙 교수님을 떠올리면 언제나처럼 큰 巨木이 다가섭니다. 인간이 매일매일 가지는 일상의 욕구나 패턴을 훌쩍 넘어선 넓고 풍성한 품이 느껴지기 때문이다. 풍성한 잎 새로 큰 그늘을 드리워 모두를 푸근히 안아 들이어 '함께'라는 '공동의 장'을 마련해 주시는 거목이셨습니다.

　결코 자리에 연연하지 않고 오로지 관심은 사회복지계가 어떠한 모습과 전문성으로 우리 사회를 "더 나은 사회: The Better Society"로 이끌어 가느냐에 열정과 노력을 쏟으신 분입니다.
　회장 한 분, 사무총장 한 분으로 일정한 사무실도 없이 명맥만 겨우 이어오던 '한국사회복지사협회'를 정상화하는 데에 앞장서셨습니다. 주변의 가깝고 무관한 사회복지 교수들과 저를 포함한 소셜워커들 몇몇 분들께 느닷없이 전화하셔서 '100만원 좀 보내라!' '아! 네--' 그렇게 모은 돈과 김융일이라는 걸출한 교수를 동원해서 한국사회복지사협회를 정상조직으로 키워놓으신 분입니다. 사협회가 우리나라 800만(?) 사회복지사의 지위 향상과 처우 개선, 전문성 확립의 본연의 임무와 역할을 할 수 있는 토대를 마련해 주신 것입니다. 지금의 사협회가 오늘의 위치와 기능을 할 수 있는 바탕을 처음으로 다져놓으신 것입니다. 그러나 사협회의 회장으로의 추대는 단칼에 거부하신 분입니다. 또한 1985년 문인숙 교수님과 작고하신 강남대 김만두 교수님 두 분의 주관으로 "임상사회사업연구회"를 발족시켰습니다. 임상사회사업의 이론과 실천에 관심을 가지신 교수분들이 합류하여 임상사회사업 전문연구 작업인 열띤 토론과 발표, 공동번역서 출간, 한 주제에 대한 다 측면 연구발표를 모은 자료집 출간 등 활발한 연구가 이루어졌고 사회복지학회에서의 발표도 가졌습니다. 두 분 교수님의 탁월하신 안목과 노력으로 '함께 아우르는 연구 활동'의 결실들이 이루어져 올해로 40년을 이어오고 있습니다. 이러한 사회복지 관련 조직을 그 조직의 처음 목표와 지향점에 맞게 작동하게 함으로서 사회복지가 개인뿐 아니라 사회를, 지역사회를, 우리 이웃을 위해 반드시 존재해야 하는 실천적 학문임을 입증하신 것입니다. 모두가 함께여야만 인간을 돕는 일이 한걸음 한 단계 전진할 수 있음을 일깨워 주신 것입니다.

사회복지 교수로서의 역할도 주목해야 할 것입니다. Group Social Work과 통합사회복지론을 주로 강의하셨고 정년 때까지 강의, 실습지도, 이대사회복지관 관장 등을 역임하시면서 학생들의 실습과 사회복지 실천현장의 중요성을 늘 강조하신 분입니다. 다른 사회복지관과의 유대, 복지관간의 프로그램의 비교연구, 외국(주로 미국)복지관과의 교류 등 폭넓은 경험을 쌓게 해 주셨습니다. 실습 시 에피소드 하나 소개해 드릴께요. 나이 많아 공부한 저는 실습시간이 신기했습니다. 이대복지관 프로그램인 자폐아 클라스 실습이었는데 실습생마다 한두 아기씩 책임케어를 정해줬습니다. 그래도 되는 줄 알고 제가 맡은 아기를 특별히 안고 엎고 케어했습니다. "김선생, 나 좀 봐요. 책임케어는 그 아이만 모두 보는데서 이뻐 하라는 게 아니고 전문성을 가지고 기록하고 변화에 관심을 가지라는 역할분담입니다!" 얼굴은 홍당무, 처음으로 전문가의 자세와 전문성이 뭔지 올곧게 배운 경험이었습니다.

　인간을 끌어당기는 힘, 문인숙의 가슴 넓은 품성입니다. 부군 마목사님과 사시는 정동의 목사관저는 이대학생들의 편한 쉼터였습니다. 어디 가서 사 먹이는 게 아니라 목사관에서 적당히 익힌 고기로 다소 러프하게 만든 햄버그는 학생들 차지! 늘 문이 열려있는 밥 잘 사주는 혹은 밥 잘 먹여주는 큰언니였습니다. 언제나 과 포장, 과 꾸밈이 없고 열려 있고 상호존중이 있는 사제 간의 모습이었습니다.

　이대에서 은퇴하신 이후 마목사님 고향인 아이오아주로 가족모두 이주하셔서 생활하셨습니다. 그곳에서도 Community Center, 학교, 실버타운 등에서 자원봉사 활동을 하신다는 소식 가끔 전해주셨습니다. 저와는 개별적인 서신 왕래가 가끔 있어서 그 친필을 보여드리고 싶어서 온 서재를 몽땅 뒤졌는데도 아쉽게 찾지 못했습니다. 문인숙답게 꾸밈없고 솔직담백한 허나 정 듬뿍한 필체를 전해드리지 못해 많이 아쉽습니다.

　문인숙 교수님과의 마지막 만남은 루마니아, 항가리, 첵코 여행 때였습니다. 2007년 이은주 교수님 초청으로 루마니아수도 부쿠레슈티에서 임상사회사업연구회 교수님들과 미국에서 날아오신 문교수님과의 반가운 만남이 이루어졌습니다. 그곳 대학교 사회복지학 교수들과의 간담회를 가졌고 나머지는 인상 깊고 반가운 웃음 많은 여정이었습니다. 여행 내내 서로 손잡고 많이 웃고 방 두 어깨에 옹기종기! 참 정겹고 미덥고 높낮이 없는 그리움 가득한 여정이었습니다. 마지막 날 기차역에서의 아쉽고 간절했던 한 사람 한 사람과의 긴 포옹이 마지막 이별이 되어 버렸습니다. 그립고 또 그립습니다.

문인숙 교수님을 떠올리면 스스로는 모두를 포용하는 큰 巨木의 모습이셨지만 그는 사회복지계가 제 몫의 사회적, 전문적 역할과 목표를 효과적으로 성취할 수 있도록 한국 사회복지계를 큰 숲으로 가꾸는데 앞장서 혼신의 열정을 쏟으신 우리 시대의 진정한 리더이셨습니다.

문인숙 교수님과의 따뜻한 기억

– 김선희 (전 강남대학교 교수)

모교에서 조교로 일하던 시절, 문 교수님을 처음 만났다. 교수님은 언제나 친구처럼 편안하게 대해 주셨다. "잘 지냈니?" 교수님의 특유의 음성과 억양은 듣는 이의 마음을 편안하게 만들어 주셨다.

대학원을 졸업하고 첫 출산을 마친 후 아홉 달 만에 실습조교로 돌아왔을 때였다. 학관 사회사업학과 교수실에는 세 분의 교수님이 계셨고, 이후 박 교수님이 한 분 더 합류하셨다. 문 교수님은 칸막이를 설치해 작은 개인 방을 만들어 사용하셨는데, 그 모습이 인상 깊었다. 김학묵, 조성경, 어윤배, 남세진 교수님 등 여러 대학과 현장의 교수님들이 강의를 하러 오실 때면, 문 교수님이 계신 날은 교수실이 활기차고 웃음소리가 가득했다.

아이를 키우며 시댁 식구들과 함께 생활하던 나는 늘 체력이 방전되었고, 수면 부족으로 야위어 있었다. 그 모습을 보실 때마다 문 교수님은 "살 좀 찌라"고 하셨다. 툭 던지듯 하셨지만, 그 안에는 친정어머니 같은 따뜻한 걱정이 담겨 있었다.

문 교수님은 편안한 친구 같으면서도 동시에 강한 카리스마를 지닌 분이셨다. 그래서 어떤 때는 쉽게 다가가기 어려울 때도 있었다. 하루는 우리가 맏아들로서 시누이의 등록금을 조금 보태 주고 싶다고 지나는 말로 했는데, 교수님은 뜻밖에도 선뜻 도와주시겠다고 하셨다. 그런

데 A4 용지 한 장을 건네시며 차용증을 쓰라고 하셨다. 순간 당황스러웠지만, 막상 형식 없는 차용증을 쓰고 나니 오히려 마음이 가벼워졌다. "아! 이렇게 명확하게 하는 게 좋구나." 그때의 깨달음은 이후 내 삶에서도 유용하게 쓰였다.

개교기념일인 5월 31일, 학교는 수업도 없고 축제 분위기였다. 나는 세 살 된 아들을 데리고 학교에 갔다. 그런데 교수님들 중 문 교수님만 출근하셨고, 다른 교수님들은 아무도 오지 않으셨다. 교수님은 주머니와 가방 속 동전을 모두 꺼내 아들에게 한 움큼 쥐여 주셨다. 아이는 주머니가 불룩해진 채 기분이 아주 좋아 보였다. 그런데 학관에서 나와서 만난 분과 잠시 한눈을 판 사이 아이가 사라졌다. 놀란 나는 이곳저곳에서 찾다가 학생식당에서 아이를 발견했다. 많은 사람들 틈에서 혼자 뛰어다니며 신나게 노는 아이를 보며 신기했다. '내가 직접 키우지 않아서 이런 걸까?' 하는 생각도 들었다. 시댁 식구들과 함께 사는 내 생활을 깊이 이해하고 계셨고, 무심히 던지는 듯한 말씀 속에서도 나는 늘 답을 찾곤 했다.

어머니를 여의신 후 슬퍼하시던 교수님은 며칠이 지나 창밖 마당에 작은 새 한 마리가 왔을 때 "엄마가 온 것 같았다"라고 하셨다. 그때는 참 교수님다운 말씀이구나 했는데, 시간이 흐르면서 나도 비슷한 생각을 할 때가 있었다.

조교 퇴직 후에도 교수님은 내 취업을 위해 애써 주셨고, 내가 취업이 확정되었을 때는 나보다 더 기뻐하셨다. 퇴임 후 미국에서 지내시다가 가끔 한국에 오시면 제자들이 자연스럽게 모였다. 80세가 되신 교수님이 하이힐을 신고 오신 모습이 아직도 눈에 선하다. '그 후 교수님께서 한국에 오셨을 때, 이번에 미국에 가시면 다시 뵐 수 있을까 하는 생각이 들었다. 감사의 마음을 전하지 않으면 후회할 것 같아 개인적으로 찾아뵈었다. 교수님은 어느 때보다 반가워하셨다. 그때가 나의 마지막 만남이었다. 문 교수님은 내 삶의 힘든 시기에 한 페이지를 깊이 채워 주신 분이었다. 다정한 말 한마디와 조언 속에서 나는 길을 찾았고, 그 길 위에서 더 단단해질 수 있었다. 교수님과 나눈 작은 기억들은 지금도 내 마음을 따뜻하게 해주곤 한다.

님이시여!

— 이영분 (건국대학교 명예교수)

님이시여!

55년 전 악보에 맞춰 노래로 시작한
첫 수업시간의 충격
신선함 그 자체인 님이시여!

학문과 현장을 이어주는
다양한 새로운 조직을 만들고 헌신하신
에너지 가득한 님이시여!

새로운 논쟁거리로
우리에게 다양한 시각을 갖게 해주신
창의적인 님이시여!

활기찬 목소리, 허물없는 관계로
우리를 보듬으며
배려함을 가르치신 님이시여!
우리에게 긍정의 사고와 무한한 열정을 가르치신
귀하고 귀한 님의 사랑을
평생 기억하고 간직 하겠나이다!

문인숙 교수님을 추억하면서……

– 권진숙 (전 강서대학교 교수)

　대학시절 집단사회사업을 가르치셨던 문교수님은 나의 대학원, 박사과정은 물론 이후 임상연구회 모임까지 이어지면서 공적으로 그리고 사적으로 많은 가르침과 추억을 남겨주셨던 선생님이셨다.

　사회복지사의 정체성을 중요하게 생각하는 나는 지금도 '저분이 과연 사회복지사인가'라는 질문에 망설임 없이 그렇다고 얘기할 수 있는 몇 안 되는 교수님이셨다. 그리고 개인적으로 내게 비친 선생님은 언제나 자신의 감정에 솔직하시고, 폭이 넓으시고, 실천을 중요하게 여기시며 사심이 없으셨던 본받을만한 사회복지사로 기억된다.

　그런 점에서 많은 가르침과 도움을 주셨는데 그중 기억에 남는 몇 가지를 소개한다.

　먼저, 나의 인생의 큰 전환점이 되었던 시기인 대학원 졸업 즈음 결과적으로 만10년을 근무하게 되었던 미8군병원 사회복지사로 지원해보기를 권하셨고 특히, 영어로 대화가 매우 부족했던 당시 내게 할 수 있을 거라는 격려를 잊지 않으셨다. 다행히 국제 결혼한 한국 여성들과 카투사가 주 클라이언트였던 나는 처음부터 상담과 복지연계서비스를 활용하는 정신보건사회복지사로의 능력을 인정받으며 일할 수 있었다. 그리고 그 1980년대 한국 사회복지영역에서는 가능하지 않았던 가족폭력 분야의 공부를 시작하게 되었던 것도 제자의 가능성과 배려를 보여주신 결과가 아니었을까…라는 생각을 한다.

은퇴 후 사부님을 따라 미국으로 돌아가신 후 간혹 편지로 안부를 묻곤 했는데 조그만 선물이라도 보내고 싶은 맘에 햄버그를 좋아하셨던 교수님께 편지에 장난하듯 $100,00을 넣어 보내기도 했었다. 신통하게도 매번 지폐가 든 편지는 무사히 전달되었고 잘 받았다는 답장도 해 주셨다. 나중에 교수님은 그 돈을 자신을 위해 쓰시지 않고 뜨게실을 사셨고 그 실들로 짠 장갑과 조끼 등은 필요로 하는 이웃과 자선단체에 나누어주셨다고 알려주셨다. 돌아가실 때까지 어려운 사람들과 같이하신 실천을 보여주신 분이었다.

이 글을 쓰면서 나 또한 은퇴한 지 10년이 지난 지금에 제자들에게 비친 나의 모습은 어떠했을까… 하는 생각을 또 한 번 하게 되었다. 감사하다.

문인숙 교수님을 그리며…

– 신혜령(전 한국보건복지인력개발원 교수)

문인숙 교수님을 처음 뵌 것은 대학원 면접시험에서였다. 학부를 사회학을 전공하고 뭔가 손에 잡히는 실천론을 배워야겠다는 생각에서 사회사업과를 택하고 주위에 사회사업과를 졸업한 선배에게서 〈신사회사업론〉과 〈집단사회사업〉 등 2개의 책을 빌려서 읽고 알량한 지식으로 면접시험을 보려갔으니 얼마나 떨렸는지 모른다. 마주 보고 앉아 질문을 받고 대답하다가 갑자기 문교수님이 "그런데 집단치료가 무어요?"하시니 내가 써낸 학업계획서의 내용이 떠올랐다. 집단사회사업 책을 읽으며 그때 나의 관심사와 가장 연결된다고 생각한 것이 집단상담 및 집단치료여서 집단치료를 통해 사회를 변화시켜보겠다고 썼던 것이다. 교수님 앞에서 이것 저것 말씀드리는게 아는게 없는 내가 할 일은 아니라는 생각에 웃으면서 "잘 모르겠는데요"하니 커다랗게 하하 웃으시면서 그냥 넘어가셨다. 나의 두려움과 걱정이 일시에 날라가 버리고 웃으면서 파격적인 첫 만남이 이루어졌다.

문교수님에 대한 확실한 기억과 뭔가 그동안 만났던 어른들이나 친구들과 달리 인생을 보는 전체적인 시각과 개방적 견해를 듣고 대화를 하고 나면 너무 배우는 게 많고 세상을 보는 철학적 공간적 차원이 넓어져 늘 많은 것을 배우고 공감하게 되었다.

대학원 졸업학기에 사회복지관에 와서 일해보라고 해서 시작한 일이 32년간을 사회복지 분야에서 일하게 되어 늘 첫 순간을 열어주신 분이라는 생각이 든다. 기억에 남는 것은 캐나다 CCF재단에서 지원을 받아 빈곤지역 여성직업교육을 시도해보라고 하셔서 도배와 양재교육을 실시하였고 여성 도배는 거의 초기에 시작하느라 중부시장 도배사들을 강사로 모셔다 교육하고 재봉틀을 구입하여 양재 교육을 실시하던 일이 가장 고생스러웠기에 기억에 많이 남는다. 성과가 바로 나지 않지만 여성 일자리 개발이라는 취지를 격려해 주셨다. 지도교수님으로 사회복지관 관장님으로 모신 시간이 짧지 않아 늘 감사한 마음이다.

여름이면 평양냉면과 녹두전, 참외를 즐겨드시던 기억도 즐거운 추억이다. 사회복지관 근처에 수레에 담아 파는 길가의 참외를 보면 영락없이 사오셔서 직원들과 시원하게 드셨다.

은퇴하시고 1년에 서너번 뵙고 미국가신 후로도 편지를 1년에 서너번씩 하면서 돌아가시기 전까지 주고받으며 늘 자원봉사하시고 걷기 운동하시는 근황을 예술적 필치로 써주신 편지들도 소중한 추억이다. 나중에 손목이 아프셔서 글씨가 흐트러졌을 때 편지를 받으면 눈물이 핑 돌고 뵐 수 없으니 힘들었다.

미국에서 돌아가시니 실감이 안나서 몇 년간은 돌아가셨다는 생각을 못했다. 내 인생에서 문인숙 교수님은 언제나 영원한 스승이며 인생 멘토로 가슴속에 남아 계신다.

교수님, 보고 싶습니다! 어디에서든지 평안하소서.
그동안의 인연에 감사하며

제자 신혜령 올림

나의 삶을 바꾸어주신 문인숙 교수님

– 김정진(전 나사렛대학교 교수)

　문인숙 교수님을 회상할 때 가장 먼저 기억되는 것은 수업 장면이다. 학부 수업을 들을 때에는 그 멋스러운 스타일과 "왜 그렇게 생각하지? 무엇이 중요하지? 아니 이렇게 날씨도 좋은데 강의실에만 있나?" 하시며 웃으시던 모습이 기억난다. 평범함에 대한 비범한 질문이라 느낌을 받으며 정체성에 관한 고민하는 시기에 적지 않은 자극을 주셨다.

　조교를 하면서 교수님을 가까이서 뵐 수 있었다. 테니스를 좋아하시던 교수님이 하루는 날씨가 덥다면서 거침없이 긴 소매를 가위로 싹둑 잘라 입고 테니스를 즐기셨다. 콜럼버스의 달걀과도 같은 발상의 전환에 감동했다.

　대학원을 다니면서 연구실도 자주 가게 되고, 정동의 교수님 댁도 몇 번 갔었다. 교수님의 거침없는 호방한 성품과 무엇이든 내어주시는 따뜻함에 매료되었다. 직장을 다니며 대학원을 병행하여 바쁜 시간을 보내고 있을 때 현장에서 학업에서 장벽을 느낄 때 교수님이 생각나곤 했다. 의논드리면 답을 주시기보다 질문을 통해서 스스로 해결 방향을 찾게 도와주시며 나의 효능감을 회복하게 도와주시곤 했다.

　대학원 재학과 병행한 직장은 대학병원 정신과였다. 정신의료사회사업사로서 근무하다가 미국 국무성 주관 사회복지사 연수프로그램(CIP)에 참여할 기회를 얻었다. 1984년이었다. 뉴욕주립 정신병원에서 연수하며 퇴원 후 재활과 사회통합을 돕는 지역사회 정신장애인을 위한 파운틴하우스를 알게 되었다. 연수 기간을 마치고 직장의 허가를 받아 그곳에서 3주 훈련프로그램에 참여하였다. 당시 우리나라에는 없으나 꼭 필요한 기관이며, 클럽하우스의 철학과 가치, 그것을 담아내는 실천 방법에 매료된 나는 문인숙 교수님께 몇 차례 편지를 보내었다. 교수님은 당시 태화복지관 법인의 이사장이셨기에 앞으로 태화가 감당할 사업이라고 살펴봐 주십사고 간청을 드렸다. 귀국 후 업무 복귀하여 파운틴 하우스를 가슴에 품고 대학병원에서 일할 때 태화에서 연락이 왔다. 파운틴하우스에 관해 브리핑을 요청하셨다. 교수님의 추천으로 태화가 움직이기 시작한 것이다. 마침내 1986년 클럽하우스 모델을 따른 태화샘솟는집을 시작하게 되었다. 나의 삶이 달라지는 순간이었다. 우리나라 정신건강 복지가 태동하는 순간이었다. 이런 지평을 열어주신 문인숙 교수님의 혜안과 결단력에 늘 감사한다. 교수님을 은사로서 만나게 해주신 하나님께 감사합니다.

나의 기억 속의 그리운 문인숙…

- 이은주(전 꽃동네대학교 교수)

 몇 년 전 내가 어떤 워크샵에 참가했을 때, '내 인생에 기여한, 소중한 사람'에 관한 질문을 받은 적이 있다. 그때 나에게 떠오른 분은 문인숙 선생님이었다. 문인숙 선생님이야말로 내가 어떤 삶을 살아야 할지에 대해서 나에게 좌표를 주신 분이다. 구체적으로 그 좌표는 문 선생님의 자유로움과 따스함이었다.

 〈자유로움〉 내가 젊었을 때 남편의 해외근무로 인하여 학업을 계속해야 하는지 고민하던 시절이 있었다. 그때 나는 이 문제를 문 선생님께 의논했고, 내가 공부를 하고자 하는 이유를 나 자신의 정체성을 갖기 위해서라는 취지로 설명했었다. 그때 문 선생님께서 나에게 "가정주부로 살면 네가 너 자신이 아니니?"라고 물으셨다. 그 질문을 받았을 때의 신선한 충격을 지금도 잊을 수 없다. 그것은 사람이 외적으로 무엇이 되는가가 아니라, 내적으로 어떤 사람이 되는가 하는 것이 중요하다는 것을 깨우쳐 주는 질문이었다. 문 선생님은 그렇게 우리 사회의 고정관념으로부터 자유로웠고, 자신이 원하는 것이 무엇인지 분명히 아셨기에 당당하셨다. 그것은 나에게 부족한 부분이었기에, 나는 늘 문 선생님의 그런 점을 배우고자 했다.

 〈따스함〉 내가 문 선생님의 따스함을 처음 느낀 것은, 석사과정 시절 문 선생님 댁에서 수업 후 학생들에게 미트로프라고 하는 서양식 가정

요리를 직접 해 주신 때였다. 나는 그때만 해도 교수들을 하늘같이 우러르던 시절이었는데, 학생들에게 직접 요리와 서빙을 해주시는 문 선생님의 따스하고 소탈한 모습이 무척 인상적이었다. 이후 나는 내 삶이 힘들게 여겨질 때 문 선생님께 의논한 적이 여러 차례 있었다. 그 때마다 문 선생님은 언제나 내 편에서 따스하게 들어주셨다. 문 선생님의 의견이나 조언도 물론 유익했지만, 내 인생에서 내 말을 무조건 존중하며 들어주는 은사가 있다는 것, 그 자체가 나에게 힘을 주었다. 그러기에 나는 늘 문 선생님의 따스함을 닮고 싶었다.

돌이켜 보면, 문 선생님은 자유로왔기에 당당했고, 그러기에 남에게 솔직하고 소탈했으며, 이것이 타인에 대한 따스함과 존중으로 자연스럽게 표현되었으리라. 문 선생님의 자유로움과 따스함은 많은 물이 큰 그릇에서 흘러넘치듯 자연스러운 것이었다면, 나의 그릇은 문 선생님의 가르침을 담기에는 턱 없이 작았다. 그러나 자기 인생의 좌표를 주신 분을 은사로 가진 사람은 행복하다. 그런 의미에서 나는 행복한 사람이다.

문인숙 교수님을 그리워하며

– 윤현숙 (한림대학교 명예교수)

문인숙 교수님으로부터 각별한 사랑을 받았음에도 그만큼 보답하지 못한 죄송한 마음으로 이 글을 씁니다.

문교수님께서 은퇴 후 미국에서 생활하신 후에도 병석에 누우시기 전까지 거의 매년 한국을 방문하셨습니다. 주로 강연 등 일로 초대를 받아 오셨는데 한국에 와 계시는 동안 숙소 근처에서 저녁 식사를 대접하고, 식사가 끝나면 숙소로 걸어오면서 이런저런 이야기를 나누곤 했습니다. 한 번은 문교수님께서 정신장애인 사회복귀를 위한 프로그램의 지도자(guardian)로 봉사하신 경험을 말씀해 주셨습니다. 오래된 물건을 파는 골동품 가게(antique shop)를 차려주고 정신장애인이 운영하도록 하는 것인데 물건들도 보잘것없고 외진 곳에 있어 찾아오는 손님이 거의 없었지만, 정신장애인과 문교수님 두 분은 정해진 시간에 출근하고 퇴근하는 일상을 함께 하면서 정신장애인에 대해 이해하고, 그 삶이 얼마나 힘든지를 알게 되었다는 것입니다. 일이 끝나고 돌아오는 길에는 항상 "하느님, 이 세상 끝날 때 누구보다 이분을 제일 먼저 하늘나라로 데려가셔야 합니다."라고 간절히 기도하곤 했다고 말씀하셨습니다. 이화여대에 오신 첫 학기부터 정신건강 강의를 하고 정신장애인 사회복귀를 위해 활동하였는데 하루 종일 정신장애인과 함께 있으면서 이제야 그 삶을 알게 되었다는 말씀이었습니다. 교수로 강의하고 연구하는 저에게 주시는 소중한 가르침이었습니다.

  문교수님께서는 여러 봉사활동을 많이 하셨는데 뜨개질로 신생아 모자를 만들어 기부하는 활동을 하시기도 했습니다. 아기들의 체온을 유지하게 하는 소중한 모자를 만드는 일인데 색상, 디자인 등을 고안하여 다양하게 만드는 일을 무척 즐거워하셨습니다. 한번은 저와 제 시어머니 목도리를 짜서 보내주시기도 했습니다. 어깨를 충분히 덮을 정도의 커다란 목도리인데 엄청 멋스러운 것이었습니다. 제 시어머니는 문교수님 베프의 친구이기도 하여 평소에도 자주 안부를 물으셨는데 시어머니께서 깜짝 놀라시며 크게 감동하셨고, 물론 저도 너무나 감사하여 어찌할 바를 모를 지경이었습니다. 은퇴 후에 더 열심히 봉사하고 나누는 삶, 사랑을 베푸는 삶을 제자에게 보여주셨습니다.

  이제 저도 은퇴하여 문교수님께서 보여주셨던 은퇴 후의 봉사하고 나누는 삶, 사랑을 베푸는 삶을 조금이라도 흉내 내며 살아가려고 노력하고 있습니다.

빨간 옷을 피하게 만든 교수님, 그리고 인생의 나침반이 되다…

– 김경미 (숭실대학교 교수)

　문인숙 교수님과의 첫 만남은 학부 3학년 '집단사회사업론' 강의실에서 시작되었습니다. 솔직히 말하면, 수업 내용이 제게는 마치 외계어처럼 느껴져 열정적인 참여와는 거리가 멀었던 기억이 납니다. 교수님의 독특한 지명 방식은 지금 생각해도 미소를 자아냅니다. "어, 거기 빨간색 옷 입은 애?"라며 옷 색깔로 학생을 콕 집어 질문하시는 바람에, 저는 마치 카멜레온처럼 그 수업시간에는 무채색 옷만 골라 입게 되었습니다.

　운명의 장난일까요? 이렇게 스쳐 지나갈 줄 알았던 인연이 석사과정에서 다시 이어졌습니다. 이혜경 교수님의 이직으로 갑작스럽게 문인숙 교수님께서 제 논문 지도를 맡아주시게 된 것입니다. 교수님 댁에서 진행된 개별지도는 단순한 학문적 만남을 넘어선 진솔한 대화의 시간이었습니다. 논문을 더 깊이 있게 연구하자는 교수님의 제안에도 불구하고, 조급한 마음에 "빨리 졸업하고 싶다"며 고집을 부린 저를 너그럽게 이해해 주셨습니다. 지금 돌이켜보면 참으로 철없었던 선택이었지만요.

　졸업 후 첫 직장은 하루하루가 난관이었습니다. '첫 직장은 무조건

3년!'이라는 강박에 사로잡혀 하루하루를 버텨내며 점점 소진되어 갔습니다. 마음 한편에는 어둠이 깔리기 시작했고, 저 자신조차 무서워질 정도였습니다. 그런 저에게 교수님은 마치 등대 같은 존재였습니다. "왜 그만두지 않느냐?"는 교수님의 한 마디에 "그래도 되는 건가요?"라고 되묻던 제 모습이 얼마나 답답하셨을까요. 하지만 그 만남 후 단 일주일 만에 용기를 내어 직장을 그만두었고, 마치 무거운 짐을 내려놓은 듯 다시 숨을 쉴 수 있게 되었습니다. 그 후의 직장생활은 180도 달라졌습니다. 일이 즐거워졌고, 하루하루는 기대되는 삶으로 변했습니다.

문인숙 교수님은 제게 단순한 학문의 스승을 넘어선 인생의 멘토이자 은인입니다. 석사학위라는 학문적 성취를 도와주셨을 뿐만 아니라, 인생의 갈림길에서 올바른 방향을 제시해 주신 나침반 같은 분이셨죠. 지금도 교수님을 떠올리면 마음 깊은 곳에서 감사의 물결이 일렁입니다.

내 기억 속의 문교수님…

– 정순둘 (이화여자대학교 교수)

학부 때의 문교수님은 수업시간에 출석을 부르시며, 안경을 머리 위에 얹어 쓰시고 계셨던 모습으로 기억된다. 테니스를 즐겨 치셨기 때문인지 항상 젊게 보이셨던 것 교수님은 자신의 뒷모습을 본 사람들이 늘 아가씨로 착각했다는 말씀도 해 주셨었다. ㅎㅎ

대학원 수업 때는 성과 관련된 얘기를 거침없이 해 주셔서 당시의 우리들을 머쓱하게 했던 기억도 새롭다. 교수님과 함께 일본에 있는 기관 견학을 갔던 기억도 생생한데, 처음 해 보는 해외 기관방문이라 설레이기도 했는데 우리가 머물렀던 동경의 요요기 유스호스텔이 아직도 떠오른다.

문교수님을 떠 올리다 보니 교수님은 메트릭스의 오라클을 연상시킨다. 사회복지계의 큰 어른이셨기에…

5월이면…

— 최혜지 (서울여자대학교 교수)

봄이 내게 특별한 것은 꽃 때문만은 아니다. 5월 무렵이면 만날 수 있는 주홍색 알이 꽉 찬 꽃게. 겨울의 찬 기운이 가시기 시작하면 내가 노루 꼬리만큼씩 커지는 흥분을 주체하지 못하는 이유이다. 대단한 미식가도 아니고, 식탐이 많지도 않은 내가 유독 꽃게를 별스럽게 대하는 건 아마도 집게발에 물려오는 기억 때문인 듯하다. 특별할 것 없지만 아무도 가질 수 없는 소소하고 따뜻한……30년의 시간을 지나왔지만 빛바래지 않은, 문인숙 선생님에 대한 기억 때문이다.

좀처럼 무엇에 기죽지 않을 것 같은 기개. 아마도 그것이 처음 받은 인상이었던 것 같다. 거침이 없고, 주저함도 없는. 내게는 낯설지 않은 말씨와 몸짓들이었다. 이북에 고향을 둔 내 조부모와 부모로 인해 이미 익숙해진, 북에 고향을 둔 사람들이 지닌 무언가를 문선생님에게서 느낄 수 있었다. 탈.칵. 그 미묘한 무언가를 감지한 수업의 첫 대면에서 난 이미 문선생님을 향해 심리적 동질감의 스위치를 올렸던 것 같다.

대학원 수업시간에 스치듯 던지신 한마디가 희미한 흔적뿐이던 그 무언가를 좀 더 선명하게 했다. 이북 사람들이 즐기는 꽃게장은 조금 달라서 서울에선 좀처럼 맛보기가 어렵다는 말씀이셨다. 나의 외할머니가, 또 엄마가 하던 이야기와 닮아 있었다. 디아스포라의 정서. 그 속에서 자란 나에게 공기처럼 친숙한, 고향을 떠난 사람들이 갖는 그리움과 되뇌임. 어떤 이유인지 문선생님을 처음 만나는 순간 내 부모의 디아스포라를 마주했던 것 같다.

맛보기 어렵다는 말씀에 춘천 본가에 전화를 드렸다. 난 언제든 먹을 수 있었던 이북식 꽃게장을 왠지 문선생님도 맛보셔야 할 것 같았다. 주말에 기차로 본가에 내려갔다. 딸의 부탁에 엄마는 좋은 꽃게를 구하느라 분주하셨고, 솜씨껏 만드시느라 애를 쓰셨던 것 같다. 어떤 보자기가 잘 어울릴지 꽃게장이 담긴 상자를 이렇게도 매어보고, 저렇게도 매어가며 두 모녀가 꾀나 수선스러웠던 기억이 있다. 그렇게 똑같은 길을 되짚어 서울로 왔다. 선생님은 그 뒤부터 나를 '춘천 아이'라 부르셨다. 드신 꽃게장 맛보다 춘천을 오르내린 내 수고를 더 오래 기억하셨던 것 같다.

이젠 나의 엄마도 꽃게장을 담지 않으신다. 연세도 연세려니와 소금을 사용하는 이북식보다 간장 넣은 요즘 꽃게장을 즐기신다. 내 식구의 입맛에 맞추어 꽃게장을 만들어내느라 5월의 나는 어김 없이 분주해진다. 싫지 않은 분주함이다. 이제 60이 멀지 않은 나를 스무살 어디쯤의 나로 데려가, '춘천 아이야'라고 불러주시던 문선생님과 마주하게 하는 설레임이다. 꽃피는 5월이면 이렇게 아무도 모르게 나의 선생님, 문인숙 교수님이 나를 찾아 주신다.

문인숙, 사람을 품은 사회복지 실천의 발자취

초판 인쇄 2025년 11월 4일
초판 발행 2025년 11월 6일

지 은 이 이방현
펴 낸 곳 미래복지경영·코람데오
등   록 제300-2009-169호
주   소 서울시 종로구 세종대로 23길 54, 1006호
전   화 02)2264-3650, 010-5415-3650
              FAX. 02)2264-3652
E-mail   soho3650@naver.com
ISBN ǀ 979-11-92191-54-6(03330)

값 15,000원

※ 잘못된 책은 바꾸어 드립니다.